PERMISSION

Nous, ARTHUR XAVIER, Évêque de Bayonne,

Après avoir fait examiner par un de nos vicaires généraux la traduction en basque d'un livre intitulé : *Abrégé de l'Histoire Sainte*, en usage depuis longtemps dans les écoles catholiques, et avoir acquis la certitude que la traduction est fidèle, avons approuvé et approuvons l'impression de ce livre que nous jugeons très propre à éclairer la foi, et en recommandons la lecture aux fidèles du pays basque.

Donné à Bayonne, le 22 Juillet 1882.

† ARTHUR - XAVIER,

Évêque de Bayonne.

Par Mandement :

INCHAUSPE, Chanoine,

Secrétaire général.

LAUDAMENA

Guc ARTHUR-XAVIER, Baionaco Apezpicua,

Beguiztarazi ondoan gure bicario yeneral batez escuararat itzulia izan den liburu bat; Frantcesez: *Abrégé de l'Histoire Sainte,* escola catholicoetan aspaldian ezagutua; eta seguratu ondoan, escuararat chuchenki itzulia izan dela, onetsi dugu, eta onesten dugu, ciguilatua izan dadin, fedearen arguitceco hainits gai causitcen dugun liburu hori; eta horren iracurtcea gomendatcen dugu fede dun escualdun guciei.

Baionan emana Uztailaren 22an 1882an.

† ARTHUR - XAVIER,
Baionaco Apezpicua.

Manuz :

INCHAUSPE, calonye,
Secretario-yenela.

ICHTORIO SAINDUA LABURZKI

GALDEZ ETA ERREPUSTAZ

ABRÉGÉ

DE

L'HISTOIRE SAINTE

PAR DEMANDES ET PAR RÉPONSES

ICHTORIO SAINDUA

LABURZKI

GALDEZ ETA ERREPUSTAZ

GUIZON GAZTEEN ARGUITCEN HARI DIRENEI EMAITECO ERRECHTASUNA,
GOIZDANIC HEKIEN BAITAN PITZ-ARAZTECO GUIRISTINOZCO
SENTIMENDUAC, ETA HEKIEN IZPIRITUETAN GOGORKI FINCATCECO GURE
ERLIJIONE SAINDUCO EGUIAC

Itzulia, ahal bezan batean, hitzez hitz, Frantcesetic eskuararat; Frantces ikhasi nahi dutenen fagoretan, nola eskuara ezagutu nahi dutenen.

SARAN EGUINA

DITHURBIDE, mirikuac ✳

BAIONAN

LAMAIGNÈRE BAITAN MOLDATUA

—

1882

ABRÉGÉ

DE

L'HISTOIRE SAINTE

PAR DEMANDES ET PAR RÉPONSES

POUR FACILITER A CEUX QUI INSTRUISENT LES JEUNES GENS,
LES MOYENS DE LEUR INSPIRER DE BONNE HEURE
DES SENTIMENTS CHRÉTIENS, ET D'ÉTABLIR SOLIDEMENT DANS LEUR
ESPRIT LES VÉRITÉS DE NOTRE SAINTE RELIGION

Traduit du français en basque, autant que possible mot pour mot, en faveur de ceux qui veulent apprendre le Français, comme aussi bon pour ceux qui désirent connaître le Basque.

PAR

DITHURBIDE, médecin, 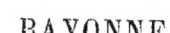 à Sare.

BAYONNE

IMPRIMERIE LAMAIGNÈRE, RUE CHÉGARAY 39.

1882

ICHTORIO SAINDUA

LABURZKI

TESTAMENT ZAHARRA

GALDEA. — Cer da ichtorio saindua ?
ERREPUSTA. — Ichtorio saindua da gure erlijioneco ichtorioa. Erakhusten darozkigu Yaincoaren handitasuna eta guretzat obratu dituen gauza espantagarriac. Horiec guciac ekhartcen dituen liburua da munduan den libururic zaharrena : hau ezagutcerat emaiten daroku Yaincoac, clarki eta segurki, cer den, cer garen, eta certaco garen eguinac.

G. — Cer progotchu athera diteke ichtorio sainduaren ezagutzatic ?

E. — Hain progotchu handia, non nor ere finkatuco baita hartan fedearekin eta apaltasunean, harc ikhasico baititu guizon onest, eta guiristino on izaiteco yakin behar diren guciac. Denez goragoco Izaite baten fagoretan, eta gure erlijioneco segurantzaren gainean, emaïten dituen frogaric garbienez landa, han kausitcen dire oraino, berthute gucien seinaleric ederrenac; eta yende suerte guciec han ikhas detzakete beren eguinbideac eta eguitecoac.

G. — Cein dire berthutearen gainean escritura sainduac emaiten dituen seinaleric complienac ?

E. — Huna cenbeit : Abelec erakhusten daroku bere baïthan, inocentciaric garbiena. Noec emaiten daroku yustician iraüpenezco seinaleric handiena :

ABRÉGÉ

DE

L'HISTOIRE SAINTE

ANCIEN TESTAMENT

Demande. — Qu'est-ce que l'Histoire Sainte ?
Réponse. — L'Histoire Sainte est l'Histoire de notre Religion. Elle nous apprend les grandeurs de Dieu, et les merveilles qu'il a opérées pour nous. Le livre qui renferme toutes ces merveilles, est le plus ancien Livre du monde. Dieu nous y fait connaître, d'une manière également claire et certaine, ce qu'il est, ce que nous sommes, et à quoi il nous a destinés.

Dem. — De quelle utilité est l'étude de l'Histoire Sainte ?
Rép. — L'utilité en est si grande, que quiconque saura s'y appliquer avec foi et humilité, apprendra tout ce qu'il faut savoir pour être honnête homme et bon Chrétien. Outre qu'elle renferme des preuves convaincantes de l'existence d'un souverain Être, et de la vérité de notre Religion, elle contient encore d'excellents modèles de toutes les vertus ; et toutes sortes de personnes peuvent y apprendre leurs devoirs et leurs obligations.

Dem. — Quels sont les plus parfaits modèles de vertu que l'Écriture Sainte fournit ?
Rép. — En voici plusieurs : Abel nous fait voir en sa personne la plus pure innocence. Noé nous donne un grand exemple de la persévérance dans la justice ;

ABRAHAMEC eta ISAAKEC apaltasun osoarena; YACOBEC erakhusten daroku lanetan ezarri behar den seguida; YOSEPHEC Yaincoaren beldurkundea, eta nahigabeen ahanstea. YONATHASEC eguiazco adichkidantza; BOOSEC bihotzeco largotasuna, eta haren obretan ezartceco moldea. DAVITEN baithan kausitcen dugu guizon handia, erreguea, politicoa, eguiazco urrikia, eta saindutasuna. Azkenean, YOB aguertcen da descantsu frogatuaren seinaleric complieña, atsecaberic handienen erdian.

G. — Cer abantail du ichtorio sainduac, paganoen ichtorioaren gainean?

E. — Ichtorio sainduac baitu bi abantail handi paganoen ichtorioaren gainean : segurantza eta primantza. Segurantza, iscribatua izan delacotz Yaincoac arguitu profetez : primantza, Moyse Pentateukaren eguilea, bici celacotz bi mila urthe baino guchiago, Herodesen aintcinean, ceina baita ichtorio paganoaren ithurburua, iscribatcen hasi celacotz, Esdrasec akhabatcen zuelaric liburu sainduen arrimatcen beren ordenan. Gaineracoan, ichtorio paganoac eguin detzake politicoac, guizon onestac ere, bainan ez dezake eguin sainduric.

G. — Nola yakin diteke, munduaren hastapenetic orai arthio guerthatu diren gaucen seguida?

E. — Chronolojiaren medioz, ceina baita demboraren ezagutza; eta gauza handiz seinalatu demborac, deitcen dire epokac.

G. — Cenbat dembora famatu condatcen dire, munduaren hastapenetic orai arthio?

E. — Badire zazpi deitcen direnac munduco zazpi mendeac.

Lehenbicico mendea hasi cen munduarekin, eta akhabatu uholdean. Iraun zuen 1656 urthe.

2^a hasi cen uholdearen ondoan eta akhabatu Abrahamen deian. Iraun zuen 426 urthe.

3^a hasi cen Abrahamen deian, eta akhabatu Yuduac Egyptotic atheratcean. Iraun zuen 430 urthe.

4^n mendea hasi cen Yudeaco populua Egyptotic atheratcean, eta akhabatu Salomonen temploaren alchatcean. Iraun zuen 479 urthe.

Abraham et Isaac, celui d'une obéissance parfaite ; nous apprenons de Jacob, la constance nécessaire dans les travaux ; de Joseph, la crainte de Dieu et l'oubli des injures ; de Jonathas, la vraie amitié ; et de Booz, la libéralité et la manière de l'exercer. Nous trouvons dans David, le Héros, le Roi, le Politique, le vrai Pénitent et le Saint. Enfin Job est un modèle accompli d'une patience à l'épreuve dans les plus grandes afflictions.

Dem. — Quels avantages a l'Histoire Sainte sur l'Histoire profane ?

Rép. — L'Histoire Sainte a deux grands avantages sur l'Histoire profane : la certitude et l'ancienneté. La certitude, en ce qu'elle a été écrite par des Prophètes inspirés de Dieu ; l'ancienneté, en ce que Moïse, qui est l'auteur du Pentateuque, vivait plus de mille ans avant Hérodote, le père de l'Histoire profane, qui commença dans le temps qu'Esdras achevait de mettre en ordre les Livres saints. D'ailleurs l'Histoire profane peut bien faire des politiques et même d'honnêtes gens ; mais elle ne saurait faire des Saints.

Dem. — Par quel moyen peut-on savoir la suite des événements depuis la création du monde jusqu'à présent ?

Rép. — Par le moyen de la Chronologie, qui est la science des temps ; et les temps marqués par des événements mémorables, se nomment Epoques.

Dem. — Combien compte-t-on d'époques fameuses depuis la création du monde jusqu'à présent ?

Rép. — On en compte sept, qu'on appelle les sept âges du monde.

Le premier âge a commencé avec le monde, et s'est terminé au déluge. Il comprend 1656 ans.

Le 2e âge a commencé à la fin du déluge, et a fini à la vocation d'Abraham. Il a duré 426 ans.

Le 3e âge a commencé à la vocation d'Abraham et s'est terminé à la sortie du peuple juif de l'Egypte. Il a duré 430 ans.

Le 4e âge a commencé à la sortie du peuple juif de l'Egypte, et a fini à la fondation du Temple de Salomon. Il comprend 479 ans.

5ᵃ Hasi cen temploa alchatu cenean, eta akhabatu Yuduac Babyloniatic libratcean. Iraun zuec 476 urthe.

6ⁿ Mendea hasi cen Yuduac Babyloniatic atheraturic, Cyrusec, Persiaco Erreguec, eman cioten librantzan, eta akhabatu cen Jesu-Christoren sortcean. Iraun zuen 532 urthe.

7ⁿ Mendea hasi cen Jesu-Christoren sortcean, yadanic iraun du 1882 urthe.

G. — Norc creatu du mundua?

E. — Yaincoac. Escritura sainduac dio, lehenic gaia moldaturic, handic athera cituela lurreco eremu guciac, eta sei egun eman cituela obra horren eguiten.

Lehembicico egunean, eguin zuen arguia: erraiten zuelaric, eguin bedi arguia; eta ordu berean eguin cen arguia.

2ⁿ Egunean, eguin zuen firmamenta; eta eman cion icena, cerua.

3ⁿ Bildu cituen toki batetarat lurreco urac eta eman zuen ur meta handi hari icena, itsasoa; guero, manatu zuen lurrari ekhartciaz zuhatz eta laudare suerte gucietaric.

4ⁿ Eguin cituen iguzkia, lharguia eta ceruco izar guciac.

5ⁿ Creatu cituen airean dabiltzan hegastinac, eta urean iguerika dabiltzan arrainac.

6ⁿ Lurrari manatu ondoan ekhartciaz animale suerte gucietaric, creatu zuen Adam, lehen guizona, bere itchuran eta idurian; eta pauzatu cen 7ⁿ egunean.

LEHENBICICO MENDEA

G. — Nola Yaincoac creatu zuen Adam?

E. Gorputza eguin cion lurrez, eman cion arima bat ezin hila, eta adimenduaz dohatua, bertce animaletaric berechtea gatic. Guero Yaincoac, lokhar-araciric Adame, athera cion sahets hezur bat, eta hartaric

Le 5ᵉ âge a commencé à la fondation du Temple, et s'est terminé à la fin de la captivité des Juifs à Babylone. Il a duré 476 ans.

Le 6ᵉ âge a commencé à la fin de la captivité des Juifs et à la liberté que Cyrus, Roi de Perse, leur accorda. Il a fini à la naissance de Jésus-Christ et il comprend 532 ans.

Le 7ᵉ âge commence à la naissance de J.-C. Il a déjà duré 1882.

Dem. — Qui a créé le monde ?

Rép. — C'est Dieu. L'Ecriture Sainte dit qu'il créa d'abord la matière dont il tira les différentes parties qui composent l'univers et qu'il mit six jours à cet ouvrage.

Le premier jour, il fit la lumière, en disant que la lumière soit faite, et aussitôt la lumière fut faite.

Le 2ᵉ jour, il fit le firmament, auquel il donna le nom de Ciel.

Le 3ᵉ, il rassembla en un même lieu les eaux qui couvraient la terre, et il donna à ce grand amas d'eaux le nom de mer : ensuite il commanda que la terre produisit des plantes et des arbres de toute espèce.

Le 4ᵉ, il fit le soleil et la lune, et tous les astres du firmament.

Le 5ᵉ, il créa les oiseaux qui volent dans l'air, et les poissons qui nagent dans l'eau.

Le 6ᵉ, après avoir ordonné à la terre de produire toutes sortes d'animaux, il fit Adam, le premier homme, et il le fit à son image et ressemblance et il se reposa le 7ᵉ jour.

PREMIER AGE

Dem. — Comment Dieu créa-t-il Adam ?

Rép. — Il fit son corps de terre et lui donna une âme immortelle et raisonnable, pour le distinguer du reste des animaux. Dieu ayant ensuite fait dormir Adam, il lui tira une de ses côtes, dont il forma sa

moldatu haren emaztea Eva. Adamec, iratzarri cenean, erran cion, horra nere hezurren hezurra, eta nere haraguiaren haraguia. Yaincoac ezarri cituen lurreco parabisuan, cilhegui zutelaric jatea hango fruitu gucietaric, salbo arbola batetaric, hartan causitcen celacotz unguiaren eta gaizkiaren yakitatea; ceinataric debekatu baitcioten jatea, heriotceco penaren azpian.

G. — Adame gozatu cen dembora lucean, urustasun oso hortaz?

E. — Ez; Debruac bere urguiluaren caztiguz ifernurat etchatuac, Adamen urustasunaz bekhaizturic, etzuen deusic ahantzi hartaz haren gabetceco. Sugue itchuran bihurturic, sinhets-araci cion Evari, baldin yaten bazuen fruitu debecatutic, Yaincoa becein yakintsun eguinen cela. Enganatua, Evac guibelatu zuen laster Adame bere creatzaileari zor cion yautsapenetic. Bainan, fruitu dohakabetic yan becein laster, Adamec ezagutu zuen bere bilhuz-gorritasuna, eta yantsapenaren eskasia. Yaincoac caztigatu zuen, lurreco parabisutic desterraturic; bera eta bere ondocoac libratuz heriotceari eta bekhatuaren seguida gaichto guciei. Bainan, hitz eman cion dembora berean, igortciaz bere semea, munduaren erostaile bezala.

G. — Cer erakhasten daroku caztigu icigarri horrec?

E. — Erakhasten daroku cein higuingarri den bekhatua Yaincoaren aintcinean, eta cein nekhe den haren ezeztatcea, Yaincoaren semeac berac ethorri behar izan duenean, gure erosterat, eta bere heriotceaz gure beiratcera, lehenbicico aitaren bekhatuaz séculacotz denec merecitu guinuen heriotcetic.

G. Cenbat haur izan cituen Adamec eta cer erraiten daroku hetaz Escritura Sainduac?

E. — Adamec izan zuen haur multzu bat; bainan Escritura Sainduac ez ditu icendatcen hiru baicic: Caïn, Abel eta Seth.

Caïnec hil zuen bere anaia Abel, yelosiaz; Yaincoac onesten cituelacotz haren sacrificioac. Bere ifamekeriaren caztiguz, lurraren gainean ibili cen errebelatua leihorric gabe, eta izan cen bera becein casta gaich-

femme Eve. Adam en s'éveillant lui dit : voilà l'os de mes os, et la chair de ma chair. Dieu les mit dans le Paradis terrestre, leur permit de manger de tous les fruits qui y étaient, excepté de celui de l'arbre de la Science du bien et du mal, dont il leur défendit de manger sous peine de mort.

Dem. — Adam jouit-il longtemps d'un si parfait bonheur ?

Rép. — Non. Le Démon, qui avait été précipité dans l'Enfer en punition de son orgueil, jaloux de la félicité d'Adam, n'oublia rien pour la lui faire perdre. Déguisé en serpent, il persuada à Eve que, si elle mangeait du fruit défendu, elle serait aussi savante que Dieu. Eve séduite détourna bientôt Adam de l'obéissance qu'il devait à son Créateur. Mais à peine Adam eût-il mangé le fruit fatal, qu'il reconnut sa nudité et sa désobéissance. Dieu l'en punit, en le chassant du Paradis terrestre, et en l'assujettissant, lui et toute sa postérité, à la mort et aux autres peines du péché ; mais en même temps il lui promit d'envoyer son fils pour être le réparateur du genre humain.

Dem. — Que nous apprend une punition si terrible ?

Rép. — Elle nous apprend combien le péché est désagréable à Dieu, et difficile à réparer, puisqu'il a fallu que le propre fils de Dieu soit venu nous racheter et nous préserver, par sa mort, de la mort éternelle que nous avions tous méritée par le péché de notre premier père.

Dem. — Combien Adam eut-il d'enfants, et qu'est-ce que l'Ecriture Sainte nous en apprend ?

Rép. — Adam eut plusieurs enfants, mais l'Ecriture Sainte n'en nomme que trois : Caïn, Abel et Seth.

Caïn, jaloux de ce que les sacrifices de son frère Abel étaient agréables à Dieu, le tua, et en punition de son crime, il fut errant et vagabond sur la terre, et père d'une race méchante comme lui. Il bâtit la première

toaren aita. Horrec alchatu zuen munduco lehen hiria ; Henochia deitu zuen, bere semetaric bat Henoc deitcen celacotz. Exituric seculan etzuela ardietsico bere tzarkeriaren barkhamendua, urrundu cen Yaincoaren ganic, eta hil bere bekhatuan.

G. — Cer guerthatu citzaion Sethi, Adamen hirugarren semeari ?

E. — Adamen ondorio izan cen Patriarka bezala, eta seguitu zuen bere anaia Abelen prestutasuna. Enos, Sethen semea, hasi cen Yaincoaren adoratcen, aguerian ; eta Henokec, haren ondoriotaric batec, merecitu zuen, bere berthute handien khariaz, cerurat altchatua izaitea. Sethen ondorioac leihal izan ciren, dembora lucean, Yaincoaren alderat eta hargatic deituac izan ciren Yaincoaren haurrac. Aldiz, Caïnen ondorioac gaichtoac cirelacotz deituac ciren guizonen haurrac. Bainan azkenecotz denac galdu ciren elkharren artean nahastekatu cire lacotz.

G. — Nolaco guizonac sorthu ciren nahasteca horietaric ?

E. — Guizon larri batzu, gutiago famatuac, beren handitasun icigarriaz, ecen beren biciaren barraiamenduaz. Hekien itsuskeriac hain lazgarriac izan ciren, eta lizunkeria hain hedatua, non Yaincoac ez baitzuen causitu yusturic Noë baicen, lurraren gainean. Orduan, urrikitu citzaion guizona eguinic, eta hartu cuen chedea haren suntsitceco lurraren gainetic, animalekin, uholde yeneral batez ; Noë bakharric beiratcen zuelaric, haren aintcinean gracia ardietsi zuelacotz.

G. — Nola Yaincoac beiratu zuen Noë uholde yeneraletic ?

E. — Manatu zion eguitiaz Arca bat, untci baten pare; eman ciozkan negurriac eta hedadurac. Noec iragan cituen ehun urthe haren obratcen. Dembora berean, gonbidatcen cituen guizonac beren baithan sartziaz, bainan etzuten sinhetsi uahizan. Ephe horren buruan, Noëc sararaci zuen arcan bere familia, denetarat zortzi lagun ; eta hekiekin animale suerte gucietaric. Orduan, itsasoac leher eguin zuen alde gucietaric, eta Yaincoac eman zuen urite bat berrogoi gau-egunez.

ville du monde, qu'il appela Henochia, du nom d'Henoc, un de ses fils. Désespérant de pouvoir jamais obtenir le pardon de son crime, il se retira de devant le Seigneur, et mourut dans son impénitence.

Dem. — Qu'arriva-t-il à Seth, troisième fils d'Adam?

Rép. — Il succéda à Adam en qualité de Patriarche, et il imita la piété de son frère Abel. Enos, fils de Seth, commença à invoquer le Seigneur par un culte public, et Hénoc, un de ses descendants, mérita par ses éminentes vertus d'être enlevé au Ciel. Les descendants de Seth demeurèrent longtemps fidèles à Dieu, et furent pour cela appelés les enfants de Dieu ; au lieu que les descendants de Caïn, qui étaient méchants, se nommèrent Enfants des hommes. Mais à la fin, ils se corrompirent tous par les alliances qu'ils contractèrent ensemble.

Dem. — Quels hommes naquirent de cette alliance?

Rép. — Ce furent les Géants, moins fameux par leur énorme grandeur que par le débordement de leur vie. Leurs crimes furent si affreux, et la corruption si générale, que Dieu ne trouva que Noé de juste sur la terre. Il se repentit alors d'avoir fait l'homme, et résolut de l'exterminer de dessus la terre avec les animaux, par un Déluge universel, et de ne sauver que Noé, qui avait trouvé grâce devant lui.

Dem. — Comment Dieu sauva-t-il Noé du Déluge?

Rép. — Il lui ordonna de bâtir l'Arche, qui était un vaisseau, dont il lui marqua les mesures et les proportions. Noé fut cent ans à le construire. Pendant ce temps-là, il exhortait les hommes à la pénitence. Mais ils demeurèrent incrédules. Au bout de ce terme, Noé fit entrer sa famille, qui n'était qu'au nombre de huit personnes, dans l'Arche, avec des animaux de chaque espèce. La Mer se déborda alors de tous côtés, et Dieu fit pleuvoir pendant quarante jours et quarante nuits.

Hain handia izan cen uren barraiamendua, non alchatu baitciren hamabortz beso mendiric haltoenac baino gorago. Azkenean, Arca guelditu cen Araratheco mendiaren gainean, Armenian, eta Noë athera cen handic, urthe baten buruan.

Arca cen Yesu-Christoren elizaren itchura, ceinetaz campo ez baita salbamenduric.

BIGARREN MENDEA

2ª mendea hasi cen uholde yeneralaren akhabantzan, eta guelditu Abrahamen deyan. Iraun zuen 426 urthe.

G. — Cer eguin zuen Noëc uholdearen ondoan?

E. — Yaincoari eskaini cion eskherrezco sacrificio bat, ceren beiratu zuen munduaren hondatze yeneraletic. Guero landatu zuen mahastia; bainan, zuhurtciaric gabe edanic, horrec ekharri arnotic, etzuelacoan ezagutcen haren indarra, lokhartu cen molde itsusi batean. Chamec, haren semetaric bigarrenac, deitu cituen bere anaiac, Sem eta Japhet, hartaz irri eguitekotan; bainan horiec estali zuten beren capeekin. Iratzarri cenean, yakintsun eguina hortaz, Noëc benedicatu cituen Sem eta Japhet, eta madaricatu Cham. Yaincoac ere madaricatu zuen, dembora berean, seme higuingarri hori; haurrei erakhusteco, beren aiten ohoratcen, cer nahi casutan guertha ditezin.

G. — Cer eguin zuten Noëren haurrec, hura hil ondoan?

E. — Lurra zathitu zuten beren artean. Yaphetec izan zuen Europa, Chamec Africa, eta Semec Asia, iguzki atheratceco aldea. Horietaric heldu dire guizon guciac. Hain bertcetaraino emendatu ciren ondorioac, non bortchatuac izan baitciren elkharren ganic apartatcera : bainan barraiatu baino lehen toki berechietan, hartu zuten Babelen dorrearen alchatceco chedea.

G. — Cergatic Guizonec alchatu zuten Babelen dorrea?

E. — Beren icenen aiphamena sekulan ez galtcecotan, eta Yaincoaren mendecuari escapatceco, baldin

L'inondation fut si grande, que les eaux s'élevèrent quinze coudées au-dessus des plus hautes montagnes. Enfin l'Arche s'arrêta sur le mont ARARATH en Arménie, et Noé en sortit après y avoir été enfermé un an.

L'arche était la figure de l'église de Jésus-Christ, hors de laquelle il n'y a point de salut.

DEUXIÈME AGE

Le 2° âge a commencé à la fin du Déluge, et a fini à la vocation d'Abraham. Il a duré 426 ans.

DEM. — Que fit Noé après le Déluge.

RÉP. — Il offrit un sacrifice à Dieu en reconnaissance de ce qu'il l'avait préservé de la destruction générale du genre humain. Ensuite il planta la vigne; mais ayant bu inconsidérément du vin qu'elle avait produit, parce qu'il n'en connaissait pas la force, il s'endormit dans une posture indécente. Cham, le second de ses fils, appela ses frères, Sem et Japhet, pour en rire; mais ceux-ci le couvrirent de leurs manteaux. Noé, qui en fut instruit à son réveil, donna sa bénédiction à Sem et à Japhet, et sa malédiction à Cham. Dieu maudit en même temps cet indigne fils, pour apprendre aux enfants à respecter leurs pères, en quelque état qu'ils puissent être.

DEM. — Que firent les enfants de Noé après sa mort?

RÉP. — Ils partagèrent la terre entre eux. Japhet eut l'Europe, Cham l'Afrique, et Sem l'Asie orientale. C'est d'eux que viennent tous les hommes. Leurs descendants se multiplièrent tellement qu'ils furent obligés de se séparer; mais avant de se disperser dans différents pays, ils formèrent la résolution d'élever la Tour de BABEL.

DEM. — Pourquoi les hommes élevèrent-ils la Tour de Babel?

RÉP. — Ce fut dans la vue d'immortaliser leur nom, et de se soustraire à la vengeance de Dieu, s'il arrivait

uholde berri bat guertatcen bacen ; bainan, nola Yaincoac irri eguiten baitu guizonen asmuez, fincatuac ez direnean justiciaren eta arrozoinaren gainean, suntsitu zuen hekien obra, hizcuntzac elkharren artean nahasiric ; halaco guisan, non guehiago elkhar ezin adituz, bortchatuac izan baitciren barraiatcera, beren obrari ukho eguinic.

G. — Cer arguitasun athera diteke kizcuntcen nahasmendu hortaric ?

E. — Nahasmendu horrec, ceinac irauten baitu oraino, ikhusterat emaiten du guizon guciei, nola Yaincoac artha hartcen duen urguiluaren caztigatceaz : erakhasten du ere, cerurat igaiteco eguiazco bidea, eta seculaco loriaren ardiesteco moldea, ez dagola ez asmu handien eguitean, ez eta ere obra handien alchatcean, bainan bai Yaincoari eskaintcean bihotz apal bat, guizon onest eta guiristino eguiten duten berthute guciez dohatua.

G. — Cer mudantza seinalagarri ikhusten da bigarren mendean ?

E. — Lehenbicicoric ikhusten da guizonaren bicia laburtcen. Uholdearen aintcinean, guizonac bici ciren 900 urthe-taraino. Adame bici izan cen ere 900 urthe, eta Mathusalem 969 urthe. Uholdearen ondoan, guizonen bicia laburtua izan cen hiruetaric biez baino guhieagoz, eta bereciki Phaleg, ceinen demboran barraiatu baitciren guizonac, etcen bici izan berrehun eta berrogoi urthe baicic.

Bigarrenecoric, yanariaren mudautza ; ecen Yaincoac cilhegui utzi cioten guizonei, animalen haraguia nahastecatcera lurreco Fruituekin, ceinac izan baitciren ordu arthio hekien hazkurri bakharra.

HIRUGARREN MENDEA

Hirugarren mendea hasten da Abrahamen deyan eta akhabatcen yuduac Egyptotic atheratcean. Iraun zuen 430 urthe.

un nouveau déluge ; mais Dieu qui se rit des desseins des hommes; quand ils ne sont pas fondés sur la justice et sur la raison, anéantit leur entreprise par la confusion des langues ; de sorte que ne pouvant plus s'entendre, ils furent obligés d'abandonner leur projet et de se séparer.

Dem. — Quelle instruction peut-on tirer de cette diversité de langues !
Rép. — Cette diversité de langues, dont l'effet subsiste encore, fait voir à tous les hommes l'attention que Dieu a à punir l'orgueil, et leur apprend que le vrai chemin pour monter au Ciel, et s'acquérir une gloire immortelle, n'est pas de former de grandes entreprises, ni d'élever de grands édifices ; mais d'offrir à Dieu un cœur humble et rempli de toutes les vertus qui font l'honnête homme et le Chrétien.

Dem. — Quel changement notable remarque-t-on au second âge ?
Rép. — On remarque premièrement le décroissement de la vie humaine. Avant le Déluge, les hommes vivaient jusqu'à 900 ans ; Adam vécut même 930 ans, et Mathusalem 969. Après le Déluge, leur vie fut diminuée de plus de deux tiers, et Phaleg en particulier, sous qui se fit la séparation des hommes, ne vécut que deux cent quarante ans.

Secondement, le changement de nourriture, puisque Dieu permit aux hommes d'ajouter la chair des animaux aux fruits de la terre, qui jusqu'alors avaient été leurs seuls aliments.

TROISIÈME AGE

Le 3ᵉ âge a commencé à la vocation d'Abraham, et s'est terminé à la sortie du Peuple Juif de l'Égypte. Il a duré 430 ans.

G. — Nola ibili ciren Guizonac elkharren ganic barraiatuz gueroztic?

E. — Laster ahantzi zuten legue naturala, beren yaidura gaichtoen seguitceco. Ohoren guticia eta hari darraizkon bicio guciac abiatu ciren ordutic nausitcen. Nemrod izan cen Lehembicico conkest eguilea, eta Babylonian finkatu zuen bere erresumaren alkhia. Guizonen itsumendua hain handia izan cen, non utzi baitzuten Yaincoa, beren creatzailea, creatura huts batzuen adoratceco. Orduan, Yaincoac hartu zuen chedea, populu baten berechteco, bere adoracionea seculan ez galtcecotan; eta handic sor-arazteco aguindu Salbatzailea, hautatu zuen Abraham Populu haren aintcindari eta aita bezala.

G. — Cein urthez sorthu cen Abraham?

E. — Abraham sorthu cen bi milagarren urthearen inguruan, Chaldean, Ur deitcen cen hirian. Yaincoac deitu zuen Chanaango lurrerat, han nahi zuelacoan finkatu bere adoracionea. Hitz eman cion haren gozamena, eta bere ondorioen hedatcia ceruco izarrac bezala, eta handic sor-araztia Messias. Abraham sarthu cen aguindu lurrean Sara bere emaztearekin, eta Loth bere ilobarekin; ceinari bihurtu baitciozkan cerbitzu handiac.

G. — Cer cerbitzu bihurtu ciozkan Abrahamec bere ilobari?

E. — Libratu zuen Codorlaomoren eskuetaric, Elamiten erreguearen ganic, noiz ere bertce hiru erregueez lagundua, ethorri baitcen Sodomaco hiriaren arrobatcera, Loth harat bildu cenean, Abrahame utziric, beren artzainen artean cembeit escatima altchaturic. Lau erregueac benzutu ondoan, bere muthil choilekin, Abraham benedicatua izan cen Melchisedekez, Gorenecoaren apezaz, ceinari bihurtu baitzuen arrapatu puzca gucien detchuma. Melchisedec behatua da Yesu-Ckristoren itchura bezala.

G. — Cer guerthatu citzaion Lothi Sodomerat itzuli cenean?

E. — Bi aingueru ethorri citzaizcon abisatcera, athera zadien hiri hartaric, etzadien sarthua izan hango herrauspean, eta handic, Yaincoaren yusticiac athera be-

Dem. — Comment se comportèrent les hommes après leur séparation?

Rép. — Ils oublièrent bientôt la loi naturelle, pour ne suivre que leurs passions. L'ambition et tous les vices qui l'accompagnent commencèrent alors de régner. Nemrod fut le premier conquérant, et il établit le siège de son empire à Babylone. L'aveuglement des hommes fut si grand, qu'ils abandonnèrent Dieu même qui les avait créés, pour adorer de simples créatures. Dieu résolut alors de se former un peuple qui devait perpétuer son culte et donner la naissance au Sauveur promis, et il choisit Abraham pour être le chef et la tige de ce peuple.

Dem. — En quelle année naquit Abraham?

Rép. — Abraham naquit vers l'an 2000 dans la ville d'Ur, en Chaldée. Dieu l'appela dans la terre de Chanaan, où il voulait établir son culte. Il lui promit de lui en donner la possession, et de multiplier sa postérité comme les étoiles du Ciel et d'en faire naître le Messie. Abraham arriva dans la terre promise avec sa femme Sara et son neveu Loth, à qui il rendit de grands services.

Dem. — Quels services rendit Abraham à son neveu Loth?

Rép. — Il le délivra des mains de Codorlaomor, Roi des Elamites, qui, assisté de trois autres rois, était venu piller la ville de Sodome, où il s'était retiré lorsqu'il quitta Abraham sur quelques différends survenus entre leurs pasteurs. Après qu'Abraham eut vaincu les quatre rois avec ses seuls domestiques, il fut béni par Melchisedech, Prêtre du Très-Haut, à qui il donna la dîme de tout le butin qu'il avait fait. On regarde Melchisédech comme la figure de J.-C.

Dem. — Qu'arriva-t-il à Loth, lorsqu'il fut retourné à Sodome?

Rép. — Deux Anges vinrent l'avertir de sortir de cette ville, afin qu'il ne fût pas enveloppé dans ses ruines et dans la vengeance que la justice de Dieu devait en tirer.

har zuen mendekuan. Hiria suntsitua izan cen susco eta sufrezco uri batez, hango itsuskeria icigarrien caztiguz. Lothec etzuen izan hiritic atheratceco astia baicic, eta haren emaztea, guibelat behatu zuelacotz, Yaincoaren manua hautsiric, bihurtua izan cen gatcezco itchura batetarat. Lothen bi alabec, ustez mundua akhabatcera zoan, hordiarazi zuten aita, eta harekin iduki estecamendu lizun bat, ceinetaric sorthu baitciren Moab eta Ammon, bi populu suerteen aitac. Populu horiec izan ciren, casic bethi, Yaincoaren populuaren etxai.

Lothen lohikeriac erakhusterat emaiten du, cer lanyeretan hordikeriac ezartcen dituen guizonac, holaco itsuskeria icigarrietarat ekhartcen dituenaz gueroz.

G. — Complitu ciren Yaincoac Abrahami hitz emanac?

E. — Sararen agortasunac sinhets araci cion Abrahami, Yaincoac etzuela nahi hartaz baliatu, bere hitzaren complitceco, eta ekharri zuen emaztetzat hartcera Agar, bere cerbitzaria. Haren ganic izan zuen Ismael; bada, handic laster, Sara trabatua suertatu cen, eta Abrahamec, ehun urthetan, ikhusi zuen sortcen Isaac gaztea. Nola guciz beldur izaiteco baitcen bi haur horien artean aguertcen hasi ciren bizcamietaric, Abraham eta Sara bortchatuac izan ciren casatcera Agar eta Ismael.

G. — Cer bilhacatu cen Agar hestura hortan?

E. — Agar guan cen deserturat, eta han akabaturic Abrahamec eman oguia eta ura, utzi zuen bere semea arbola baten azpian, ez izaitea gatic haren hiltcen ikhusteco bihotz mina; bainan Yaincoac, alhargunen eta emachurtcen laguntzaleac, igorri cion aingueru bat animu bihurtcera, eta erakhutsi cion ithurri bat bere buruaren frescatceco. Dena piztua laguntza hortaz, Agarrec altchatu zuen bere semea, ceina izan baitcen handic ondoan Ismaeldarren aita eta buruzagui.

G. — Cein da Yaincoac Abrahamekin eguin zuen batasunezco seinalea? Eta cergatic deitua da sinhestailen aita?

E. — Abrahamekin Yaincoac eguin zuen batasunaren seinalea deitcen da circoncisionea; eta Abraham deitua da sinhestailen aita, bere fede handiac sinhets araci

Elle fut consumée par une pluie de feu et de soufre, en punition des crimes affreux de ses habitants. Loth n'eut que le temps de sortir de la ville, et sa femme, pour avoir regardé derrière elle, contre l'ordre de Dieu, fut changée en statue de sel. Les deux filles de Loth, croyant que le monde allait périr, enivrèrent leur père, et eurent avec lui un commerce criminel, d'où naquirent Moab et Ammon, pères de deux peuples différents, qui furent presque toujours ennemis du peuple de Dieu.

Le crime de Loth fait voir à quels dangers l'ivresse expose les hommes, puisqu'elle les porte à des excès si monstrueux.

Dem. — Les promesses que Dieu fit à Abraham furent-elles accomplies ?

Rép. — La stérilité de Sara fit croire à Abraham que Dieu ne voulait pas se servir d'elle pour l'accomplissement de ses promesses, et le porta à prendre sa servante Agar comme sa femme. Il eut d'elle Ismael ; mais Sara devint féconde quelque temps après ; et Abraham, à l'âge de cent ans, vit naître le jeune Isaac. Tout était à craindre de la division qui commençait à éclater entre ces deux enfants ; ce qui obligea Abraham et Sara à chasser Agar et Ismaël.

Dem. — Que devint Agar dans cette triste situation ?

Rép. — Agar s'en alla dans le désert, où ayant consommé le pain et l'eau qu'Abraham lui avait donnés, elle laissa son fils sous un arbre pour n'avoir pas la douleur de le voir mourir : mais Dieu, qui est le protecteur de la veuve et de l'orphelin, lui envoya un Ange pour la consoler, et lui montra une fontaine où elle put se rafraîchir. Agar, ranimée par ce secours, éleva son fils, qui dans la suite, fut chef des Ismaélites.

Dem. — Quelle est la marque de l'alliance que Dieu fit avec Abraham, et pourquoi est-il appelé le père des Croyants ?

Rép. — La marque de l'alliance que Dieu fit avec Abraham est la circoncision, et Abraham est appelé père des Croyants, à cause de la grande foi, qui lui fit

ciolacotz, itchura guciz campo, Yaincoaren errana, ondoriotasun handi baten aita izanen cela, eta handic atheraco cela Messias.

G. — Yaincoac etzuen frogatu Abrahamen leialtasuna?

E. — Yaincoac manatu zion, yuan zadien, Isaac bere semearen sacrificatcera, Moriaco mendiaren gainera, ceinetan gueroztic alchatua izan baitcen Yerusalemeco templea. Abrahamec, urrun aditcetic bere baitaco boza, eta dudatcetic Yaincoac eguin aguintzaz, emanen ciola ondoriotasun bat, ceruco izarrac baino hedatuagoa, etzuen bertceric gogoan ibili, haren manuaren complitcia baicic, sacrificatuz ondoriotasun handi haren aita izan behar cena. Nahiz hogoi eta hama zazpi urthetan, Isaakec eztitasunekin entzun zuen bere heriotceco berria eta azken colpearen hartcera zoan, noiz ere aingueru batec gueldítu baitzuen Abrahamen besoa. Ahari bat, laharpe batean trabatua arrapaturic, izan cen ezarria haren ordain. Abraham eta Isaac dire bi seinale handi yautsapen compliaren gainean. Yaincoac saristatcen duen moldeac, erakhusterat emaiten du, cein laudagarri den berthute hori haren aintcinean.

G. — Cer emazte eman cion ezcontzaz Abrahamec bere semeari?

E. — Ezcon-araci zuen bere castaco emakume batekin, Mesopotomiarat igorriric haren bilha, Elieser bere etche guizona. Rebecca deitcen cen; Nachorren, Abrahamen anaiaren, ilobaso cen. Yaincoac benedicatu zuen ezcontza hori, bi anaia biritchien sortceaz, Esaü eta Yacob. Esaü cen primo; dena ilhez estalia ethorri cen mundurat, icen horrec erran nahidu guizon eguina. Yacoberenac erran nahi du bertcen toki hartzailea, sorthu celacotz bere anaiaren zangarrari lothua. Hala hala, atzeman zuen anaiaren tokian sartceco moldea, haren primantza erosiz eta amarruz ardietsiz aitaren benedicionea, zaharrenari heldu cena zucen bidez.

G. — Cer amarru suertez Yacobec ardietsi zuen primantza, eta arrapatu aitaren benedicionea?

E. — Egun batez, Yacobec lantilac moldatuac citue-

croire, contre toute apparence, ce que Dieu lui avait dit, qu'il serait père d'une grande postérité, de laquelle sortirait le Messie.

Dem. — Dieu ne mit-il point la fidélité d'Abraham à l'épreuve ?

Rép. — Dieu lui ordonna d'aller sacrifier son fils Isaac sur la montagne de Moria, où depuis on bâtit le Temple de *Jérusalem*. Abraham, bien loin d'écouter la voix de la nature, et de douter des promesses que Dieu lui avait faites, de lui donner une postérité plus nombreuse que les étoiles du ciel, ne songea qu'à exécuter ses ordres, en immolant celui qui devait être le père de cette nombreuse postérité. Isaac, quoiqu'âgé de 37 ans, apprit avec soumission la nouvelle de sa mort ; et il allait recevoir le coup fatal lorsqu'un ange arrêta le bras d'Abraham. Un bélier qui se trouva embarrassé dans des ronces, fut mis à sa place. Abraham et Isaac sont deux modèles d'une obéissance parfaite. La manière dont Dieu la récompensa, fait voir combien cette vertu lui est agréable.

Dem. — Quelle femme Abraham fit-il épouser à son fils Isaac ?

Rép. — Il lui fit épouser une femme de sa race qu'il envoya chercher en Mésopotamie, par Eliezer son intendant. Elle s'appelait Rebecca, et était petite-fille de Nachor, frère d'Abraham. Dieu bénit ce mariage par la naissance d'Esaü et de Jacob, deux frères jumeaux. Esaü était l'aîné, il vint au monde tout couvert de poil. Son nom signifie *homme fait :* celui de Jacob signifie *supplanteur*, parce qu'il naquit tenant les talons de son frère. Aussi trouva-t-il le moyen de le supplanter en achetant son droit d'aînesse, et en obtenant par adresse la bénédiction de son père qui appartenait naturellement à l'aîné.

Dem. — Par quelle adresse Jacob acquit-il le droit d'aînesse ; et comment surprit-il la bénédiction de son père ?

Rép. — Un jour que Jacob avait préparé des lentil-

laric, Esauc ikhusi cituen, ihicitic ethorri ondoan, bere ardurazco oficiotic, eta hain kharsuki bilhatu zuen hetaric yatia, non Yacobec ez baitciozkan eman nahizan bere primantza uztecotan baicic. Esauc iresteco guticia ezin baratuz, eman cion kuchian bere primantza. Rebeccac hori seguratcecotan Yacoberi amulsuki maite zuenari, estali ciozkan hain abilki eskuac eta lepoa pithica baten larruaz, non Ysaakec hartu baitzuen Esauenzat dena ilez estaliarenzat, eta eman baitcion bere benedicionea. Hain bertcetaraino hasarretu cen Esaü, non hil nahizan baitzuen Yacob. Horren errabiari escapatceco, ihez eguin zuen bere osaba Labanen ganat, ceinaren arthaldeac zaindu baitcituen dembora lucean. Ihes zohalaric, lotan aguertu citzaizcon misteriozco zulubi famatu batzu, lurretic ceruraino heltcen cirenac.

G. — Cenbat demboraz Yacobec izan zuen artha Labanen arthaldez?

E. — Hamalau urthez; igurikatcen zuen zazpi urthez cerbitzatu ondoan, ezcontzia Rachelekin, hainitz maite zuelacotz. Bainan, Labanec eman cion Lia, Rachelen ahizpa; eta etcion hura eman nahizan bertce zazpi urtheen buruan baicic. Bigarren luzamen hori iragan eta aphur baten buruan, Yacob itzuli cen Chanaango lurrerat; berekin eremaiten cituelaric bi emazteac eta haurrac. Jautsapenez facegatu zuen bere anaia Esauen izpiritua. Itzultcean, ikusi zuen guizon bat, harekin borroca lothu cena, gauaz, ceinec ere ihar-araci baitcion bat batean ichterra, hango zain bat ukituric. Ohartu cenean, aingueru batekin guduca hari izan cela, Yacobec galdeguin cion bere benedicionea; eta Aingueruac seguratu zuen, Yaincoaren beraren contra hain hazcar izan cenaz gueroz, etzuela guizonez beldurric izaiteco; eta bere anaiac etciola batere gaizkiric eguinen.

G. — Yacobec eta Esauc etzuten garraiatu bertce icenic?

E. — Aingueruac, guduca hari izan ondoan Yacoberekin, eman cion icena Israel, erran nahi baitu hazcarra; hortic haren ondoriac deituac izan ciren Israeldarrac. Esauc izan zuen icena Edom, erran nahi baitu gor-

les, Esaü les vit à son retour de la chasse, qui faisait son occupation ordinaire, et désira avec tant d'avidité de les manger, que Jacob ne voulut les lui donner qu'à condition qu'il lui céderait son droit d'aînesse. Esaü, ne pouvant modérer sa gourmandise, le lui céda sur le champ. Rebecca, pour assurer cet avantage à Jacob qu'elle aimait tendrement, couvrit si adroitement ses mains et son col d'une peau de chevreau, qu'Isaac le prit pour Esaü, qui était couvert de poil, et lui donna sa bénédiction. Esaü en fut si irrité qu'il voulut tuer Jacob, qui, pour éviter sa fureur, s'enfuit chez son oncle LABAN, dont il garda longtemps les troupeaux. C'est pendant sa fuite qu'il eut, en dormant, la célèbre vision de l'échelle mystérieuse qui allait de la terre jusqu'au ciel.

DEM. — Combien de temps Jacob eut-il soin des troupeaux de Laban ?

RÉP. — Quatorze ans. Il se flattait, après sept ans de service, d'épouser RACHEL, qu'il aimait beaucoup. Mais Laban lui donna LIA, sœur de Rachel, et ne voulut lui accorder celle-ci qu'après sept autres années. Quelque temps après que ce second terme fut expiré, Jacob retourna dans la terre de CHANAAN, emmenant avec lui ses deux femmes et ses enfants, et par ses soumissions, il adoucit l'esprit de son frère Esaü. En revenant, il eut une vision d'un homme qui lutta avec lui pendant la nuit, et qui, lui ayant touché le nerf de la cuisse, la fit sécher aussitôt. Jacob s'apercevant qu'il avait combattu contre un Ange, lui demanda sa bénédiction, et l'Ange l'assura que, puisqu'il avait été fort contre Dieu lui-même, il ne devait point craindre les hommes, et que son frère ne lui ferait aucun mal.

DEM. — Jacob et Esaü n'eurent-ils point d'autre nom ?

RÉP. — L'Ange, contre qui Jacob lutta, lui donna le nom d'ISRAEL, qui veut dire *fort* ; de là, ses descendants furent appelés ISRAÉLITES. Esaü reçut le nom d'EDOM, qui veut dire *roux* ; et ce nom a passé aux

rasta. Icen hori garraiatu zuten Idumearrec, hekien aita izan celacotz.

G. — Cer ciren lehenbicico Patriarken lan suerteac?

E. — Lehenbicico Patriarkac ciren denac artzainac edo laborariac ; denetaric ausarki zutelaric, bici ciren zuhurtcia handian. Hekien aberastasunac causitcen ciren bereciki aciendetan. Abrahamec eta Lothec bazuten hain bertcetaraino, non bat bertcearen ganic apartatcera bortchatuac izan baitciren, hec bici ciren lurrean denac ezin cokatuz. Yaincoaren bothereaz landa, osoki libro ciren, eta hekien familiac eguiten zuen erresuma thiki bat, ceinetan aita baitcen erregue bezala. Icen hori zuen bakharric escaz Abrahamec, ecen erregueec eguiten cituzten harekin adichkidantzac, eta duda gabe balio zuen Lothen libratceco bentzutu cituen lau printcetaric cein nahic bezambat.

G. — Arbuiatu behar dire Israeldarrac, ceren etziren hari campo lanetan baicic?

E. — Ez; aitcitic miragarri bezala behar dugu behatu hekien kharra laneco, ceinetarat bortchatua izan baitcen guizona, bere bekhatuaren seguidan. Hala, hala, Yaincoac ezagutcera emaiten du maiz ichtorio sainduan, cein laudagarri den oficio hori haren beguietan. Hautatu zuen Gedeon, bere popularen aintcindari, ogui yotcen hari celaric ; Saül astoen bilha zabilaric ; eta David, chikhiroen alhatcera zoalaric.

G. — Poligamia, edo emazte bat baino guehiago izaitia cilhegui citzaioten Yuduei?

E. — Yaincoac yasan zuen hori Patriarketan, bere zuhurtcian pisatcen cituen arrozoinen gatic. Erran diteke, choilki, ezcontza horiec misteriozcoac cirela, eta Yaincoac etcituela cilhegui uzten, bere populuaren fite emandatcecotan baicic. Graciazco legueac debecatcen ditu ez choilki poligamia, eta escontzaren lohitcia, bainan oraino, gogoeta tzarrac eta nahicunde lizunac. Libertinac ez ditezke beraz balia emazte bat baino guehiagoen hartceco Abrahamen eta Yacoberen eguintzaz. Eguia da dembora batez Yaincoac yasan zuela poliga-

Iduméens, dont il fut le père.

Dem. — Quelles étaient les occupations des premiers Patriarches ?

Rép. — Les premiers Patriarches étaient tous bergers ou laboureurs. Ils vivaient dans une grande abondance et en même temps dans une grande frugalité. Leurs richesses consistaient principalement en bestiaux, dont Abraham et Loth avaient un si grand nombre, qu'ils furent obligés de se séparer, la terre où ils vivaient ne pouvant les contenir. Indépendants de toute autre puissance que de Dieu, ils étaient parfaitement libres et leur famille formait un petit Etat dont le père était comme le Roi. Il ne manquait que ce titre à Abraham, puisque les Rois faisaient alliance avec lui, et il valait bien sans doute un de ces quatre princes qu'il vainquit pour délivrer son neveu Loth.

Dem. — Les Israélites ne doivent-ils pas nous paraître méprisables, parce qu'ils ne s'occupaient qu'à la vie champêtre ?

Rép. — Non. Au contraire, nous devons admirer leur ardeur pour un travail auquel l'homme avait été condamné après son péché : aussi Dieu fait voir souvent dans l'Histoire Sainte combien cette occupation lui était agréable ; il choisit Gédéon pour être le chef de son peuple, tandis qu'il bat son blé ; Saül, lorsqu'il est occupé à chercher des ânesses, et David à mener paître des moutons.

Dem. — La polygamie ou l'usage d'avoir plusieurs femmes était-elle permise aux Juifs ?

Rép. — Dieu l'a tolérée dans les Patriarches pour des raisons qui ne sont connues que de sa sagesse. On peut dire seulement que ces mariages étaient mystérieux, et que Dieu ne les permettait que pour accélérer la multiplication de son peuple. La loi de grâce défend non-seulement la polygamie et l'adultère, mais même les pensées et les désirs impurs. Les libertins ne peuvent donc pas être autorisés à avoir plusieurs femmes, par l'exemple d'Abraham et de Jacob. Dieu a toléré pendant quelque temps la polygamie, il est vrai ; mais

mia, bainan debecatua da legue berriaz. Guiristino gare, Yesu-Christo da gure guidari, hortan akhabo da.

G. — Cen bat haur izan cituen Yacobec?

E. — Hamabi. Denac izan ciren hain bertce populuen aintcindari; huna non diren icenac.

RUBEN.   DAN.
SIMÉON.   GAD.
LEVI.   ASER.
YUDA.   NEPHTALI.
ZABULON.   YOSEPH.
ISSACHAR.   BENJAMIN.

Yosephec, hameca-garrenac, manatu zuen Egiptoan. Bere anaien herrac eta hekien ganic yasan cituen gaitchtakeriec eguin zuten haren handitasuna.

G. — Cergatic Yoseph izan cen higuindua eta toleiatua bere anaiez.

E.—Yoseph hinguindua izan cen bere anaiez, aita Yacobec harentzat zuen amodio berechiaren gatic, eta berac hartu zuelacotz ausartcia, hekien gain emaiteco itsuskeria handi bat, Escritura Sainduac icendatcen ez duena. Bere handitasuna seinalatcen zuten amex misteriogarri batzuen chehetasuna eman ciotenean, hekien herrac eta bekhaizgoac gaindi eguin zuten : halaco guisan, non haren galtceco chedea hartu baitzuten.

G. — Nola atzeman zuten Yosepheren anaiec bere chedearen complitceco parada?

E. — Egun batez, ikhustearekin hekien ganat ethortcen, campoan, non ere alhatcen baitcituzten beren arthaldeac, batec bertceari erran cion : « Huna non den « gure amex eguilea; hil dezagun eta etcha putzu za- « har batetarat. Guero ikhusico diagu cer baliatuco « zaizcon bere amexac. » Rubenec guibelatu cituen hiltcetic ; putzurat etchatu eta baratu ciren. Aphur baten buruan athera zuten handic, Ismaeldar tratulari batzuei saltceco ; ceinec saldu baitzuten berriz Putipharri, Egiptoco Erregueren, Pharaon II[ren] guardiaco aintcindariari.

G. — Nola Yosepheren anaiec gorde zuten aitari beren anairen salpena?

E. — Amarrua eta guezurreria moldatu zuten elkharrekin beren itsuskeriaren gordetceco ; igorri cioten

la loi nouvelle la défend. Nous sommes Chrétiens, J.-C. est notre guide, cela décide la question.

Dem. — Combien Jacob eut-il d'enfants ?

Rép. — Il en eut douze, qui furent tous chefs d'autant de tribus. Voici les noms :

Ruben.	Dan.
Siméon.	Gad.
Levi.	Aser.
Juda.	Nephtali.
Zabulon.	Joseph.
Issachar.	Benjamin.

Joseph, qui était le onzième, commanda en Egypte. La haine de ses frères et les mauvais traitements qu'il en reçut, furent la cause de son élévation.

Dem. — Pourquoi Joseph fut-il haï et maltraité de ses frères.

Rép. — Joseph fut haï de ses frères à cause de l'amitié particulière que son père Jacob avait pour lui, et de la liberté qu'il prit de les accuser d'un crime que l'Ecriture Sainte ne nomme point. Le récit qu'il leur fit des songes mystérieux qu'il avait eus, et qui marquaient sa future grandeur, mit le comble à leur haine et à leur jalousie : en sorte qu'ils résolurent de s'en défaire.

Dem. — Comment les frères de Joseph trouvèrent-ils l'occasion d'exécuter leur dessein ?

Rép. — Un jour qu'ils le virent venir à eux à la campagne où ils faisaient paître leurs troupeaux, ils se dirent l'un à l'autre : *Voici notre songeur, tuons-le, et jetons-le dans une vieille citerne ; et après cela on verra à quoi lui auront servi les songes.* Ruben les empêcha de le faire mourir, et ils se contentèrent de le jeter dans la citerne. Ils l'en retirèrent quelque temps après pour le vendre à des marchands Ismaélites, qui allèrent le revendre à Putiphar, capitaine des gardes de Pharaon II, roi d'Egypte.

Dem. — Comment les frères de Joseph cachèrent-ils à leur père la vente de leur frère ?

Rép. — Ils joignirent l'artifice au mensonge pour cacher le crime qu'ils avaient commis ; et après avoir

Yosepheren arropa pithika baten odolean nothaturic. Yacobec, ikhustearekin, oihu eguin zuen; ai! bestia tzar batec iretsi du ene semea. Yoseph hil da. Urratu cituen arropac, eta cilicio batez estaliric, nigar eguin zuen, dembora lucean, bere semeaz, deus gozoric entzun nahi gabe.

G. — Cer guerthatu citzaion Yosepheri Putipharren etchean?

E. — Putipharrec ezaguturic Yosepheren prestutasuna, amodioan hartu zuen eta eguin bere etche guizon. Yaincoac benedicatu zuen etchea, eta ontasunez estali Yosepheren khariaz, ceinaren berthutea laster frogatu behar baitzuen molde lazgarri batean. Putipharren emazteac eguin ahalac eguin cituen haren irabazteco; bainan Yaincoaren beldurcundeac, eta bere nausiaren alderaco ikhustateac ezarri zuten Yoseph, nihondic ez muguitceco guisan.

G. — Cer eguin zuen Putipharren emazteac, Yosepheri bortcha eguiteco?

E. — Egun batez, hartu zuen capatic, bere chede lizunetan eror-arazteco. Yosephec, hestura min hortan, ihes eguin zuen, hura celacoan Yaincoari damuric ez eguiteco molde bakharra. Putipharren emaztearen eskuetan gueldi tu cen capa, ceinetaz baliatu baitcen Yosepheren belzteco bere senharraren aintcinean. Sinhetsia izan cen, eta Yoseph cepoetan ezarria, hitzic athera gabe, bere buruaren garbitceco. Hain bertcetaraino idukitcen zuen bere nausiaren ohoreari.

G. — Cer gogoeta eguin diteke Yaincoaren ikhusteco moldeaz Yosephen alderat, ceinari bere berthuteac ez baithio deitcen zori gaitzic baicen?

E. — Yaincoac nahizan gaitu deseguin, probidentciaren gainean eguiten ditugun asmu makhurretaric. Uste dugu, berthuteac bethi dohatsu eguin behar gaituela bici huntan; eta noiz ere ikhusten baitugu zapatua, iduritcen zaiku Yaincoac ahanzten dituela bere cerbitzari leialenac. Yoseph igan bada nahi gaben eta atsekabeen erditic, hura cen esleitcen ciozkan handitasunen khutsutic beiratceco, eta bere zori gaitzez erakusteco, bertcenez bethi urricalmendu izaiten.

teint dans le sang d'un chevreau, la robe de Joseph, ils l'envoyèrent à leur père. Jacob, en la voyant, s'écria : Ah ! une bête cruelle a dévoré mon fils : Joseph est mort. Il déchira ses vêtements ; et s'étant couvert d'un cilice, il pleura son fils fort longtemps, sans vouloir écouter aucune consolation.

Dem. — Qu'arriva-t-il à Joseph dans la maison de Putiphar ?

Rép. — Putiphar ayant reconnu la sagesse de Joseph, le prit en affection, et le fit intendant de sa maison. Dieu la bénit et la combla de biens en faveur de Joseph, dont il devait mettre bientôt la vertu à de terribles épreuves. La femme de Putiphar tenta de le séduire ; mais la crainte de Dieu et le respect pour son maître rendirent Joseph inébranlable.

Dem. — Que fit la femme de Putiphar pour vaincre la résistance de Joseph ?

Rép. — Elle le prit un jour par son manteau pour le faire consentir à son mauvais dessein. Joseph, dans un péril si pressant, prit la fuite, le seul moyen qui pouvait l'empêcher d'offenser Dieu. Son manteau resta dans les mains de la femme de Putiphar, qui s'en servit pour l'accuser devant son mari. Elle en fut crue, et Joseph fut mis en prison, sans prononcer un mot pour sa justification, tant il respectait l'honneur de son maître.

Dem. — Que doit-on penser de la conduite de Dieu sur Joseph, à qui sa vertu n'attire que de mauvais traitements ?

Rép. — Dieu a voulu nous détromper de la fausse idée que nous avons de la Providence ; nous croyons que la vertu doit toujours nous rendre heureux en cette vie ; et lorsque nous la voyons opprimée, nous pensons que Dieu néglige ses plus fidèles serviteurs. S'il a fait passer Joseph par les humiliations et par les souffrances, c'était pour le préserver de la contagion des grandeurs qu'il lui préparait, et pour lui apprendre, par ses propres malheurs, à être toujours compatissant à ceux des autres.

G. — Nolacoa izan cen Yosepheren bici modua cepoetan? eta nola athera cen handic?

E. — Yosephec hain bertce berthute aguertu zuen cepoetan, non aintcindariac eman baitcion nausitasun oso bat han sarthuac ciren gucien gainean. Urthe baten buruan, suertatu citzaion Yosepheri bere zuhurtciaren erakhustia, Pharaonen edari eta ogui cerbitzarien amex batzuen chehetasuna emanez, harekin cielaric presundegui berean. Abisatu zuen lehenbicicoa, hiru egunen buruan berriz ezarria izanen cela cargutan; eta erran cion, bihotz minekin, ogui cerbitzariari, ephe beraren buruan gurutceficatua izanen cela, Pharaonen manuz; eta choriec yanen zutela haren haraguia. Erran bezala guerthatu cen; bainan edari emaileac ahantzi zuen laster Yosepheri eman hitza, bere librantzaren gainean (hain guti ohi baita ezagutzaren atzemaitea handien artean); eta etcen hartaz orhoitu, noiz ere baicen, Pharaoni atxeguin eguinen zuelacoan, icendatu baitcion amex espantagarri batzuen chehetasunaren emaiteco.

G. — Cer ciren amex horiec?

E. — Lo zagolaric, iduritu citzaion Pharaoni, ikhustea zazpi behi guicen atheratcen Nileco uretaric, eta berehala iretsiac izaiten bertce zazpi behi mehe akhabatuez. Berriz lokharturic, Printce horrec ikhusi cituen bertce amex batean, zazpi ogui buru osoki ederrac, iretsiac izaiten bertce zazpi buru tcharrez.

G. — Nola arguitu cituen Yosephec amex horiec?

E. — Yosephec, entzunic Pharaonen amexac, erran cion, Biac bat cirela; zazpi behi guicenec eta zazpi ogui buru ederrec seinalatcen zutela, denetaric ausarki izanen cela zazpi urthez; bainan, zazpi ogui buru tcharrec eta zazpi behi mehec seinalatcen zutela, bertce zazpi urthez agortasun handi bat, Egiptoa eta bazter guciac chahutuco cituena, baldin ez baciren aintcinetic hartcen negurri zuhurrac. Hain bertcetaraino loriatu cen Pharaon chehetasun hortaz, non eguin baitzuen Yoseph bere lebenbicico ministro, bothere oso batekin Egipto guciaren gainean. Yaincoac erakhusten daroku

Dem. — Quelle fut la conduite de Joseph dans sa prison et comment en sortit-il ?

Rép. — Joseph fit paraître tant de vertu dans sa prison que le Gouverneur lui donna un pouvoir absolu sur tous les autres prisonniers. Un an après, Joseph eut occasion de montrer sa sagesse, en expliquant les songes de l'Echanson et du Pannetier de Pharaon, qui étaient dans la même prison. Il prédit au premier que dans trois jours il serait rétabli dans ses fonctions, et dit avec regret au Pannetier, qu'au bout du même terme, Pharaon le ferait attacher en croix, et que les oiseaux mangeraient sa chair. La prédiction s'accomplit ; mais l'Echanson oublia bientôt la parole qu'il avait donnée à Joseph de lui procurer sa liberté (tant il est rare de trouver de la reconnaissance dans les grands) ; et il ne se souvint de lui que lorsqu'il crut faire sa cour à Pharaon, en le lui proposant pour expliquer des songes extraordinaires qu'il avait eus.

Dem. — Quels étaient ces songes ?

Rép. — Pharaon avait cru voir pendant son sommeil sept vaches grasses qui sortaient du Nil, et qui furent aussitôt dévorées par sept autres vaches extraordinairement maigres. Ce prince s'étant rendormi, fit encore un autre songe de sept épis de blé parfaitement beaux, qui furent dévorés par sept autres qui étaient fort maigres.

Dem. — Comment Joseph expliqua-t-il ces songes ?

Rép. — Joseph ayant entendu les deux songes de Pharaon, lui dit qu'ils ne signifiaient qu'une même chose ; que les sept vaches grasses et les sept épis si beaux prédisaient sept années d'une abondance extraordinaire ; mais que les sept épis et les vaches maigres marquaient sept autres années d'une grande stérilité qui désolerait l'Egypte et le reste de la terre, si on ne prenait de sages précautions pour la prévenir. Pharaon fut si content de cette explication, qu'il fit Joseph son premier ministre, avec un pouvoir absolu dans toute l'Egypte. Dieu nous apprend par cet exemple,

guisa hortan, nola *libratcen* dituen bere cerbitzariac bertcen eskuetaric eta falsokerietaric; sariztatcen ere zucenen sosegua eta leialtasuna.

G. — Cer negurri hartu zuen Yosephec, goseteari aincintceco?

E. — Ogui meta handiac bildu cituen, erregueren bihiteguitan ezarriz lurrac ekharri cituen bihien bortzgarrena Zuhurciazco negurri horrec beiratu zuen Egiptoa. Harat heldu ciren oguiketa, bazter gucietaric Yacob ere Bortchatua izan cen harat igortziaz bere haurrac, bihi erostera.

G. — Cer beguitarte eguin zuen Yosephec bere anaiei, goseteac bortchatu cituenean Egiptora guatiaz, oguiketa?

E. — Hastapenetic ezaguturic, Yosephec nahizan zuen yakin, ia urrikitan zauden haren alderat hobendun eguin ciren itsuskeriez. Ispiuntzat hartu cituen, eta preso ezarri. Orduan icialduraz eta urrikiz betheac, erraiten zuten, batec bertceari: *Zucen den bezala pecatcen tiagu; ecen bekhatu eguin diagu gure anaiaren contra. Haren odola eskatcen dic Yaincoac gure ganic.* Yosephec adituric, berec etzakitelaric, ezin iduki cituen nigarrac. Eman-araci cioten bihia, zakuetan ezar-araci beren dirua, eta guelditu Simeon fiador bezala, Benjamin ekharri arthio.

G. — Cer erakhusten darokute Yosepheren anaien bihotz minec?

E. — Beren buruei yazartcen diren moldeac erakhusten darokute contcientciaren indarra, eta Yacobec bere familiari eman cion escola sainduaren balioa; ecen, nahiz batzuetan urrundu cen zucen bidetic, etzuen behinere arras galdu bistatic. Beraz, sainduki altchatuac izan direnac errebela ditezke, bainan Yaincoaren eskuac zapatcen dituenean, berehala ezagutcen dute yuye hasarretu bat, eta apalduric escatcen urricalmendu.

G. — Cer zorion izan zuten Yosepheren anaiec, bigarren piaian?

E. — Itzuli cirenean, hekien yautsapenac onetsiric, Yosephec manatu zuen eman cezoten yatera, berekin

qu'il tire ses serviteurs de l'oppression et de la calomnie, et qu'il récompense la patience et la fidélité des justes.

Dem. — Quelles précautions Joseph prit-il pour prévenir la famine?

Rép. — Il fit de grands amas de blé, mettant dans les greniers du Roi la cinquième partie des grains que la terre produisit. Cette sage précaution sauva l'Egypte. On y venait de toutes les parties du monde pour avoir du blé, et Jacob même fut obligé d'y envoyer ses enfants pour en acheter.

Dem. — Comment Joseph traita-t-il ses frères, quand la famine les obligea d'aller chercher du blé en Egypte?

Rép. — Joseph, les ayant reconnus d'abord, voulut savoir s'ils se repentaient du crime qu'ils avaient commis à son égard. Il les traita d'espions et les fit mettre en prison. Alors pénétrés de frayeur et de regret, ils se disaient l'un à l'autre : *C'est avec justice que nous souffrons, parce que nous avons péché contre notre frère. C'est son sang que Dieu nous redemande.* Joseph qui les entendait sans qu'ils le sussent, ne put retenir ses larmes. Il leur fit donner du blé, fit mettre leur argent dans leurs sacs, et retenir Siméon en ôtage, jusqu'à ce qu'ils lui eussent amené Benjamin.

Dem. — Que nous apprennent les remords des frères de Joseph?

Rép. — Nous voyons par les reproches qu'ils se font à eux-mêmes, et la force de la conscience, et le fruit de la sainte éducation donnée par Jacob à sa famille; car quoiqu'elle se soit quelquefois écartée de la justice, elle ne l'a jamais entièrement perdue de vue. Ainsi, ceux qui ont eu une sainte éducation, peuvent bien tomber dans des égarements; mais si la main de Dieu les frappe, ils reconnaissent aussitôt un Juge irrité, et implorent humblement sa miséricorde.

Dem. — Quel fut le succès du second voyage des frères de Joseph?

Rép. — A leur retour, Joseph, après avoir reçu leurs hommages, ordonna qu'on les fît manger avec

batean. Beguitharte hortaz etzakiten cer asma; bainan, etciren gaizki harritu, noiz ere hiritic atheratcean, guelditu baitcituzten, Yosepheren manuz, yazarriric ebatsi zutela haren edateco untcia, berac ezar-araci onduan Benjaminen zakhuan. Aleguia eguin zuen ere hunen idukitcera esclabo bezala; bada, hain molde unkigarrian erakutsi cion Yudasec, nolacoa izanen cen Yaco beren atsekabea, itzultcen baciren Benjamin gabe, berekin guibelat eremaitea hitz eman ondoan, non Yosephec nigarrac guehiago ezin idukiz, etchatu baitzuen oihu handi bat, erraiten zuelaric: *Ni naiz Yoseph, zuen anaia. Ene aita Yacob bici da oraino?* Guero, denac besarcaturic, errenkuraric batere eguin gabe, manatu cioten aitaren eta gainerateco familia guciaren bilha guatia; eta ethorri ciren hiruetan hogoi eta hamar lagun.

G. — Cer erran cion Yosephec Pharaoni, bere aita-anaiac haren aintcinean aguertcean?

E. — Yoseph etcen ahalcatu, bere handitasunean, aithortceaz Pharaoni, artzainac cirela. Ardietsi zuen hekientzat Gessen deitcen cen lur guicen bat. Yacob han egon cen hama-zazpi urthez, eta han berean hiltcen, ehun eta berrogoi eta zazpi urthetan, bere umetzat ezaguturic Yosepheren bi semeac Manasses eta Ephraïm. Ehortcia izan cen erregue baten ohore guciekin. Guero Yosephec, urrun mendecatcetic bere anaiez, ichuri cituen fagore berriac hekien gainerat. Azkenean, loriaz bethea guizonen aintcinean, eta merecimenduz Yaincoaren beguietan, hiltcen ehun eta hamar urthetan. Patriarka saindu hori da Yesu-Christoren itchuraric compliena, testament zaharrean.

G. — Cer iduripen atzematen da Yesu-Christoren eta Yosepheren artean?

E. — Hainitz atzematen da: huna choilki cenbeit.

Yoseph higuindua da anaiez, hekien gain ezartcen duelacotz itsuskeria handi bat, eta amultsuki maitatua delacotz bere aitaz Yesu-Christo higuindua da Yuduez, ceren errenkura eguiten dioten beren bicioez: ceren bere burua Yainco-Semetzat ekhartcen duen, eta Yaincoac deitcen bere seme maitea.

lui. Ce traitement les étonna; mais ils furent bien surpris lorsqu'au sortir de la ville, on les arrêta prisonniers par ordre de Joseph, et qu'on les accusa d'avoir volé sa coupe, qu'il avait fait mettre dans le sac de Benjamin. Il feignit même de le vouloir retenir comme esclave; mais Judas représenta d'une manière si touchante quelle serait l'affliction de Jacob, s'ils retournaient sans Benjamin qu'ils avaient promis de lui ramener, que Joseph ne pouvant plus retenir ses larmes, jeta un grand cri, et leur dit: *Je suis Joseph votre frère. Mon père Jacob est-il encore en vie?* Ensuite les ayant tous embrassés sans leur faire aucun reproche, il leur ordonna d'aller chercher leur père et le reste de la famille, qui arriva au nombre de soixante-dix personnes.

Dem. — Que dit Joseph à Pharaon en lui présentant son père et ses frères?
Rép. — Joseph ne rougit pas dans sa grandeur de déclarer à Pharaon qu'ils étaient pasteurs. Il obtint pour eux le fertile pays de Geffen. Jacob y demeura dix-sept ans, et y mourut âgé de cent quarante-sept ans, après avoir adopté les deux fils de Joseph, Manassés et Ephraïm. Il fut enseveli avec une pompe royale. Ensuite Joseph, bien loin de se venger de ses frères, répandit sur eux de nouvelles grâces. Enfin, comblé de gloire devant les hommes, et plein de mérite devant Dieu, il mourut âgé de cent dix ans. Ce saint Patriarche est la figure la plus parfaite qu'il y ait de Jésus-Christ dans l'ancien testament.

Dem. — Quels traits de ressemblance trouve-t-on entre Jésus-Christ et Joseph?
Rép. — On en trouve un grand nombre: en voici seulement quelques-uns.
Joseph est haï de ses frères, parce qu'il les accuse d'un grand crime, et qu'il est tendrement aimé de son père. Jésus-Christ est haï des Juifs, parce qu'il leur reproche leurs vices, qu'il se déclare le Fils de Dieu, et que Dieu lui-même l'appelle son fils bien-aimé.

Yoseph saldua da, eta libratua arroiz batzuei; haren arropa nothatua da odolez; Puthipharrec condenatcen du, eta nihorc ez du casuric eguiten hartaz; pairatcen du ichiltasunean. Yesu-Christo saldua da hogoi eta hamar corradutan: libratua da Erromanoei Yuduez; yasaiten du cer nahi atxekabe eta oinhace; azkenean, odolezco heriotce bat, errenkuraric gabe.

Yoseph cepoeten ezarria da bi gaichtaguinen artean; seinalatcen dio bati bere goratasuna, eta bertceari heriotcea laburzki. Yesu-Christoc, gurutcean, bi ohoinen erdian, beiratcen du bat, eta bertcea uzten hiltcera bekhatuan.

Azkenean, hiru urthez preso egonic, Yosephec ardietsi zuen loria, oinhacen eta atxekhabeen bidez; deitua da munduaren salbatzailea. Yesu-Christoc eman cituen hiru egun hobiaren barnean, hala behar zuelacoan pairatu eta sarthu lorian. Yesusen icenac erran nahi du salbatzailea, eta hala izan da eguiazki guizon gucientzat.

G. — Cer da seinalatceco Yacoberen bi semeen gainean, Yuda eta Levi?

E. — Yudac eman cion bere icena Yudaco erresumari, eta haren ondoriotaric ethorri da Messias. Hargatic, hiltceracoan, Yacobec benedicatu zuen, eta bertce anaiac baino gorago alchatu, profecia famatu batean, ceinetan aguintcen baitu salbatzailea. Levien ganic ethorri ciren gauza sacratuen ministroac.

G. — Nolacoa izan cen Israeldarren zortea, Yoseph hil ondoan?

E. — Esclabo bezala ibiliac izan ciren lanic gogorrenetan; Pharaonen manuz, hekien muthico guciac etchatuac izan ciren Nileco uretarat. Cer nahi gaitz suerte izan zuten yasaiteco, Yaincoac, bere populuaren gainerat beguiac etchaturic, libratu arthio Egiptoco cerbitzutic.

G. — Noren medioz Yaincoac libratu zuen bere populua cerbitzu hortaric?

E. — Moysen medioz, cein ere yausten baitcen Levien ganic, bere aita Amrameren eta bere aitaso Caathasen, khariaz Nileco uren gainean paratua, Thermuthisec, Pharaonen alabac, beiratu zuen, eta bere

Joseph est vendu et livré à des étrangers, sa robe est teinte de sang; Putiphar le condamne, et personne ne s'intéresse pour lui : il souffre en silence. Jésus-Christ est vendu trente deniers, il est livré aux Romains par les Juifs, il souffre toutes sortes d'injures, de supplices, et enfin une mort sanglante, sans se plaindre.

Joseph est mis en prison avec deux criminels; il prédit à l'un son élévation, et à l'autre sa mort prochaine. Jésus-Christ en croix entre deux voleurs, sauve l'un, et laisse mourir l'autre dans l'impénitence.

Enfin, Joseph est trois ans dans la prison, il arrive à la gloire par les souffrances et par les humiliations, il est appelé Sauveur du monde. Jésus-Christ est trois jours dans le tombeau; il fallait qu'il souffrit et qu'il entrât ainsi dans la gloire. Le nom de *Jésus* signifie *Sauveur*, et il l'a été, en effet, de tous les hommes.

Dem. — Qu'y a-t-il à remarquer sur les deux fils de Jacob, Juda et Lévi ?

Rép. — Juda donna son nom au royaume de Juda, et c'est de sa postérité qu'est venu le Messie. Aussi Jacob étant près de mourir, le bénit et s'éleva au-dessus de ses frères dans la célèbre prophétie où il annonce le Sauveur. C'est de Lévi que vinrent les Ministres des choses sacrées.

Dem. — Quel fut le sort des Israélites après la mort de Joseph ?

Rép. — Ils furent employés comme des esclaves aux plus rudes travaux; et par ordre de Pharaon, tous leurs enfants mâles furent jetés dans le Nil. Ils eurent toutes sortes de maux à souffrir, jusqu'à ce que Dieu, jetant les yeux sur son peuple, le délivra de la servitude de l'Égypte.

Dem. — Par le ministère de qui Dieu délivra-t-il son peuple de cette servitude ?

Rép. — Par le ministère de Moyse, qui descendait de Lévi, par son père Amram, et son grand-père Caaths. Il fut exposé sur le Nil, et sauvé par Thermuthis, fille de Pharaon, qui l'adopta; et par une provi-

umetzat hartu; Probidentcia berechi batez, haren ama bera izan cen hautatua amainotzat, Pharaonen gorthean. Berrogoi urtheen buruan, Moyse athera cen handic.

G. — Cergatic athera cen Pharaonen gorthetic ?

E. — Nahiago zuelacoan Yuduekin pairatu, ecen dohatzuki bici gorthean, Yaincoaren exaien artean. Dena minberatua, Israeldarrec yasaiten cituzten nahi gabez, hil zuen egun batez, Egiptiano bat, Hebru bat toleiatcen zuelacotz; eta populu exai haren aspercundeari escapatceco, ihez eguin zuen madiango deserturat.

G. — Cer guerthatu citzaion Moysi desertuan ?

E. — Moysec hau causitu cituen artzain batzu, Yethropen alabeen guibelatcen hari cirenac, beren arthaldeac edanaraztetic. Hekien alde yarri cen, eta artzainac casaturic, neskhatcha gazteen arthaldeac edan-araci cituen. Yethro, hekien aita, hain bertcetaraino, loriatu cen Moysen bihotz largotasunaz, non ezcontzaz eman baitcion hetaric bat, Sephora, eta gonbidatu berekin egoitiaz arthalde zain. Moysec bethe zuen cargu hori berrogoi urthez. Dembora horren buruan, Yaincoa aguertu citzaion suzko berho baten tartetic, eta manatu cion Egiptorat itzultciaz, bere populuaren libratcera. Moyse bortchatua izan cen asko gaitz suertez baliatcera, Pharaonec uztekotzat Israeldarrac guatera. Gaitz suerte horiec deitcen dire Egiptoco zauriac.

G. — Cenbat condatcen dire ?

E. — Hamar.

Lehenbicicoa, uren odoletarat bihurtcea.

Bi-garrena, Egipto gucia iguelez estaltcea.

Hiru-garrena, marmailo chistatzaileac.

Lau-garrena, ezin yasanesco uliac.

Bortz-garrena, izurrithia, animale guciac garbitu cituena.

Sei-garrena, oraino izurrithia, animaletaric guizonetarat hedaturic, minez estali cituena.

Zazpi-garena, harri erauntsi icigarri bat.

dence particulière, sa propre mère fut choisie pour lui servir de nourrice dans la cour de Pharaon, où il demeura jusqu'à l'âge de quarante ans, qu'il en sortit.

Dem. — Pourquoi Moyse quitta-t-il la Cour de Pharaon ?

Rép. — Parce qu'il aima mieux souffrir avec le peuple juif, que de vivre heureusement à la Cour parmi les ennemis de Dieu. Pénétré de douleur des maux dont on accablait les Israélites, il tua un jour un Egyptien qui maltraitait un Hébreu ; et pour se dérober aux violentes persécutions de ce peuple ennemi, il se sauva dans le désert de Madian.

Dem. — Qu'arriva-t-il à Moyse dans le désert ?

Rép. — Moyse y trouva des bergers qui empêchaient les filles de Jethro d'abreuver les troupeaux : il prit leur défense, et ayant repoussé ces bergers, il fit boire les troupeaux de ces jeunes filles ; Jethro, leur père, fut si charmé de la générosité de Moyse, qu'il lui en fit épouser une nommée Sephora, et l'engagea à rester avec lui pour garder ses troupeaux. Moyse en eut soin pendant quarante ans. Au bout de ce terme, Dieu lui apparut dans un buisson ardent, et lui ordonna de retourner en Egypte pour y délivrer son peuple. Moyse fut obligé d'employer divers fléaux pour contraindre Pharaon à laisser aller les Israélites. Ce sont les différents fléaux qu'on appelle les plaies d'Egypte.

Dem. — Combien en compte-t-on ?
Rép. — Dix.
La première fut le changement des eaux en sang.
La seconde, des grenouilles qui remplirent toute l'Egypte.
La troisième, de petits insectes piquants.
La quatrième, des mouches insupportables.
La cinquième fut la peste, qui extermina toutes les bêtes.
La sixième, encore la peste, qui passa des bêtes aux hommes et les remplit d'ulcères.
La septième, une grêle épouvantable.

Zortzi-garrena, Chirliscac.
Bederatzi-garrena, ilhumberic handienac.
Eta hamar-garrena, gucietan lazgarriena, aingueru hondatzailearen urrats marcac, ceinec hilaraci baitcituen Egiptoco haur gucien primoac, Israeldarrenac ukitu gabe, beren atheac seinalatu cituztelacotz, Yaincoac yatia manatu cioten bildotsaren odolaz.

G. — Azkeneco zorigaitz hunec etzuen bortchatu Pharaon, uzteaz Israeldarrac guatera?

E. — Bai. Bainan, hiru egunen buruan oharturic, Egiptianoen urrezco eta cilharrezco untci guciac ereman cituztela, prestamuz guiza harturic, Yaincoaren manuz, beren esclabotasunaz sariztatceco bezala, ondotic yarriki cen. Atzeman cituen itsaso gorriaren bazterrean, eta hain hurbil causitu hekien ganic, non Israeldarrac, beren buruac trabatuac ikustearekin, alde batetic tirainez, bertcetic Pharaonez hertsituac, abiatu baitciren haltoki erasten.

G. — Nola Moysec libratu cituen Israeldarrac Pharaoenen eskuetaric?

E. — Yaincoaren manuz, hedatu zuen bere cigorra itsaso gorriaren gainerat, bidea hesten ciotelacotz, eta cuchian urac bi zathi eguin ciren. Israeldarrac iragan cirenean, Egiptcianoec nahizan zuten baliatu bide beraz, hekiei yarrikitceco; bainan mirakuilua suntsitu cen, eta urac berriz elkharren ganat bilduric, denac iretziac izan ciren. Gauza espantagarri horrec bethe cituen Israeldarrac beldurkundez eta ezagutza miragarri batez. Moysec eskerrac bihurtu ciozkan Yaincoari, cantica batean, hain ederra eta khartsua, non behatua baita ederrena bezala, bertsuzco obren artean.

G. — Cer erakhusten darokute zauri suerte horiec?

E. — Erakhusten darokute, cer negurri hartcen duen Yaincoac, bekhatorosen conbertitceco. Lehenic caztigatcen ditu aita bezala: igortcen diozkate uliac, erran nahi baita nahigabe arinac, haren ganat itzul ditezin; erakhusten diote eztitasuna, bere hasarreduraren erdian; bainan, bortchatcen balinbaitu caztigatcera Yainco bezala, hunen mendecua icigarri bilhacatcen da. Horren frogaric garbiena da, Pharaonen pulumpatcia itsaso gorrian, bere harmada guciarekin.

La huitième, des sauterelles.
La neuvième, des ténèbres épaisses.
Et la dixième, qui est la plus terrible, fut le passage de l'Ange exterminateur, qui fit mourir tous les premiers nés de l'Egypte, sans toucher à ceux des Israélites qui avaient marqué leurs portes du sang de l'Agneau que Dieu leur avait ordonné de manger.

Dem. — Cette dernière plaie n'obligea-t-elle pas Pharaon à laisser aller les Israélites?

Rép. — Oui. Mais trois jours après s'étant aperçu qu'ils avaient emporté tous les vases d'or et d'argent des Egyptiens, que Dieu leur avait ordonné d'emprunter pour les dédommager de leur servitude, il se mit à les poursuivre. Il les atteignit auprès de la mer rouge, et il se trouva si près d'eux, que les Israélites se voyant arrêtés d'un côté par les flots, et poursuivis de l'autre par Pharaon, commencèrent à murmurer.

Dem. — Comment Moyse sauva-t-il les Israélites des mains de Pharaon?

Rép. — Par ordre de Dieu il étendit sa baguette sur la mer rouge, qui s'opposait à leur passage, et aussitôt les eaux se divisèrent. Dès que les Israélites furent passés, les Egyptiens voulurent profiter du passage pour les poursuivre, mais le miracle cessa, les eaux se rejoignirent, et ils furent tous engloutis. Ce prodige remplit de crainte et d'admiration les Israélites, et Moyse en témoigna à Dieu sa reconnaissance par un cantique si beau et si plein de feu, qu'il passe pour le premier ouvrage de poésie.

Dem. — Que nous apprennent ces différentes plaies?

Rép. — Elles nous apprennent les moyens dont Dieu se sert pour convertir les pécheurs. Il les punit d'abord en père; il leur envoie des mouches, c'est-à-dire de légères afflictions, pour les obliger de retourner à lui, et leur fait voir sa douceur dans sa colère même; mais s'ils l'obligent de les punir en Dieu, sa vengeance devient terrible. Pharaon, submergé dans la mer rouge avec toute son armée, en est une preuve évidente.

LAU-GARREN MENDEA.

Hasten da Yudaco populua Egiptotic atheratcean, eta akhabatcen Salomonen temploaren alchatcean. Iraun zuen 479 urthe.

G. Yaincoac etzuen obratu asko mirakuilu Israeldarren fagoretan desertuan cielaric?

E. — Hiru obratu cituen, gucien gainetic:

1^{ic} Eman cioten guidari hedoi bat, egunaz iguzkiaren berotasunetic itzal eguiten ciotena; gauaz su bilhacatcen cena hekien arguitceco, eta aintcin aldea hartcen zuena, noiz ere behar baitzuten kurritu edo guelditu.

2^{ic} Eman cioten manna hazkurritzat; hura cen ihinz suerte bat bezala, goiz guciez cerutic erortcen cena. Harekin igorri cioten, bi aldiz, cailaz elemenia. Manna cen gorputz sainduaren itchura.

3^{ic} Sor-araci zuen ura arroka batetaric, Moysi manaturic yo cezan bere cigorraz.

G. — Cenbat dembora egon ciren Israeldarrac desertuan?

E. — Berrogoi urthe. Yaincoac errebelatuac ibilaraci cituen hain bertce demboraz, beren errenkuren caztiguz, eta haren leguea hautsiric. Guducatu behar izan zuten asco exai hazcarrekin, bidea hesten ciotelacotz, nola Amalecitac, Amorrheanac, Moabitac, eta bertce hainitz. Bainan, denac funditu cituzten, hobekiago Yaincoaren laguntza agueri batez, ecen beren harmen indarrez.

G. — Nola ardietsi zuen Moysec Amaleciten benzutcia?

E. — Mendiaren gainean eguin zuen othoitzaz, Aaron eta Hur berekin harturic, Yosue guduca hari cen demboran. Bere bi lagunac oharturic, Amalec nausitcen cela, Moyse gueldicen cenean cerurat eskuen alchatcetic, airean iduki ciozkaten, exaiac arras funditu arthio. Mirakuilu horrec erran nahi du: othoitzaz baicic ez ditezkela bentzu debruaren indarrac.

QUATRIÈME AGE

Qui commence à la sortie du peuple juif de l'Egypte, et finit à la fondation du Temple de Salomon. Il comprend 479 ans.

Dem.—Dieu n'opéra-t-il point plusieurs miracles en faveur des Israélites, pendant qu'ils furent dans le désert ?

Rép. — Il en opéra trois principaux :

1° Il leur donna pour guide un nuage qui leur faisait ombre pendant le jour contre l'ardeur du soleil, qui se changeait la nuit en feu pour les éclairer, et qui les devançait, selon qu'il fallait marcher ou camper;

2° Il leur donna pour nourriture la Manne : c'était une espèce de rosée qui tombait du Ciel tous les matins. Il y ajouta deux fois une grande quantité de cailles. Cette Manne était la figure de la Sainte-Eucharistie;

3° Il fit sortir de l'eau d'un rocher, en ordonnant à Moyse de le frapper de sa verge.

Dem. — Combien de temps dura le séjour des Israélites dans le désert ?

Rép. — Il dura 40 ans. Dieu les fit errer pendant si longtemps, pour les punir de leurs murmures et de leur désobéissance à sa loi. Ils eurent à combattre plusieurs ennemis puissants qui s'opposaient à leur passage, ou qui étaient en possession de la Terre promise, comme les Amalécites, les Amorrhéens, les Moabites, et plusieurs autres; mais ils les défirent tous, plutôt par une protection visible de Dieu, que par la force de leurs armes.

Dem. — Comment Moyse obtint-il la défaite des Amalécites ?

Rép. — Par la prière qu'il alla faire sur la montagne avec Aaron et Hur, pendant que Josué combattait. Ses deux compagnons ayant remarqué que quand il cessait d'élever ses mains au Ciel, Amalec était victorieux, il les lui soutinrent jusqu'à l'entière défaite de l'ennemi. Expliquons ce miracle : ce n'est que par la prière que nous pouvons vaincre les efforts du démon.

G. — Noiz eta nola eman zuen Yaincoac Israelderrei bere leguea?

E. — Egiptotic atheratu eta hiru ilhabetheen buruan, Yaincoac eman cioten bere leguea, Sinaiaco mendiaren gainean, chismisten eta ihurtzurien erdian, bere bothereaz beldurkunde handi bat emaitecotan, eta erakhusteco cein garrazki caztigatuco cituen leguearen haustaileac. Hain bertcetaraino harritu cen populua, non othoiztu baitzuen Moyse, bera bakharric mintza zadien Yaincoari, eta erran baitcion, haren ahotic hartuco cituela, Yaincoac emanen ciozkan manuac. Bainan, populu esker gabeac laster ahantzi zuen bere hitza, ecen, causituric Moyse sobra denbora zagola mendiaren gainean, bortchatu zuen Aaron, urrezco chahal baten altchatcera, hari bihurtcecotan adoracioneac. Itzuli cenean, dena mindua itsuskeria hortaz, Moysec porroscatu cituen Légueco mahainac, eta Levien castac lagunduric, garbitu cituen, beren estaladietan, arnegatu horietaric 23 mila. Yaincoa facegatu cen caztigu horren khariaz, eta berriz finkatu zuen bere leguea bertce mahain batzuetan.

G. — Cenbat alderdi cituen, legue iscribatuac?

E. — Hiru. Morala edo bici modua : politica edo yusticiaco manuac, Yuduen errepublican, ceinetan Yaincoac aguertu baitzuen bere burua, erregue bezala; askenean, aldaretan ohoren eta sacrificioen bihurtcero moldea.

G. — Hiru Legue horiec hautsiac izan dire graciazco Legueaz?

E. — Ez. Politicaren eta ohoren gainecoac izan dire bakharric hautsiac. Bici modua edo hamar manamenduac cerratcen cituen legue hura bera da guiristino gucientzat, eta bortchatuac dire oraino, haren beiratcea Israeldarrac baino hertsikiago, hec baino gorago alchatcera deituac direlacotz.

G. — Cer berechkuntza ezartcen duzu iscribuzco eta graciazco leguearen artean?

E. — Hiru gucien gainetic :

1º Iscribuzco legueac ekhartcen cituen itchurac, eta graciazco legueac ekhartcen du hekien izaitea bera.

Dem. — Quand et comment Dieu donna-t-il la Loi aux Israélites ?

Rép. — Trois mois après leur sortie d'Egypte, Dieu leur donna sa Loi sur le mont Sinaï, parmi les éclairs et les tonnerres, pour leur imprimer une grande terreur de sa puissance et de la sévérité avec laquelle il en punirait les transgresseurs. Le peuple en fut si épouvanté, qu'il pria Moyse de parler seul à Dieu, et lui dit qu'il recevrait de sa bouche les ordres qu'il plairait à Dieu de lui donner. Mais ce peuple ingrat oublia bientôt sa promesse, car trouvant que Moyse demeurait trop longtemps sur la montagne, il obligea Aaron à faire un veau d'or pour être l'objet de ses adorations. Moyse à son retour, indigné de cette abomination, brisa les Tables de la Loi, et soutenu de la tribu de Lévi, extermina dans le camp 23000 de ces impies. Dieu s'apaisa par cette punition, et retraça sa Loi sur d'autres Tables.

Dem. — Combien la Loi écrite avait-elle de parties ?

Rép. — Trois. La *Morale* pour le réglement des mœurs. La *Politique*, pour le réglement de la police de la République des Juifs, dont Dieu s'était déclaré Roi, et la *Cérémonielle*, qui réglait les cérémonies du Tabernacle et la manière de faire les sacrifices.

Dem. — Ces trois Lois sont-elles abolies par la Loi de grâce ?

Rép. — Il n'y a que la Politique et la Cérémonielle qui soient abolies. La loi morale qui renferme les dix Commandements, est la même pour les Chrétiens, et ils sont obligés à l'observer avec plus d'exactitude encore que les Israélites, parce qu'ils sont appelés à une plus grande perfection.

Dem. — Quelle différence mettez-vous entre la Loi écrite et la Loi de grâce ?

Rép. — J'en mets trois principales :

1° La Loi écrite contenait des figures, et la Loi de grâce en renferme la vérité.

2ⁱᶜ Iscribuzco leguea cen bortchazco leguea, eta graciazco leguea da amodiozco eta eztitasunezco legue bat.

3ⁱᶜ Iscribuzco legueac etzuen indarric Yesu-Christoren ethortciaz baicen, eta graciazco legueac ardietsi du indarra Yesu-Christo ethorriric.

G. — Legueaz landa, Yaincoac etciozkan seinalatu Moysi haren adoracioneco behar ciren gauza guciac?

E. — Bai. Erakhutsi zuen, cer guisetan nahizuen ohoratua izan, cenbat sacrificio, eta cer sacrificio suerte; seinalatu cituen arcac eta tabernacleac galdeguiten cituzten guciac, nola apezen eta Leviten eguinbideac; eman zuen bere adoracioneco cargua Aaraoni eta haren familiari; fincatu zuen ere berechkuntza hori, mirakuilu batez, Aaronec Tabernaclearen gainean ezarri zuen cigorra dena lorez gaindituric.

G. — Cenbat sacrificio suerte ciren?

E. — Bacen hainitz suerte, yenden arabera. Legue berriac ez du bat baicic; hura da Yesu-Christoren gorphutza eta odola, guizon gucienzat eskaintcen dena.

G. — Cer ciren arca eta Tabernaclea?

E. — Arca cen Yuduen erligionea bezala, laburzki. Han ciren hetsiac legueco mahainac, negurri bat manna, eta Aaraonen cigorra. Bi beso eta erdi cen luce, beso bat eta erdi largo. Ezin galduzco zuhamu batez eguina, eta urre hostoz inguratua. Haren cascoan causitcen ciren bi Cherubin, bat bertceari beha zaudenac. Tabernaclea cen garraia citeken aldare suerte bat bezala.

G. — Yaincoac erakhutsi cioten Israeldarrei bere yusticiaren garrastasunezco marcaric?

E. — Nadab eta Abiud, Aaraonen semeac, iretsiac izan ciren chirimolazco garren erdian, campoco sua erabiliric beren incentsu tokietan. Israeldar bat harricatua izan cen, Yaincoaren icena arnegaturic, eta bertce bat, sabat egunean egurrac bilduric. Lurrac iretsi cituen Core, Datan eta Abiron, caztiguz, Moyses errenkuraturic; eta Maria, Moysen arreba, lepraz estalia izan cen, guisa berean errenkuraturic.

2° La Loi écrite était une Loi de rigueur; la Loi de grâce est une Loi d'amour et de douceur.

3° La Loi écrite n'avait de force que par J.-C. qui devait venir; et la Loi de grâce en a par J.-C. venu.

Dem. — Outre sa Loi, Dieu ne prescrivit-il pas à Moyse tout ce qui regardait son culte?
Rép. — Oui. Il régla de quelle manière il voulait être honoré; il détermina le nombre, la qualité des sacrifices, et tout ce qui regardait l'Arche, le Tabernacle et les fonctions des Prêtres et des Lévites, donna le soin de son culte à Aaron et à toute sa famille, et confirma son choix par un miracle, en faisant fleurir la verge qu'Aaron avait mise dans le Tabernacle.

Dem. — Combien y avait-il de sortes de sacrifices?
Rép. — Il y en avait de différentes sortes, suivant les différentes personnes. La loi nouvelle n'en a qu'un, qui est le corps et le sang de Jésus-Christ, qui est offert pour tous les hommes.

Dem. — Qu'était-ce que l'Arche et le Tabernacle?
Rép. — L'Arche était comme l'abrégé de la Religion des Juifs. On y tenait renfermées les Tables de la Loi, une mesure de manne et la verge d'Aaron. Elle avait deux coudées et demie de long, et une coudée et demie de large. Elle était d'un bois incorruptible, revêtue de lames d'or. Au-dessus étaient deux chérubins qui se regardaient l'un et l'autre. Le Tabernacle était une espèce de temple portatif.

Dem. — Dieu donna-t-il des exemples de sa sévérité, de sa justice sur les Israélites.
Rép. — Nadab et Abiud fils d'Aaron, furent dévorés par un tourbillon de flammes, pour s'être servis d'un feu étranger dans leurs encensoirs. Un israélite pour avoir blasphémé le saint nom de Dieu, et un autre pour avoir amassé du bois le jour du Sabbat, furent lapidés. La terre engloutit Coré, Datam et Abiron, en punition de leurs murmures contre Moyse; et Marie, sœur de Moyse, pour avoir aussi murmuré contre lui, fut couverte de lèpre.

G. — Cer irakhasten darokute seinale horiec?

E. — Seinale horiec emaiten darokute arguitasun handia. Ikhusterat emaiten darokute aldare sainduetarat hurbilcen garenean, ez dugula ekharri behar bihotcean, amodio dibinoaren sua baicic: erakhusten darokute, cer yautsapenekin erabili behar dugun Yaincoaren icena, igande-bestac beiratu, eta Elizaco ministroac ohoratu.

G. — Moysec etzuen igorri ispiunic Chanaango lurraren miratcera?

E. — Igorri cituen hamabi. Ekharri zuten mahas bat temenarioa lurraren guicentasuna seinalatcen zuena; bainan aipatu zuten dembora berean, guizon larri batzuec han eguiten zutela egoitza. Horrec erreberritu cituen populuaren errenkurac eta nahaskeriac. Hain bertcetaraino hasarretu cen Yaincoa, non erran baitzuen, haltoki, hogoi urthetarat heldu cenetaric bihiric (salbo Caleb eta Josue) etcela sarthuco hitz eman lurrean. Bizkitartean, baciren sei ehun mila guerlari, Egyptotic atheratcean. Hautatuen multchu chumearen itchurapen lazgarria.

G. — Mehatchu horrec gueldi-araci cituen Israeldarren errenkurac?

E. — Ez. Hainitz aldiz erreberritu cituzten. Mannaz unhatuac, Egyptoco haraguien eta tipulen mina erakhusten zuten goraki. Yaincoac sentiaraci cioten berriz bere coleraren indarra igorriric sugue batzu, heriotcea icigarrikerian barraiatu zutena. Etcen baratu, noiz ere bai cic Moysec, Yaincoaren manuz, alchatu baitzuen cobrezco sugue bat, ceinaren aintcinean sendatcen baitciren colpatuac.

Sugue hura cen Yesu-Christoren itchura, ceinec gurutcean alchaturic, sendatu behar baitcituen Adamen bekhatuac guizonari eguin ciozkan zauriac.

G. — Cer guerthatu citzaioten Israeldarrei, suguetaric libratu ondoan?

E. — Balac, Moabiten erreguea, ikharatu cen Yuduen hurbiltceaz, eta etzuelacoan bere burua aski hazcar causitcen hekiei buru eguiteco, gonbidatu zuen Balam, Amoniten profeta faltsoa, ethor zadien Yaincoa-

Dem. — Que nous apprennent ces exemples ?

Rép. — Ces exemples nous donnent de grandes instructions ; ils nous font voir que nous ne devons porter dans nos cœurs, lorsque nous approchons des saints autels, que le feu de l'amour divin : ils nous montrent avec quel respect nous devons prononcer le nom de Dieu, sanctifier les Dimanches et les Fêtes, et révérer les ministres de l'Eglise.

Dem. — Moyse n'envoya-t-il point des espions dans la terre de Chanaan pour la reconnaître ?

Rép. — Il en envoya douze, qui rapportèrent un raisin d'une grosseur extraordinaire qui montrait la bonté du pays; mais en même temps ils ajoutèrent que ce pays était habité par des géants; ce qui renouvela les murmures et les séditions du peuple. Dieu en fut si irrité, qu'il déclara qu'aucun de ceux qui avaient atteint l'âge de vingt ans (hormis Caleb et Josué), n'entreraient dans la Terre promise. Ils étaient pourtant six cent mille combattants quand ils sortirent d'Egypte. Figure terrible du petit nombre des élus.

Dem. — Cette menace fit-elle cesser les murmures des Israélites ?

Rép. — Non. Ils les renouvelèrent plusieurs fois. Ennuyés de la manne, ils regrettaient hautement les viandes et les oignons d'Egypte. Dieu leur fit sentir de nouveaux effets de sa colère, en envoyant des serpents qui causèrent une affreuse mortalité. Elle ne cessa qu'après que Moyse, par ordre de Dieu, eût élevé un Serpent d'Airain, à la vue duquel les blessés étaient guéris.

Ce serpent était la figure de J.-C., qui, élevé en Croix, devait guérir les blessures que le péché d'Adam avait faites à l'homme.

Dem. — Qu'arriva-t-il aux Israélites après qu'ils furent délivrés de ces serpents.

Rép. — Balac, roi des Moabites, étant épouvanté à l'approche des Israélites, et ne se sentant pas assez fort pour pouvoir leur résister, engagea Balaam, faux prophète des Ammonites, à venir maudire le peuple

ren populuaren madaricatcera. Balaamec igaiten zuen astoa guelditu cen Aingueru baten aintcinean eta nola yotcen baitzuen gogorki aintcin-arazteco, mintzatu cen errenkuratceco. Bertce mirakuilu batez, Yaincoac etcharaci ciozkan profeta faltsoari benedicioneac, haren ganic galdeguiten cituzten madaracionen orde, noiz ere causitu baitcen populuaz aditua izaiteco menean. Halere, bi mirakuilu horien ondoan, Balaamec eman cion Balaki burutarat igortciaz Madianita neska batzu, Israeldarren estaladietarat. Hainitzec utzi cituzten beren buruac irabaztera, eta Yaincoa hasarretu cen ezin guehiago.

G. — Cer manatu zuen Yaincoac Israeldarrec utzi cituztenean beren buruac irabaztera madianata neskez, Balaakec igorriric?

E. — Manatu zuen hiltciaz guehienic hobendun cirenac. Populuac hil cituen hogoi eta lau mila. Phinec, Levita eta Aaronen ilobasoc, seinalatu zuen bere kharra, ezpata ukhaldi beraz cilhaturic Israeldar bat Madianita batekin. Hain ungui onetsi zuen Yaincoac balentria hori, non saritzat aguindu baitcion Phinesi sacrificio handien cargua.

G. — Yaincoac etzuen ere manatu caztigatciaz Madianitac?

E. — Manatu cion Moysi suntsi cetzan. Phines izan cen cargatua mezu hortaz, yadanic bere kharra aguerian eman zuelacotz. Hamabi mila Israeldar hautaturic, atrebituenen artean, athera cen Madianetan Biderat; arras funditu cituen, eta hilaraci Balaam, eman zuen contxeilu higuin-garriaren caztiguz. Guero Moysec condatu zuen populua, eta etzuen atzeman nihor, Egyptotic hogoi urthetan athera cenetaric, edo handic goragocoric, salbo Caleb eta Yosue; ecen, Yaincoac aipatu zuen aintcinetic denac hilen cirela desertuan, beren errenkuren caztiguz. Bilkuia hortaric laster, ethorri cen Moysen heriotcea.

G. — Eman dietzagutzu chehetasunac, Moysen heriotcearen gainean?

E. — Berrogoi urthez Israeldarrac manaturic, hekien ichtorioa iscribaturic, eta arcan pausaturic legueco

de Dieu : l'ânesse sur laquelle était monté Balaam, s'arrêta à la rencontre d'un Ange ; et comme il la frappait rudement pour la faire avancer, elle parla pour s'en plaindre. Par un autre miracle, Dieu fit proférer au faux Prophète des bénédictions, quand il fut à portée de se faire entendre du peuple, au lieu des malédictions qu'on exigeait de lui. Malgré ce double prodige, Balaam conseilla à Balac d'envoyer des filles Madianites dans le camp d'Israël. Plusieurs se laissèrent séduire, et Dieu en fut extrêmement irrité.

Dem. — Qu'ordonna Dieu quand les Israélites se furent laissés séduire par les filles Madianites que Balac avait envoyées.

Rép. — Il ordonna qu'on mit à mort les principaux coupables. Le peuple en fit mourir vingt-quatre mille. Phinées, lévite et petit fils d'Aaron, signala son zèle, en perçant d'un même coup d'épée, un Israélite et une Madianite. Cette action généreuse fut si agréable à Dieu, qu'en récompense il promit la grande sacrificature à Phinées.

Dem. — Dieu n'ordonna-t-il point aussi de punir les Madianites ?

Rép. — Il ordonna à Moyse de les exterminer. Phinées qui venait de faire éclater son zèle, fut chargé de cette expédition. Il choisit douze mille Israélites des plus courageux, marcha contre les Madianites, les défit entièrement, et fit mourir Balaam en punition du conseil détestable qu'il avait donné. Moyse fit ensuite le dénombrement du peuple, et il ne s'y trouva pas un seul de tous ceux qui étaient sortis d'Égypte à l'âge de vingt ans et au-dessus, hormis Caleb et Josué ; car le Seigneur avait prédit qu'ils mourraient tous dans le désert en punition de leurs murmures. La mort de Moyse suivit de près ce dénombrement.

Dem. — Dites-nous les circonstances de la mort de Moyse.

Rép. — Moyse, après avoir gouverné les Israélites pendant quarante ans, et après avoir écrit leur His-

mahinekin, Moysec ezarri zuen Josue populuaren guidari. Bera hiltcen ehun eta hogoi urthetan, abaringo mendiaren gainean, Yaincoac handic erakhutsiric aguindu lurra. Etzuen nahizan han sartcia, desertuan erakutsi zuen fidantcia eskasiaren caztiguz, noiz ere yo baitzuen bietan arroca, uraren sor-arazteco.

G. — Nola Moysec iscribatu ahal izandu Yaincoaren populuaren ichtoria, eta bereciki munduaren hastapenecoa?

E. — Moyse etcen urrundua Adamen ganic, lau edo bortz castaz baicic. Beraz, errechki bildu cituen patriarka zaharren bicitce luceac leialki beiratcen cituen erranac. Levien ilobaso cen. Hori bici izan cen Isaakekin; Isaac bici izan cen Semerekin, uholde yeneralaren lekhucoarekin: Semec ikhusi zuen Lameth dembora lucean Adamerekin bici izan cena. Guiza hortan, Moysec yakin cezaken errechki munduco ichtorioa; hanbatenaz ere hobekiago, non ez baitcen bertceric guizonen artha galdeguiten zuenic. Bertzalde, laguntza hortaz campo, Yaincoaz arguitua cen.

G. — Cer da Pentateuka?

E. — Pentateuka da Yaincoaren populuaren ichtorioa, Moysec iscribatua gure erlijionearen cimendutzat; han causitcen dire, munduaren hastapenetic, Moysen heriotceraino guerthatu direnac Partitua bortz liburutan; yakiteco.

Pentateuka.
{ Genesa.
  Exoda.
  Levitica.
  Nombreac.
  Deuteroma.

G. — Nortaz iscribatua izan da testament zaharreco Ichtorioa, Moysen ondotic, Messias ethorri arthio?

E. — Profetez, edo bertce cenbeitez, denac Izpiritu Sainduaz arguituac, eta hartaracotz sinhetsiac izaitea mereci dutenez.

toire qu'il fit mettre dans l'Arche avec les Tables de la loi, remit la conduite du peuple à Josué. Il mourut à l'âge de cent vingt ans sur le mont Abarim, d'où Dieu lui fit voir la Terre promise. Il ne voulut point qu'il y entrât pour le punir de la défiance qu'il avait marquée dans le désert, en frappant deux fois le rocher pour en faire sortir de l'eau.

Dem. — Comment Moyse a-t-il pu écrire l'Histoire du peuple de Dieu, et surtout celle de la création du monde ?

Rép. — Moyse n'était éloigné d'Adam que de quatre ou cinq générations, et par conséquent, il lui fut aisé de recueillir une tradition que la longue vie des anciens patriarches rendait très-fidèle. Il était petit-fils de Lévi, qui avait vécu avec Isaac; Isaac avait vécu avec Sem, qui était du temps du déluge, et Sem avait vu Lameth qui avait vécu longtemps avec Adam; en sorte qu'il était aisé à Moyse de savoir l'Histoire du monde, d'autant plus qu'il n'y en avait point d'autre où les hommes pussent s'appliquer. D'ailleurs, indépendamment de ce secours, il était inspiré de Dieu.

Dem. — Qu'est-ce que le Pentateuque ?

Rép. — Le Pentateuque est l'Histoire du peuple de Dieu que Moyse écrivit pour servir de fondement à notre Religion; il contient ce qui est arrivé depuis l'origine du monde jusqu'à la mort de Moyse, et on le divise en cinq Livres, savoir :

Pentateuque.
{ La Genèse.
L'Exode.
Le Lévitique.
Les Nombres.
Le Deutéronome.

Dem. — Qui a écrit la suite de l'Histoire de l'ancien testament depuis Moyse jusqu'à la venue du Messie ?

Rép. — Ce sont les Prophètes ou d'autres personnes toutes inspirées du Saint-Esprit, et par conséquent dignes de foi.

Liburu hec dire:

Josue.	Yeremia Barukekin.
Yuyeac.	Ezechiel.
Ruth.	Daniel.
Erregueac.	Osee.
Paralipomenac.	Joel.
Esdras.	Amos.
Tobias.	Abdias.
Esther.	Jonas.
Job.	Michee.
Psalmoac.	Nahum.
Erran-Comunac.	Abacuc.
Ecclesiasta.	Sophonia.
Cantiken Cantika.	Agee.
Prestutasuna.	Zacharia.
Ecclesiastica.	Malachiaz.
Isaïa.	Machabeetarrac.

G. — Norc sarthu zuen Yaincoaren populua hitz eman lurrean?

E. — Josuec, Moysen ondorioac. Yaincoac seinalatu zuen aintcindari berri hori, bi mirakuilu handiz. Lehenbicicoa cen Yurdango uren itzultcea beren sort tokirat, Israeldarrei trebesia libro uztekotan. Bigarrena, Jericho deitcen cen hiriaren hartcea, harrasiac eror-araciric, Arcaren aintcinean, turruta soinduz.

G. — Josuec etzuen alchatu ceinbeit obra handi, Israeldarren artean beiratceco Yurdanco trebesiaren orhoitzapena?

E. — Josuec, gauza espantagarri hortaz orroitcecotan eta Yaincoari eskerren bihurtceco, har-araci cituen hamabi harri, uren erdian, arca garraiatcen zuten apezac tricatu ciren tokian berean, eta altchatu seculacotz seinale bat, Israeldarren lehenbicico estaladietan. Hartu cituen ere hamabi harri, uraren bazterrean; garrai-araci cituen, apezac pausatu ciren tokirat, eta han alchatu aldare bat, gueroztic bethi chutic egon dena, uren erdian, eta erakhutsi Israeldarren haurrei,

Ces Livres sont :

Josué.	Jérémie, auquel on joint Baruch.
Les Juges.	
Ruth.	Ezéchiel.
Les Rois.	Daniel.
Les Paralipomènes.	Osée.
Esdras.	Joël.
Tobie.	Amos.
Esther.	Abdias.
Job.	Jonas.
Les Psaumes.	Michée.
Les Proverbes.	Nahum.
L'Ecclésiaste.	Abacuc.
Le Cantique des Cantiques.	Sophonie.
	Agée.
La Sagesse.	Zacharie.
L'Ecclésiastique.	Malachie.
Isaïe.	Les Machabées.

Dem. — Qui introduisit le peuple de Dieu dans la terre promise ?

Rép. — Ce fut Josué, successeur de Moyse. Dieu signala ce nouveau chef par deux grands miracles. Le premier fut que le Jourdain remonta vers sa source pour laisser un passage libre aux Israélites. Le second fut la prise de la ville de Jéricho, dont les murailles tombèrent devant l'Arche et au son des trompettes.

Dem. — Josué n'éleva-t-il pas quelques monuments pour conserver aux Israélites le souvenir du passage du Jourdain ?

Rép. — Josué, pour conserver la mémoire de cette merveille et en témoigner sa reconnaissance à Dieu, fit prendre douze pierres au milieu du fleuve, dans l'endroit même où les pieds des Prêtres, qui portaient l'Arche, s'étaient arrêtés et en fit un monument éternel dans le lieu du premier campement des Israélites. Il prit aussi douze pierres sur le bord du fleuve les fit porter dans le lieu où les Prêtres s'étaient reposés et y bâtit un Autel qui demeura toujours depuis au milieu

Yaincoac hekien aitenzat eguin cituen gauza miragarriac.

G. — Cer eguin zuen Josuec, Jericho deitcen cen hiria hartu zuenean?

E. — Igori zuen cenbeit Israeldar, Haï deitcen cen hiriaren setiatcera, bainan Yaincoac etzuen benedicatu hekien harmen botherea, ceren Israeldar batec, Achan icena zuenac, Yaincoaren debekua hautsiric, beretzat beiratu zuen Jerichon bildu cen pusketaric zathi bat, lurpean gorderic. Yaincoac ezagutcerat emanic, Israelec bekhatu eguin zuela, eta Norbeitec populuaren artean, haren debekua osticatu zuela, zorthea etchatua izan cen zathi gucien gainerat, eta hobenduna ezaguturic, harricatua izan cen.

Ikhusten dugu Achanen caztigutic, cein higuin-garri den lukhurantza, Yaincoaren aintcinean, eta cein garrazki caztigatcen dituen gaizkiric gordeenac.

G. — Cer eguin zuten Chanaango populuec, ikhustearekin Israeldarrac aintcinatcen?

E. — Denec elkhar aditu zuten hekiei gudu emaiteco. Gabaonitac bakharric, beren indarrez fida ez izanez, antolatu ciren abilki Josuekin. Populu horiec, ikhustearekin Gabaonitac ukho eguiten, alchatu ciren contra. Josuec, laguntcera guanic, zafratu cituen Gabaoniten exaiac; eta arras funditceco dembora izaitea gatic, manatu zuen iguzkiari gueldi zadien. Iguzkiac aditu zuen haren boza, eta baratu cen, exai guciac pusketan ezarri arthio.

G. — Cer eguin zuen Josuec, garaiti handi horren ondoan?

E. — Deseguin cituen oraino populu batzu, haren harmei bidegabe ekhartcen zutenac; bainan, Yaincoac etzuen nahizan denac garbitcia, Israeldarren leialtasuna frogatcecotan, eta hekien caztigatceco, populu horien medioz, bere mendekuen bitarteco ezarriric, baldin haren adoracionea uzten bazuten. Guero, Josuec puscatu zuen Palestina hamabi populuen arthean. Bakharric Levien castac etzuen izan lurric, Yaincoac esleitu ciolacotz hazcurritzat, lurreco fruitu gucien detchuma eta primantza. Handic laster, Josue hil cen, axeguinekin, ikhusi gabe, bere manuco demboran, Yaincoaren populua den gutienecoric idolatriari libratcen.

du fleuve, et qui apprit aux enfants des Israélites les merveilles que Dieu avait faites pour leurs pères.

Dem. — Que fit Josué après la prise de Jéricho ?

Rép. — Il envoya assiéger la ville de Haï par quelques Israélites, mais Dieu ne bénit pas leurs armes, parce qu'un Israélite appelé Achan, s'était réservé, contre l'ordre de Dieu, une partie du butin fait à Jéricho, et l'avait caché dans la terre. Dieu ayant fait connaître qu'Israël avait péché, et que quelqu'un du peuple avait violé sa défense, on jeta le sort sur toutes les Tribus, et on reconnut le coupable qui fut lapidé.

Nous voyons par la punition d'Achan, combien l'avarice est odieuse à Dieu, et avec quelle sévérité il punit les crimes les plus cachés.

Dem. — Que firent les peuples du pays de Chanaan, voyant le progrès des Israélites ?

Rép. — Ils se liguèrent tous ensemble pour les combattre : il n'y eut que les Gabaonites, qui, se défiant de leurs forces, firent, par adresse, alliance avec Josué. Les autres peuples se voyant abandonnés par les Gabaonites marchèrent contre eux. Josué alla à leur secours, battit leurs ennemis, et pour avoir le temps de les défaire entièrement il ordonna au soleil de s'arrêter. Le soleil obéit à sa voix, et s'arrêta jusqu'à ce que tous les ennemis fussent taillés en pièces.

Dem. — Que fit Josué après cette éclatante victoire ?

Rép. — Il détruisit encore quelques peuples qui s'opposaient aux progrès de ses armes ; mais Dieu ne permit pas qu'ils fussent tous exterminés, afin d'éprouver la fidélité des Israélites, et de les punir s'ils abandonnaient son culte, par le moyen de ces peuples qui seraient les ministres de ses vengeances. Ensuite Josué distribua la Palestine aux douze Tribus. Il n'y eut que ceux de la Tribu de Lévi qui n'eurent point de terres dans leur partage, parce que Dieu leur avait donné pour subsistance des dîmes et les prémices de tous les fruits de la terre. Josué mourut quelque temps après

G. — Israeldarrac gozatu ciren, bake osoan, hitz eman lurraz, Josue hil ondoan ?

E. — Benzutceco izan zuten oraino Adonibesech, Chanaango erregue. Yudaco populuarekin buruzagui yarriric Caleb nausitu citzaion, eta picaraci ciozcan esku-zango puntac, berac hartu cituen hiruetan hogoi eta hamar erregueei eguin-araci cituen bezala. Printce bihotzgor horrec ezagutu zuen orduan Yaincoaren yuyamenduen zucentasuna, bere asperkundean zathicatu cituen erregueen mendekuan. Erakhutsi zuen ere, bere buruz, lurreco printce guciei, erregueac berac ez direla escapatcen ahal Yaincoaren yusticiari, eta goiz edo berauf, yasaiten dutela beren tzarkerien caztigua.

G. — Nola bici izan ciren Israeldarrac, aguindu lurraren gozamenean sarthu cirenean ?

E. — Leialki cerbitzatu zuten Yaincoa, hekientzat obratu cituen mirakuiluen lekhuco zaharrac bici ciren denboran; bainan, hec hil ondoan, libratu ciren Yainco faltsoei eta itsuskeriari. Yaincoac ezarri cituen hainitz aldiz esclabo, castiguz, eta sentiaraci bere besoaren carga, haren ganat berriz itzuli arthio. Orduan aguertcen cituen yuiyeac, hekien libratceco. Halacoac ciren, Othoniel, Cusanen ganic, Mesopotamiaco erregueren eskuetaric athera cituena; Aod. Eglonen ganic, Moabiten errreguearen azpitic; eta Debora, Chanaango erregue Yabinen ganic libratu cituena.

G. — Cein dire Yaincoaren populua manatu zuten yuyen icenac ?

E. — Huna non diren :

Josue.	Jephte.
Othoniel.	Abesan.
Aod.	Ahialon.
Debora.	Abdon.
Gedeon.	Samson.
Abimelech.	Heli.
Thola.	eta
Jaïr.	Samuel.

avec la consolation de n'avoir vu faire, pendant son gouvernement, aucun acte d'idolâtrie au peuple de Dieu.

Dem. — Les Israélites furent-ils paisibles possesseurs de la terre promise après la mort de Josué.

Rép. — Ils eurent encore à combattre Adonibesech, roi des Chananéens. Calab s'étant mis à la tête de la Tribu de Juda, le vainquit et lui fit couper les extrémités des mains et des pieds, comme il les avait lui-même fait couper à soixante-dix Rois qu'il avait pris. Ce prince cruel reconnut alors l'équité des Jugements de Dieu, vengeant les rois qui avaient été les victimes de sa barbarie; et il apprit, par son exemple, à tous les princes de la Terre, que les Rois mêmes n'échappent point à la Justice de Dieu, et que tôt ou tard ils subissent la peine due à leurs crimes.

Dem. — Comment se comportèrent les Israélites après la possession de la Terre promise ?

Rép. — Ils furent fidèles au service du Seigneur pendant la vie des Anciens qui avaient été les témoins des merveilles que Dieu avait opérées pour eux; mais après leur mort, ils s'abandonnèrent au désordre et à l'idolâtrie. Dieu, pour les punir, les réduisit plusieurs fois à la servitude, et leur fit sentir la pesanteur de son bras, jusqu'à ce qu'ils eussent recours à lui. Alors il leur suscitait des Juges qui les tiraient de l'esclavage. Tels furent Otoniel, qui les tira de la servitude de Cuzan, roi de Mésopotamie, Aod de celle d'Eglon, roi de Moab, et Débora, qui les délivra de Jabin, roi de Chanaan.

Dem. — Quels sont les noms des Juges qui gouvernèrent le peuple de Dieu ?

Rép. — Les voici :

Josué.	Jephté.
Othoniel.	Abésan.
Aod.	Ahialon.
Débora.	Abdon.
Gédéon.	Samson.
Abimelech.	Héli.
Thola.	et
Jaïr.	Samuel.

G. — Erran diezaguzu Deboraren ichtorioa?

E. — Debora cen emakume profeta bat, Yaincoaz hantatua bere populuaren guidari. Funditu zuen Sisara Chanaango erregue Yabinen yenerala, choilki hamar mila Yuduekin, bere manuaren azpian guducatu, zutenekin, eta Barakec cituenekin, ceinec ez baitzuten athera nahizan hura gabe. Ustez escapa ihesari emanez, Sisara sarthu cen Haberren estaladian, Yabinen adichkidearen baithan, eta galdeguin zuen baso bat ur, bere indarren erreberritceco. Yahelec, Haberren emazteac, eman cion esnea, eta hunec loa: Loric bortitzenean zagolaric, emakume hunec, itce handi bat harturic, sarthu cion Sisari copetatic, eta itzatu lurrarekin batean. Deborac cantatu zuen cantica bat, Yaincoari eskerren bihurtceco hain seinalagarri garaitiaz. Gedeon izan zuen ondorio, Yaincoac mirakuiluzki hautaturic.

G. — Nola Gedeonec, Yaincoac mirakuiluzki hautaturic, bere populuaren libratzaile bezala, harmatu cituen soldaduac, madianitac funditu cituenean?

E. — Bitchiki harmatu cituen Gedeonec soldaduac. Eman ciozkaten tutuac, eta arguiac lurrezco eltce batzuen barnean. Seinalea eman becein laster, hautsi cituzten eltceac, bat bertceari yoka. Bat batean, tutuen soinduac eta arguien garrac hain bertcetaraino harritu cituzten exaiac, non elkhar hil baitzuten. Gedeonec etzuen berekin, atheraldi hortan, hiru ehun soldadu baïcic, uraren trebesian hautatuac, hogoi eta hamabi milen artean. Hautatuen multchu chumearen itchura.

G. — Nor izan zuen Gedeonec ondorio?

E. — Abimelech, bere semea, izan zuen ondorio, hiruetan 70 anaia galaraci cituenen bidegabetan. Sichimitac, haren hautatzaileac, izan ciren lehenic caztigatuac beren hautu gaichtoaz. Burrego horrec erre-araci zuen hetaric multzu handi bat, eta etzuen luzatu bera ere caztigatua izaiteaz, eguin cituen itsuskeria guciez. Thebaco dorrearen sethiatcera guan cenean, Yaincoac nahizan zuen lehertua izan zadien, emakume batec dorrearen gainetic etchatu zuen harri batez; bainan, nola

Dem. — Dites-nous l'Histoire de Débora ?
Rép. — Débora était une prophétesse que Dieu choisit pour gouverner son peuple. Elle défit Sisara, général de Jabin, roi des Chananéens, seulement avec dix mille Juifs qui combattirent sous ses ordres, et ceux de Barac, qui n'avaient pas voulu marcher sans elle. Sisara ayant cru trouver son salut dans sa fuite, entra dans la tente d'Haber, allié de Jabin, et demanda un verre d'eau pour réparer ses forces. Jahel, femme d'Haber, lui donna du lait qui l'endormit. Pendant qu'il était dans un sommeil profond, cette femme prit un gros clou qu'elle enfonça dans la tête de Sifara, et le cloua contre terre. Débora chanta un cantique pour remercier Dieu d'une victoire si signalée. Gédéon lui succéda, et Dieu le choisit d'une manière miraculeuse.

Dem. — Comment Gédéon, que Dieu choisit d'une manière miraculeuse pour être le libérateur de son peuple, arma-t-il ses soldats à la défaite des Madianites ?
Rép. — Gédéon arma ses soldats d'une manière singulière : il leur donna des trompettes et des flambeaux enfermés dans des pots de terre. Dès que le signal fût donné, ils cassèrent les pots les uns contre les autres. Tout à coup le son des trompettes, mêlé au feu des flambeaux, jeta un si grand effroi parmi les ennemis, qu'ils s'entretuèrent les uns les autres. Gédéon n'avait pour cette expédition que trois cents soldats qu'il avait choisis au passage du fleuve, sur trente-deux mille. Figure du petit nombre des élus.

Dem. — Qui succéda à Gédéon ?
Rép. — Abimélech, son fils, fut son successeur, au préjudice de ses 70 frères qu'il fit mourir. Les Sichimites, qui l'avaient élu, furent les premiers punis de leur mauvais choix. Le tyran en fit brûler un grand nombre, et il ne tarda pas d'être puni lui-même de toutes ses cruautés. Etant allé assiéger la tour de Thèbes, Dieu le fit écraser par une pierre que lui jeta une femme du haut de cette tour; mais comme il avait honte de mourir de la main d'une femme, il commanda

ahalke baitcen emakume baten eskutic hiltcia, manatu zuen bere seguidante bati akhaba cezan. Jephte izan zuen ondorio, Tolaren, eta Yaïren ondotic. Handizki seinalatu zuen bere burua, Ammoniten gainean irabazi cituen bitoriez, eta oraino guehiago botu arin batez.

G. — Cer botu eguin zuen Jephtec?

E. — Hitz eman zuen Yaincoari, baldin Ammonitac garaitcen bacituen, sacrificatuco ciola haren aintcinerat lehenic aguertcen cena. Guibelat ethorri cenean, bere alaba aguertu citzaion lehenic aintcinera atabala-tutu soinduz. Ikhustearekin, bihotza ondoraino cilhatua, Jephtec ezagutu zuen bere botuaren arintasuna; bainan lorietan aita bitorios ikhusteaz, Alabac gonbidatu zuen botuaren complitcera. Galdeguin ciozkan bakharric bi ilhabethe, bere biryinitateaz nigar eguitera guatecotan, han cituen neskhatcha lagunekin.

G. — Jepthec complitu zuen bere botua?

E. — Escritura sainduac seguratcen daroku. Bizkitartean, batzuec ez dute uste sacrificatu zuela bere alaba, baicic ere Yaincoari contsecratu. Jephteren botua bethidanic behatua izan da botu arinen seinalea bezala, noiz ere yende choroec ezartcen baitituzte beren buruac halaco hesturan, non hobendun eguin behar baitute itsuskeria handi batez, Yaincoari eman hitza ostikatuz, edo ezin complituz bertce itsuskeria baten medioz baicic.

G. — Erran diezaguzu Samsonen ichtorioa?

E. — Samson cen Yaincoaren populuaren yuyetan Famatuenetaric bat: haren ichtorioa seinalagarri da bereciki hiru gaucez; indarraz, bere baithaz goragocoaz, iletan garraiatcen zuenaz; Dalilaren alderaco flakeciaz eta bere heriotce suerteaz. Huna non diren haren balentriaric handienac.

Oraino gazte celaric, urratu zuen lehoin bat, pithica bat izan balitz becein erreckhi.

Erre cituen Philistindarren oguiac, acheriac largatuz, buztanetan arguiac lothuric, su-lametan.

Hil cituen mila Philistindar asto matraila batekin.

Ereman cituen Gaza deitcen cen hirico atheac, han hetsi zutenean hartceco; eta bertce asko moldez, bere

à un de ses écuyers de l'achever. Jephté lui succéda après Thola et Jaïr. Il se rendit célèbre par les victoires qu'il remporta sur les Ammonites, et encore plus par un vœu indiscret.

Dem. — Quel vœu forma Jephté ?
Rép. — Il promit à Dieu, s'il remportait la victoire sur les Ammonites, de lui sacrifier la première personne qui viendrait au-devant de lui. A son retour, sa fille se présenta la première et le reçut au son des tambours et des trompettes. A cette vue, Jephté, percé jusqu'au fond du cœur, reconnut l'indiscrétion de son vœu ; mais sa fille, contente de voir son père victorieux, l'exhorta à le remplir. Elle lui demanda seulement deux mois pour aller pleurer sa virginité avec les filles qui l'accompagnaient.

Dem. — Jephté accomplit-il son vœu ?
Rép. — L'Écriture Sainte nous l'assure. Quelques-uns croient cependant que ce ne fut pas en immolant sa fille, mais en la consacrant à Dieu. Le vœu de Jephté a toujours été regardé comme un exemple des vœux indiscrets des personnes légères qui se mettent dans la nécessité, ou de commettre un crime en violant la promesse qu'ils ont faite à Dieu, ou de ne pouvoir l'accomplir que par un crime.

Dem. — Dites-nous l'Histoire de Samson ?
Rép. — Samson a été un des plus fameux Juges du peuple de Dieu ; son histoire est remarquable par trois choses principales : par sa force plus qu'humaine qui consistait dans ses cheveux ; par sa faiblesse pour Dalila, et par le genre de sa mort. Voici ses principaux exploits :

Etant encore fort jeune, il déchira un lion avec la même facilité que si c'eût été un chevreau.

Il brûla les blés des Philistins, en lâchant des renards à la queue desquels il avait attaché des flambeaux allumés.

Il tua mille Philistins avec la mâchoire d'un âne.

Il enleva les portes de la ville de Gaza, où on l'avait enfermé pour le prendre ; et par mille traits d'une

indar icigarriaren khariaz, libratu zuen Yaincoaren populua Philistindarren uztarritic.

G. — Nor izan zuen Samsonec ondorio?

E. — Heli, apez handia. Yaincoac, hasarreturic Ophnic eta Phineec, haren bi semeec, egun guciez temploan eguiten cituzten itsuskeriez, eta aitaren flakeziaz hekien yasaiten, etchatu zuen bere colera aitahaurren gainerat. Egun batic barnean, Yaincoaren arca hartua izan cen; Ophni eta Phinee, haren garraiatzaileac, hilac izan ciren; hogoi eta hamar mila Yudu ere zathicatuac Philistindarrez. Berri horrekin batean, Heli apez handia erori cen erroz gora, eta arrailatu zuen bere burua. Arguitasun progotchu-garria, aita sobra flakoentzat, eta beren haurrac ungui altchatceaz artha guti dutenentzat.

G. — Cer eguin zuten Philistindarrec, Yaunaren arcaz, hartu zutenean?

E. — Ezarri zuten Dagonen temploan; bainan, haren aintcinean, Yainco faltsoaren idola erori cen eta porroscatu. Estali cituen ere Philistindarrac hain bertce zorigaitzez, non igorri baitzuten guibelat, guidaric gabe, orguetan, bi behi uztarturic, ceinec garraiatu baitzuten Yuduen lurretarat, Benjamiten partera. Hautaric cenbeit herioaz yoac izan ciren, sobra barneki behaturic. Hargatic, eremana izan cen Aminadab deitcen cen levita baten etchera, non deitu baitzuen benedicione suerte gucietaric.

G. — Cer erakhasten daroku arcac, batzuec ontasunez estaltcean, eta bertcei icialdura eta herioa garraiatcean?

E. — Arca cen Yesu-Christoren itchura, ceinec ez baitu galdetcen bere gracien ichurtcea baicic guizonen gainerat, mereci dutenean; bainan, bere botherea aguertcen dakiena, caztigatuz haren beguitarte onaz casu guti eguiten dutenac. Arca cen oraino gorputz sainduaren itchura, onei bicia emaiten duena, eta heriotcea gaichtoei.

G. — Cein da Israelgo azken yuyea?

E. — Hura da Samuel, Yaincoaren cerbitzuari contsecratua hiru urthetan, eta arguitasun handienez lagun-

force inouïe, il délivra le peuple de Dieu du joug des Philistins.

Dem. — Qui succéda à Samson ?

Rép. — Le Grand-Prêtre Héli. Dieu, irrité des désordres qu'Ophni et Phinées, ses deux fils, commettaient tous les jours dans le temple, et de l'indulgence de leur père à les souffrir, fit éclater sa colère contre le père et les enfants. En un seul jour, l'Arche du Seigneur fut prise, Ophni et Phinées qui la portaient furent tués, et trente mille Juifs furent taillés en pièces par les Philistins. A cette nouvelle, le Grand-Prêtre Héli tomba à la renverse et se fendit la tête. Leçon utile aux pères trop indulgents et peu attentifs à l'éducation de leurs enfants.

Dem. — Qu'est-ce que les Philistins firent de l'Arche du Seigneur qu'ils avaient prise ?

Rép. — Ils la placèrent dans le temple de Dagon, mais en sa présence l'Idole de ce faux Dieu fut renversée et brisée. Elle accabla même les Philistins de tant de maux qu'ils la renvoyèrent sans guide sur un char attelé de deux vaches, qui la portèrent sur les terres des Juifs, chez les Betsamites, dont plusieurs, pour un regard trop curieux, furent frappés de mort. C'est pourquoi elle fut conduite chez le Lévite Aminadab, où elle attira toutes sortes de bénédictions.

Dem. — Que nous représente l'Arche qui comble de biens les uns, tandis qu'elle porte la terreur et la mort chez les autres ?

Rép. — L'Arche était la figure de Jésus-Christ, qui ne demande qu'à répandre ses grâces sur les hommes, lorsqu'ils ne s'en rendent pas indignes; mais qui sait faire éclater sa puissance par le châtiment de ceux qui méprisent sa bonté. Elle était encore une figure de l'Eucharistie, qui donne la vie aux bons et la mort aux méchants.

Dem. — Qui est le dernier Juge d'Israël ?

Rép. — C'est Samuel qui fut consacré au service du Seigneur dès l'âge de trois ans, et qui fut favorisé des

dua. Haren manuaren azpian, Yuduec ardietsi cituzten abantail handiac beren exaien gainean; bizkitartean, galdeguin cioten erregue bat, deus onic etzutelakoan igurikatcen haren semeen ganic, ceren aitaren zahartazunean berean, muthiriki baliatcen ciren haren bothereaz. Beraz, erran diteke, Heli becein dohacabe izan cela Samuel, bere haurretan.

G. — Yuyen liburuac ez du ekhartcen ceinbeit ichtorio, bertcen artetic berechiric?

E. — Ekhartcen du chehetasunean, Levita batec eguin zuena Gabaango yendec haren emaztea idoiztatu zutenean, eta handic athera cen guerla. Han causitcen da ere Rhuten ichtorio miragarria, seinale onez bethea.

G. — Cer eguin zuen Levitac, Gabaandarrec, Benjaminen castaco yendec, haren emaztea idoiztatu zutenean?

E. — Hamabi zathi eguin zuen emaztearen gorputza, hila atzemanic, eta igorri cituen populuaren hamabi sathiei, hekien ekhartceco, laido hortaz mendecateera Benjamiten gainean. Denac, elkharren ganat bilduric, alchatu ciren hekien contra; bainan zapatuac izan ciren bi yotetan. (Yaincoac nahizan zuen frogatu hekien fedea, hain casu zucenean.) Bada guero, hil cituzten Benjamitar guciac, salbo sei ehun beiraturic, casta hori arras ez galtcecotan.

G. — Nolacoa da Ruthen ichtorioa?

E. — Gosete handi batec bortchaturic atheratciaz Bethleemetic, beren herritic, Elimelech eta Noemic ihez eguin zuten Moabiten tokirat, eta han ezcondu beren bi semeac bi neskhatcha Moabitekin, Orpha eta Ruth deitcen cirenekin. Hamar urtheen buruan, Noemic galduric senharra eta bere bi semeac, nahizan zuen itzuli bere herrirat, eta othoiztu cituen erreinac, guan citezin beren burasoen ganat. Lehenbician yasarri zuten etzutela seculan utcico; bainan, Orpharen berotasunac etzuen iraun dembora lucean, ecen azken agurrac bihurturic Noemeri, itzuli cen bere burasoen ganat.

G. — Ruthec utzi zuen Noemi?

E. Nola Ruthen fedea eta amodioa bortitzagoac bait-

plus grandes révélations. Sous son gouvernement, les Juifs remportèrent de grands avantages sur leur ennemis, néanmoins ils lui demandèrent un Roi, parce qu'ils auguraient mal de la conduite de ses fils, qui dans sa vieillesse exerçaient tyranniquement son autorité; de sorte qu'on peut dire que Samuël fut aussi malheureux en enfants qu'Héli.

Dem. — Le livre des Juges ne renferme-t-il pas quelques histoires détachées?

Rép. — Il renferme le récit de ce que fit un Lévite dont les habitants de Gabaa avaient déshonoré sa femme, et la guerre qui s'ensuivit. On y trouve aussi l'histoire admirable de Ruth, qui contient d'excellentes leçons.

Dem. — Que fit le Lévite dont les habitants de Gabaa, de la Tribu de Benjamin, avaient déshonoré la femme?

Rép. — Il coupa en douze morceaux le corps de sa femme qu'il avait trouvée morte, et les envoya aux douze Tribus pour les engager à venger cet affront sur les Benjamites. Toutes les Tribus réunies marchèrent contre eux et eurent le dessous dans deux combats. (Dieu voulut éprouver leur foi dans une cause si juste.) Mais ensuite ils tuèrent tous les Benjamites, excepté six cents qu'ils conservèrent pour ne pas laisser périr entièrement cette Tribu.

Dem. — Quelle est l'histoire de Ruth?

Rép. — Une grande famine ayant obligé Elimelech et Noémi de quitter Bethléem leur pays, ils se retirèrent dans celui de Moab, et marièrent leurs deux fils avec deux filles Moabites, appelées Orpha et Ruth. Dix ans après, Noémi, ayant perdu son mari et ses deux fils, voulut s'en retourner en son pays et pria ses belles-filles d'aller chez leurs parents. Elles protestèrent d'abord qu'elles ne la quitteraient jamais; mais les empressements d'Orpha ne furent pas de longue durée; car ayant fait ses derniers adieux à Noémi, elle s'en retourna chez ses parents.

Dem. — Ruth voulut-elle quitter Noémi?

Rép. — Comme la foi et l'amour de Ruth étaient

ciren, etzuen utzi nahizan bere amainarreba. *Yarrikico naiz*, erran cion, *zu guaten zaren toki gucietarat; zure egoitza izanen da ene egoitza, zure populua ene populua, eta zure Yaincoa ene Yaincoa Heriotceac bakharric apartatuco nau zure ganic.* Noemic ikhustearekin iraupen hori, utzi zuen berekin ethortcera Bethlemeerat. Harat heldu ciren uztaileco demboran, eta nola beharrac hertsitcen baitcituen, Ruth guan cen Boosen landetarat buruchka biltcera.

G. — Nolacoa izan cen Boosen beguitartea Rhuten alderat?

E. — Boosec, ezagutu gabe, erakhutsi cion ezin guehiago eztitasun, manatuz ogui picatzailei, buruchkac erortcerat uztiaz, harec biltcecotan; bainan ezaguturic ahide zuela, ezcondu cen harekin: Yaincoac benedicatu zuen ezcontza hori Obederen sortceaz, ceina izan baitcen Daviten aitaso. Hargatic Rhutec bere fedeaz eta prestutasunaz merecitu zuen izaitea Messiasen aintcinecotaric.

G. — Cer progotchu athera diteke Rhuten ichtoriotic?

E. — Rhuten baitban atzematen da prestutasun compliaren eta amodio handiaren seinalea, amainarreba baten alderat. Boosen baithan, eztitasunezco eta caritatezco seinaleric miragarriena. Languilei manatcen duen moldeac, uzteaz buruchkac erortcera, Ruthec biltcecotan ahelkeriaric gabé, erakhusten du unguiaren eguiteco aski dohatsu direnei, emaitiaz emaiten dutenei, hartceco ahalkeriatic beiratceco guisan.

G. — Cein demboraz hasi ciren erregueac manatcen, eta nola hautatua izan cen Saul?

E. — Munduaren bi mila bederatci ehun eta hiruetan hogoi eta zortci-garren urthean, hautatua izan cen Saul, eta huna cer guisetan?

Aitac, astoac galduric, igorri zuen hekien bilha; etcituelacoan atzematen, hel eguin zuen Samuelen ganat, yakitecotzat non ciren. Profetac, Yaincoaz arguitua, berac hautatua cela, haren-ganat hel eguinen zuen arrotza, sacratu zuen erreguetzat; eta Yaincoaren ma-

plus forts, elle ne voulut jamais abandonner sa belle-mère. *J'irai*, lui-dit-elle, *partout où vous irez, je demeurerai où vous demeurerez, votre peuple sera mon peuple, et votre Dieu sera mon Dieu, et la mort seule me séparera de vous.* Noëmi voyant cette fermeté lui permit de la suivre à Bethléem. Elles y arrivèrent dans le temps de la moisson ; et comme la pauvreté les pressait, Ruth alla glaner dans les champs de Boos.

Dem. — Comment Ruth fut-elle traitée de Boos ?

Rép. — Boos, sans la connaître, lui témoigna toute la bonté possible, ordonnant à ses moissonneurs de laisser tomber des épis, afin qu'elle les amassât ; mais l'ayant reconnue pour sa parente, il l'épousa : Dieu bénit ce mariage par la naissance d'Obed, grand-père de David. Ainsi Ruth, par sa foi et sa piété, mérita d'être aïeule du Messie.

Dem. — Quelle utilité peut-on tirer de l'histoire de Ruth ?

Rép. — On trouve dans Ruth le modèle d'une piété parfaite, et d'une rare tendresse envers une belle-mère ; Boos est un exemple admirable d'affabilité et de charité. La manière dont il ordonne à ses moissonneurs de laisser tomber des épis, afin que Ruth puisse les amasser sans honte, apprend à ceux qui sont assez heureux pour pouvoir faire du bien, de donner de manière qu'ils épargnent à ceux à qui ils donnent, la confusion de recevoir.

Dem. — En quel temps commença le gouvernement des Rois, et comment Saul fut-il choisi ?

Rép. — Ce fut l'an du monde deux mille neuf cent soixante-huit, que Saül fut choisi pour Roi ; et voici à quelle occasion.

Son père, ayant perdu ses ânesses, l'envoya pour les chercher ; comme il ne les trouvait point, il s'adressa à Samuel pour savoir où elles étaient. Le prophète à qui Dieu avait révélé qu'il avait choisi l'inconnu qui s'adresserait à lui, le sacra Roi, et le sort qui fut jeté

nuz, bilduric erregue baten hautatceco, populu guciaren gainerat etchatu cen zorteac fincatu znen Samulec gantzutu zuena.

G. — Cer zorion izan zuten lehenbicico urtheec, Saulen erreguetasunean?

E.—Lehembicico urtheac izan ciren hainitz dohatsuac, asco aldiz funditu cituen Philistindarrac; bainan Yaincoaren manua hautsiric, beiratu zuelacotz Agar Amaleciten erreguea, bere arthaldeen multzuric hoberenarekin, Samuel ethorri citzaion abisatcera, Yaincoac arbuiatu zuela: eta nola nahi baitzuen bere burua garbitu, erranez etcituela arthaldeac gueldilu, Yaincoari eskaintceco baicic, profetac ihardetsi cion, Yaincoac nahiago zuela yautsapena, ecen sacrificioac.

G. — Nor izan zuen Saulec ondorio?

E. — David, artzain gaztea, Isaien zortci-garren semea. Yaincoac manatu cion Samueli, guan zadien haren contcecratcera. Ordu beretic, izpiritu dibinoac bethe zuen David, utziric Saul, izpiru gaichtoaz hartua. Zorigaitz hori izan cen erregue errebel eta esker gabe horren cazligu zucena, eta Daviten handitasunaren hastapena. Yaincoac celhaitu ciozkan tronuco bideac, hautaraciz Saulen errabiaren facegatceco, maniura soinduz, eta Goliathen gainean bitoria handi bat irabaciric.

G. — Cer cen Goliath, eta nola garaitu zuen Davitec?

E. Goliath cen Philistindar bat icigarri handia, berrogoi egun hartan Israeldarren harmadaz burlatcen cena, Yaincoaren icena arnegatuz, dichiduekin guerlaren akhabatziaz bertce batekin, buruz buru. Nihor etcen atrebitcen haren dichiduaz yabetcera (nahiz Saulec hitz eman zuen bere alaba Merobe, ontasun handiekin, guizon larri hori garaitcen zuenari) noiz ere David gazteac, estaladietarat ethorria bere anaien ikhustera, galdeguin baitzuen harekin bere burua negurtcia. Goliathec, ikhustearekin hurbiltcen, habailac eta makhila bat bakharric harmatzat, erran cion: *Zakur batentzat hartcen nauc makila batekin hunat ethorriz?* Ez, ihardetsi cion Davitec, *bainan bai*

sur toutes les tribus assemblées par ordre de Dieu pour élire un Roi, confirma l'onction faite par Samuël.

Dem. — Quel succès eurent les premières années du règne de Saül?

Rép. — Les premières années du règne de Saül furent très-heureuses. Il défit en plusieurs occasions les Philistins ; mais ayant contre l'ordre de Dieu épargné Agag, roi des Amalécites, avec la meilleure partie de ses troupeaux, Samuel vint lui annoncer que Dieu l'avait réprouvé ; et comme il voulut s'excuser, en disant qu'il n'avait réservé les troupeaux que pour les offrir à Dieu, le prophète lui dit que Dieu aimait mieux l'obéissance que les sacrifices.

Dem. — Quel fut le successeur de Saül?

Rép. — Le jeune berger David, huitième fils d'Isai. Dieu ordonna à Samuël d'aller le consacrer. Dès ce moment l'esprit divin remplit David, et quitta Saül, qui fut saisi de l'esprit malin. Cet accident funeste fut le juste châtiment de ce Roi ingrat et rebelle, et le commencement de la grandeur de David. Dieu même lui aplanit les voies au trône, en le faisant choisir pour calmer, par les accords de la harpe, les fureurs de Saül, et en lui faisant remporter une victoire signalée sur Goliath.

Dem. — Quel était ce Goliath, et comment David le vainquit-il?

Rép. — Goliath était un Philistin d'une grandeur monstrueuse, qui insulta, pendant quarante jours, l'armée des Israélites, blasphémant le nom du Seigneur, et les défiant de terminer la guerre par un duel. Personne n'avait osé accepter le défi (quoique Saül eût promis sa fille Merobe avec de grands biens à celui qui vaincrait le Géant) jusqu'à ce que le jeune David, qui vint dans le camp pour voir ses frères, demanda à le combattre. Goliath le voyant approcher armé seulement d'une fronde et d'un bâton, lui dit : *Me prends-tu pour un chien, en venant à moi avec un bâton ? Non*, reprit David, *mais pour l'ennemi du Seigneur*. Il court aussitôt à lui, et d'un coup de fronde lui enfonce une pierre

Yaincoaren exaitzat. Bat batean, laster eguiten du haren-ganat, eta habaila ukhaldi batez, sartcen dio harri bat copetatic. Philistindarra erortcen da: David saltatcen zaio gainerat, eta burua mozten beraren ezpataz.

G. — Cer seguida izan zuen Goliathen heriotceac?

E. — Guizon larri horren heriotceac harritu zuen Philistindarren harmada, eta denac pusketan emanac izan ciren. Bitoria oso horren ondoan, David ekharria izan cen trionfan, emakumec cantatcen zutelaric, errepican :

<blockquote>Saulec hiltu mila, eta Davitec hamar mila.</blockquote>

G. — Cer ezagutza ardietsi zuen Davitec Saulen ganic?

E. — Bekhaizgoa, sobra maiz cerbitzu handien saria. Dena mindua, bera baino gorago altchatu zutelacotz David, Goliath bentzutu zuen egunean, Saulec etzuen gueroztic bilhatu aitzakia ahalca-garrienic baicen hari biciaren khentceco. Hainitz aldiz, nahizan zuen bere lantzaz cilhatu. Dudaric ez da hilen zuela ere, baldin bere alaba Michoiec, segurkiago galtcecotan eman cionac, ez balu beiratu, leiho batetaric yauts-araciz. Saulen errabiari escapatceco, Davitec ihez eguin zuen, Jonathasen kontceiluz, ceina baitcen erregueren seme eta beraren adichkide. Saulec hilaraci zuen Achimelech, bertce cenbeitekin, Daviti leihorra emanic.

G. — Nolacoa izan cen Daviten ikhustatea Saulen alderat, hunec gogorki hersitcen zuen demboran?

E. — Eztitasun handia erakhutsi zuen. Gau batez sarthuric Saulen estaladian, Io zagolaric, ziphaco desertuan, Printce hori beraren ondotic zabilaric, urrun hiltcetic, eguin ahal cesaken bezala, ezagutu zuen bere exaiaren baithan, Yaunac contsecratu zuena, eta Yaincoac haren esknetarat libratu iduri zuena. Etcion bertceric eguin, bere lantza eta edateco untcia hartcia baicen. Eztitasun bera erakhutsi zuen, bertce egun batez, Saul atzemanic lece baten barnean; caparen bazterra picatu cion choilki; hortic erakutsiz nola behar ditugun ohoratu gure erregueac, ceinen biciari

dans le front. Le Philistin tombe ; David se jette sur lui, et lui coupe la tête avec sa propre épée.

Dem. — Quelle suite eut la mort de Goliath ?
Rép. — La mort de ce géant jeta la terreur dans l'armée des Philistins, qui furent taillés en pièces : et David, après une victoire si complète, fut ramené en triomphe, aux acclamations des femmes qui chantaient :

<blockquote>Saül en a tué mille, et David dix mille.</blockquote>

Dem. — Quelle reconnaissance David éprouva-t-il de la part de Saül ?
Rép. — La jalousie, récompense trop ordinaire des grands services. Saül, indigné de la préférence qu'on avait donné sur lui à David, le jour que celui-ci vainquit Goliath, employa depuis les moyens les plus honteux pour lui ôter la vie. Plusieurs fois, il voulut le percer de sa lance ; et il l'eût fait périr infailliblement, si sa fille Michol, qu'il lui avait donnée pour le perdre plus sûrement, ne l'eût sauvé en le descendant par la fenêtre. David, pour éviter sa fureur, s'enfuit par le conseil de Jonathas, fils du Roi, et son ami ; et Saül fit périr Achimelech, avec plusieurs autres, pour lui avoir donné retraite.

Dem. — Comment David se comporta-t-il à l'égard de Saül, qui le persécutait ?
Rép. — Il usa d'une grande modération. Ayant pénétré une nuit dans la tente de Saül pendant qu'il dormait, dans le désert de Ziph, où ce prince venait le poursuivre, bien loin de le tuer, comme il l'aurait pu, il respecta l'oïnt du Seigneur dans son ennemi, que Dieu semblait avoir livré entre ses mains, et se contenta de lui prendre sa lance et sa coupe. Il usa de la même modération un jour qu'il trouva Saül dans une caverne, et lui coupa seulement le bord de son manteau ; nous montrant par là le respect que nous devons avoir pour nos Rois, sur la vie desquels il n'est jamais

ez baita behinere cilhegui aspertcea, izanikan ere soryesac.

G. — Nola akhabatu cen Saul?

E. — Printce dohacabe horrec bortchaturic magiciano bat, Samuelen arima deitciaz, yakitecotsat nolacoa izanen cen haren zortea, Philistindarrei emaiten zuen guduan, errepusta izan zuen, tropac fundituric, han galduco cela bere hiru semeekin. Erran bezala guerthatu cen, eta seguidanteac ez nahiz hil, akhabatu zuen, bere burua, bere ezpataren puntarat erortcera utciric.

G. — Cer eguin zuen Davitec, Saulen heriotceaz yakintsun eguin cenean?

E. — Urrun eguitetic gaichtaguinec bezala, ceinec bethi atxeguin hartcen baitute beren exaien heriotceaz, Davitec nigar eguin zuen saminki Saulez eta Jonathasez, haren semeaz, ceinekin izan baitcen bethidanic hertsiki yosia. Amalecita batec, espantu eguiten zuelaric, Saulen heriotcean eskuac khutsatu cituela, ekharri cion hil berria. Davitec galdeguin cion, nola atrebitu cen Yaincoaz contsecratua cenaren gainean eskuen pausatcera, eta hilaraci zuen. Higual eguin zuen bertce cenbeitez, noiz ere ustez atxeguin handia eguin, ekharri baitcioten Isbosethen burua, Saulen asken semearena; guizonei erakhutsiz, bi molde horiez, cein lanyeroz den tzarkebaten eguitea, eta hartaz bere burua hobendun aitortcea, banitatez edo cenbeit sari izaitecotan.

G. — Cer eguin zuen Davitec, ikhusi zuenean bere burua erresumaren gosamenean, bake osoan?

E. — Eskerrac bihurtu cioskan Yaincoari, Aminadaben etchetic alcharaciz arca, bethi han egon cena, Philistindarrec guibelat igorriz gueroztic. Besta buru hori trencatua izan cen, Osari, Aminadaben semeari, guerthatu citzaion zori gaichtoaz, arca garraitcen zuten orguen guidari celaric. Herioaz yoa izan cen, ceren Levita etcelaric, atrebitu cen arcaren idukitcera, erortceco menean celaric. Hiru ilhabetez utzi zuten pausatua, Obededonen etchean. Michol, Daviten emaztea, caztigatua izan cen agortasunaz, bere senharari erran ciolacotz, ohore hainitz ardietsi zuela, arcaren aitcinean saltaco hariz, erho bat bezala.

permis d'attenter, quand même ils seraient des tyrans.

Dem. — Quelle fut la fin de Saül ?
Rép. — Ce malheureux prince ayant obligé une magicienne d'évoquer l'âme de Samuel, pour apprendre quel serait son sort dans la guerre qu'il faisait aux Philistins, en eut pour réponse que ses troupes seraient défaites, et qu'il périrait avec ses trois fils. La prédiction fut vérifiée, et son écuyer refusant de le tuer, il se tua lui-même en se laissant tomber sur la pointe de son épée.

Dem. — Que fit David en apprenant la mort de Saül ?

Rép — David, bien loin d'imiter les méchants, qui se réjouissent toujours de la mort de leurs ennemis, pleura amèrement Saül et son fils Jonathas, avec qui il avait toujours été lié d'une manière étroite. Un Amalécite qui se vantait d'avoir contribué à la mort de Saül, vint lui en apporter la nouvelle. David lui demanda comment il avait été assez hardi pour mettre la main sur l'oint du Seigneur et le fit mourir. Il traita de même ceux qui, croyant le flatter, lui apportèrent la tête d'Isboseth, dernier fils de Saül, en enseignant aux hommes, par ce double exemple, combien il est dangereux d'être et de se déclarer les auteurs d'un crime, ou par vanité, ou par l'espoir de quelque récompense.

Dem. — Que fit David lorsqu'il se vit paisible possesseur de son royaume ?
Rép — Il témoigna sa reconnaissance à Dieu, en faisant transporter l'Arche, qui était toujours restée chez Aminadab, depuis que les Philistins l'avaient renvoyée. Cette solennité fut interrompue par le malheur d'Oza, fils d'Aminadab, qui conduisait le chariot sur lequel elle était. Il fut frappé de mort pour avoir osé, n'étant pas lévite, soutenir l'Arche, qui était prête à tomber. On la laissa en dépôt chez Obededon l'espace de trois mois. Michol, femme de David, fut punie de stérilité, pour avoir dit à son mari, qu'il s'était acquis beaucoup de gloire en dansant comme un bouffon devant l'Arche.

G. — Cer ihardetsi zuen Davitec Micholi, bere trufen gainean?

E. — Davitec, ahalcatu gabe arbuio hortaz, erran cion Micholi : *Yaincoac athera nau bere populuaren azkenecotaric, eta hauta eman darot zure aitaren gainean. Hargatic, apalduco naiz gueroago eta guehiago, Haren aintcinean, eta izanen naiz bethi thiki eta higuingarri ene beguietan.* Guisa hortan, erakutsi zuen printce guiristinoei behinere heldur ez izaitea, beren handitasuna apal dezaketela beren azpicoei emanez amodiozco eta kharrezco seinaleac, erlijioneco ohoren gainean.

G. — Cer nahigabe eguin zuen Hanonec, Ammoniten erreguec, bere aitaren heriotceco minaz facegatcera, Davitec igorri cioskan mandatariei?

E. — Printce adin gabeco horrec, bere burua guidatcera utziz gortheco lausengari gaztez, espiuntzat hartu cituen; picarazi cioten bizarraren erdia, eta urraraci arropac guibeletic, dembora hartan eguin citeken burlaric handiena. Bere mandatariei eguin laidoaz, minki ukitua, Davitec igorri cituen, alde batetic yendeac, biderat, hekien atsekhabeen arintcera, eta bertce aldetic tropac, Ammoniten castigatcera. Bentzutuac izan ciren Ammonitac, lehenbicico yoite batean. Bigarrenecoan, Davitec ezpatan sararaci cituen berrogoi mila. Orduan, Hanonec ezagutu zuen, cein balios den erregue batentzat hautatcia ministro prestuac eta contxeilu tzarren emaiteco gai ez direnac.

G. — David etcen hobendun eguin itsuskeria cenbeitez?

E. — Exai guciac garaitu ondoan, Davitec utzi zuen bere burua bentzutcera Bethsabeentat hartu zuen yaidura bortitzaz. Yakin zuen hutxian eror-arasten bere senharraren Urien alderat, ceina ere ezarri baitzuen aguerian, gaztelu baten yoitean, ohartcen celaric han hila izanen cela, hala guerthatu cen bezala. Bi itsuskeria horiec, hain saindu cen erreguearen baithan, ikhusterat emaiten dute guizonei, nahi becein handi eta zucen izanikan ere, ez direla gutiago guizon eta erorcor.

G. — Nola caztigatua izan cen David bere bekhatuaz?

Dem. — Que répondit David au discours ironique de Michol ?

Rép. — David, ne rougissant point de ce mépris, dit à Michol : *Dieu m'a tiré des derniers de son peuple, et m'a préféré à votre père ; c'est pourquoi je m'humilierai de plus en plus en sa présence, et je serai toujours petit et méprisable à mes yeux.* Il apprit ainsi aux Princes Chrétiens à ne jamais craindre d'avilir leur majesté, en donnant à leurs sujets des exemples de zèle et d'empressement pour les cérémonies de la Religion.

Dem. — Quel outrage fit Hannon, roi des Ammonites, aux ambassadeurs que David lui avait envoyés pour le consoler de la mort de son père ?

Rép. — Ce jeune Prince se laissant conduire par ses jeunes courtisans, les traita d'espions, et leur fit couper la moitié de la barbe et déchirer leur robe par derrière, un des plus grands outrages qu'on pût faire en ce temps-là. David, touché de l'insulte faite à ses ambassadeurs, envoya des gens au devant d'eux pour les consoler, tandis que d'un autre côté il envoya ses troupes pour punir les Ammonites, qui furent défaits dans un premier combat. Dans un second, David en fit passer quarante mille au fil de l'épée. Hannon reconnut alors combien il importait à un Roi de choisir des ministres sages et incapables de donner de mauvais conseils.

Dem. — David ne commit-il point quelque crime ?

Rép. — David, après avoir vaincu tous ses ennemis, se laissa vaincre par la passion violente qu'il eut pour Bethsabée. Il sut la rendre infidèle à son mari Urie, qu'il fit même exposer à l'attaque d'une place où il prévoyait qu'il serait tué, comme il le fut en effet. Ce double crime dans un si saint Roi, fait voir que les hommes, quelque grands et quelque justes qu'ils soient, ne sont pas moins hommes ni moins fragiles.

Dem. — Comment David fut-il puni de son péché ?

E. — Zori onean ukhitua Nathan profetaren errenkurez, David caztigatua izan cen Yaincoaz, bere familian guerthatu citzaizcon makhurrez, eta bere seme Absalonen nahasmenduaz, noiz ere Architophelen laguntzarekin altchaturic, casatu baitzuen bere aita Jerusalemetic. Bertce asko frogantcen ondoan, ichiltasunean yasanic, bere urrikien erdian., erregue horri berriz ekharria izan cen trionfan Jerusamelerat; eta han barkhatu cioten bere exai guciei.

G. — Yaincoac utzi cituen Absalonen. Nahaskeriac caztigatu gabe ?

E. — Ez mendeku athera zuen seme bihotzgor horren heriotcearen medioz, noiz ere ikhusiric bere tropac fundituac, ustez escapa ihezari emanez, guelditu baitcen iletaric dilindan arbola batetaric. Yoabec cilhatu zuen hiru dardoez, Daviten manua hautsiric, gomendatu zuen ondoan, hartaz artha izaitea. Bainan, Yaincoac etzuen nahizan guehiago biciric utzi seme errebel hori, seinale lazgarri emaiteco, adimenduaz aski gabetuac izanen ciren haurrei, agur eta yautsapen eskhasia erakhusteco beren burasoei.

G. — Dabitec etzuen bertce hutxic eguin, aipatuez landa ?

E. — Utzi zuen ere bere burua urguiluz hantcera, populu handi bati manatcen zuclacotz. Condatu zuen banitatezco izpirituz, eta Yaincoac, gaizki harturic, eman cion caztiguz, hauta hiru gaitcen artean, izurrithia, guerla, eta gosetea. Hautatu zuen izurrithia, hura celacoan hiruetan gutienic ezezta citekena. Ereman cituen, hiru egunic barnean, hiruetan hogoi eta hamar mila guizon. Dembora berean, sustatua erregueec beren populuen alderat ekharri behar duten urricalmenduzco amodioaz, David etcen guelditu, oihu eguitetic: *Ego sum qui peccavi.* Ni naiz Yauna, bekhatu eguin duena. *Isti qui oves sunt quid fecerunt ?* Cer eguin dute zuc safratcen ditutzun ardiec? *Itzulazu lehenago zure errabia gucia ene gainerat.* Erregueren nigarrez ukitua, Yaincoac gueldi-araci zuen izurrithia, eta faccegatu cen.

Abrégé de l'Histoire Sainte

Rép. — David, sur qui les remontrances du prophète Nathan firent une heureuse impression, fut puni de Dieu, par le désordre qu'il y eut dans sa famille, et par la révolte de son fils Absalon, qui, secondé d'Achitophel, marcha contre lui, et le chassa de Jérusalem. Après plusieurs autres épreuves, que ce Roi pénitent reçut toujours sans murmurer, il fut ramené en triomphe à Jérusalem où il pardonna à tous ses ennemis.

Dem. — Dieu laissa-t-il la révolte d'Absalon impunie ?

Rép. — Non; il la vengea par la mort de ce fils barbare, qui, voyant ses troupes défaites, et croyant trouver son salut dans la fuite, demeura suspendu par ses cheveux à un arbre. Joab le perça de trois dards, contre l'ordre de David qui avait recommandé de l'épargner. Mais Dieu ne voulut pas laisser vivre plus longtemps ce fils rebelle, pour donner un exemple terrible aux enfants qui seraient assez dénaturés pour manquer de respect et d'obéissance à ceux à qui ils doivent le jour.

Dem. — David ne commit-il point d'autres fautes que celles dont vous avez parlé ?
Rép. — Il se laissa aussi emporter à l'orgueil de commander un peuple nombreux. Il en fit faire le dénombrement par un esprit de vanité désagréable à Dieu, qui, pour l'en punir lui donna le choix de trois fléaux : la peste, la guerre et la famine. Il choisit la peste, comme celui des trois fléaux dont il pouvait le moins se garantir. Elle enleva soixante-dix mille hommes en trois jours. Pendant ce temps-là David, animé de cette tendresse compatissante, que les Rois doivent avoir pour leurs peuples, ne cessa de crier : *Ego sum qui peccavi*. C'est moi, Seigneur, qui ai péché. *Isti qui oves sunt quid fecerunt ?* Qu'ont fait les brebis que vous frappez ? *Tournez plutôt toute votre fureur contre moi.* Dieu, touché des larmes de ce Roi, fit cesser la peste, et s'apaisa.

G. — Bere haurretaric cein hautatu zuen Davitec ondoriotzat?

E. — Hautatu zuen Salomon Bethsaberen eta Nathan profetaren othoitcean, aintcin aldea hartceco Adoniasi, seme saharrenari, bere burua erregue icendaraci nahi zuelacotz. David bici izan cen oraino aphur bat, gomendatcen zuelaric populuari, leguea beiratceaz arthoski, eta semeari, altchatceaz berac moldatcen hasi zuen temploa. Erregue horren heriotcearen ondoan, ceina izan baitcen Yaincoaren bihotzaren araberacoa, Salomon igan cen tronurat; bake osoan. Yaincoac erran cion onesten zuela, bere aitaren khariaz, eta ardietsico cituela, galdeguinen cituen guciac.

BORTZGARREN MENDEA.

Hasten da temploaren alchatcean, eta akhabatcen, Yuduac Babyloniatic libratcean. Iraun zuen 476 urthe.

G. — Cer galdeguin zuen Salomonec Yaincoari, bere erreguetasunaren hastapenean?

E. — Printce gazte horrec galdeguin cion zuhurtcia. Hain bertcetaraino ukitua izan cen Yaincoa berechkuntza hortaz, non aguindu baitcion izanen cela, ez choilki erregueric prestuena, bainan oraino aberatsena eta puchantena.

G. — Certan aguertu zuen Salomonec bere zuhurtcia?

E. — Alchatu zuen eguiazco Yaincoaren ohoretan, egundaino izan den obraric ederrena, templo guciz aipatu hura, Dabitec berac moldatcen hasia.

Yuyamendu famatu hau ekharri zuen bi emakumeen haucian, haur baten yabetasunaren gainean. Lehenic, manaturic, haurra bi zathi eguina izan zadien, hekien artean, ezagutu zuen bere yaiduraco boza, hura onetsi nahi etzuenaren baithan, eta hari bihurtu haurra, eguiazco ama celacoan.

G. — Cer ohoreac deitu ciozkan zuhurtcia handi horrec?

Dem. — Lequel de ses enfants David choisit-il pour lui succéder ?

Rép. — Il choisit Salomon, à la prière de Bethsabée et du prophète Nathan, pour prévenir Adonias, son fils aîné, qui voulait se faire déclarer Roi. David vécut encore quelque temps, pendant lequel il recommanda à son peuple d'être fidèle à la Loi, et à son fils de bâtir le Temple dont il avait fait les préparatifs. Après la mort de ce Roi, selon le cœur de Dieu, Salomon monta paisiblement sur le Trône. Dieu lui dit qu'il lui était agréable en faveur de son père, et promit de lui accorder tout ce qu'il lui demanderait.

CINQUIÈME AGE

Qui commence à la fondation du Temple, et se termine à la fin de la captivité des Juifs à Babylone. Il a duré 476 ans.

Dem. — Quelle demande Salomon fit-il à Dieu au commencement de son règne ?

Rép. — Ce jeune Prince lui demanda la sagesse. Dieu fut si touché de ce choix qu'il lui promit de le rendre, non-seulement le plus sage, mais le plus riche et le plus magnifique des Rois.

Dem. — En quoi Salomon fit-il éclater sa sagesse ?

Rép. — Il éleva en l'honneur du vrai Dieu le plus somptueux édifice qui fut jamais, ce Temple si renommé dont David avait fait les préparatifs.

Il rendit ce jugement célèbre sur la contestation de deux femmes qui se disputaient un enfant. Après avoir d'abord ordonné que l'enfant serait coupé en deux et partagé entre elles, il reconnut la voix de la nature en celle qui s'y opposa, et le lui adjugea comme à la véritable mère.

Dem. — Quels honneurs lui attira cette grande sagesse ?

E. — Haren ondotic ibili ciren denbora hartaco printceric handienac. Sabaco erreguinac, ikhusterat ethorriric Yerusalemerat, eguerdi parteco solatic, aithortu zuen, ikhusten cituenac, famac garraiatuac baino hainitz goragocoac cirela. Bertzalde, Salomon hertsiki estekatua izan cen Hyramekin, Tyrraco erregue Famatuarekin, ceinec ere libratu baitcion cedro hainitz, temploaren altchatceco.

G. — Salomonec beiratu zuen bethi zuhurtcia handi hori?

E. — Ez. Galdu zuen emakumeen alderat hartu zuen yaidura bortitzaz. Negurriz campo altchatu zuen bere emazteeu multzua, eta cenbeit arrotzekin ezconduric, idolatrian erori cen hekien khariaz. Yaincoa hasarretua erregueren esker-gabetasunaz, hain bertce ontasunez estali ondoan, hartu zuen chedea caztigatzeco Roboamen baithan, bere seme eta ondorio bezala, hamabi populuetaric, hamar haren contra altchaturic.

G. — Cer arguitasun athera diteke Salomonen eroricotic?

E. — Irakhasten daroku zucenenec ere bethi atzarriac behar dutela egon, beren burueen gainean, eta beldurtu beren flakeciaz. Seinale hunec sar-araci behar du oraiño gure baithan, arbuio handi bat munduco handitasunen eta aberastasunen gainean, Salomonec, zuhurtciaric handienean, ezin beiratu zuenaz gueroz bere burua, horiec pitz-arazten duten urguilutic.

G. — Cergatic, hamabi populuetaric, hamar altchatu ciren Roboamen contra, Salomonen seme eta ondorio celaric?

E. — Roboamec etzuelacoan nahizan populua arindu aitac negurriz campo eman ciozkan carga handietaric. Printce horrec, hobekiago entsunic bere gortheco lausengarien abisua, ecen ministro zahar eta prestuena; etchatu zuen mehatchuekin, haren ganic galdeguiten zuten fagorea. Orduan, populu guciac, salbo Yudaren eta Benjaminen castacoac, alchatu ciren, eta Yeroboam hautatu erreguetzat.

G. — Nola seinalatcen ditutzu bat bertcearen ganic, populuaren berechkuntzac fincatu cituen bi erresumac?

Rép. — Elle le fit rechercher des plus grands Princes de son temps. La Reine de Saba, étant venue du fond du Midi à Jérusalem pour le voir, avoua que ce qu'elle voyait, était infiniment au-dessus de ce que la renommée lui avait appris. D'ailleurs Salomon entretint une étroite alliance avec Hyram, fameux Roi de Tyr, qui fournit beaucoup de cèdres pour la construction du Temple.

Dem. — Salomon conserva-t-il toujours cette grande sagesse ?

Rép. — Non ; il la perdit par la passion qu'il eut pour le sexe. Il multiplia excessivement le nombre de ses femmes, et épousa plusieurs étrangères, qui le portèrent à l'idolâtrie. Dieu, irrité de l'ingratitude d'un Roi qu'il avait comblé de tant de biens, résolut de le punir dans la personne de Roboam, son fils et son successeur, contre lequel dix des douze Tribus se révoltèrent.

Dem. — Quelle instruction peut-on tirer de la chute de Salomon ?

Rép. — Elle nous apprend que les plus justes doivent toujours être attentifs sur eux-mêmes, et se défier de leur faiblesse. Cet exemple doit encore nous inspirer un grand mépris pour les grandeurs et pour les richesses de ce monde, puisque Salomon, avec la plus haute sagesse, ne put se garantir de l'orgueil qu'elles inspirent.

Dem. — A quelle occasion dix des douze Tribus se révoltèrent-elles contre Roboam, fils et successeur de Salomon ?

Rép. — A l'occasion du refus que Roboam fit d'affranchir le peuple des impôts extraordinaires dont son père l'avait surchargé. Ce prince, écoutant plutôt l'avis de ses courtisans que celui des vieux et sages ministres, refusa avec mépris et menaces la grâce qui lui était demandée. Alors toutes les Tribus, excepté celle de Juda et de Benjamin, se révoltèrent et choisirent pour Roi Jéroboam.

Dem — Comment distinguez-vous les deux Royaumes que forma la division des Tribus ?

E. — Daviten castari guelditu cena, deitua izan cen Yudaco erresuma. Yudaren eta Benjaminen yendakiaz bertzalde, han causitcen cen Levien casta; ecen beren carguez biluziac Yeroboamez, Levitec utzi zuten haren aldea, Yudarekin bat eguiteco. Erresuma berria, populuaren bertce hamar zathiez alchatua, deitua izan cen Israelgo erresuma.

YUDACO ERRESUMA.

G. — Cenbat erregue condatcen dire Yudaco erresuman?

E. — Hogoi, yakiteco :

ROBOAM.	YOATHAN.
ABIAS.	ACHAS.
AZA.	EZECHIAS.
YOSAPHAT.	MANASSES.
YORAM.	AMON.
OCHOSIAS.	YOSIAS.
ATHALIE, erreguina.	YOACHAS.
YOAS.	YOACHIN.
AMASIAS.	YECHONIAS.
OZIAS.	SEDECIAS.

G. — Nola bici izan cen Roboam bere erreguetasunean?

E. — Lehenbicico urthetan erakhutsi zuen prestutasun hainitz; bainan guero, aitac bezala, Yainco faltsoac onetsiric, caztigatua izan cen, Sezakec, Egyptoco erreguec, temploan eguin zuen arrobacioneaz. Abiasec bere semeac, seguitu zuen tzarkerietan. Bainan Azakec, haren ilobasoc, fincatu zuen berriz Yaincoaren adoracionea, eta obra on hainitz eguin bere bician. Bizkitartean, gaizki akhabatu zuen, eta escritura sainduac yasartcen dio, eritasun batean, fidantcia gutiago ezarriric Yaincoaren baithan, ecen mirikuen oficioan.

G. — Nolacoa da Yosaphaten ichtoria, Azaren ondorio cenarena?

E. — Huna non den bertsutan.

Erregue guti da Josaphaten pare,
Printce on, prestua, yuye zorrotz ere,
Yende beharraren gueriza segura,
Legue on emaiten bazuen yaidura.

Rép. — Celui qui demeura à la race de David, fut nommé le Royaume de Juda. Il contenait, outre les Tribus de Juda et de Benjamin, celle de Lévi ; car les Lévites étant privés de leurs fonctions par Jéroboam, quittèrent son parti, et se réunirent à Juda. Le nouveau Royaume, qui était composé de dix autres Tribus, fut appelé le Royaume d'Israël.

Royaume de Juda.

Dem. — Combien compte-t-on de Rois de Juda ?

Rép. — Vingt, savoir :

Roboam.	Joathan.
Abias.	Achas.
Aza.	Ézéchias.
Josaphat.	Manassés.
Joram.	Amon.
Ochosias.	Josias.
Athalie, reine.	Joachas.
Joas.	Joachin.
Amasias.	Jechonias.
Ozias.	Sédécias.

Dem. — Comment vécut Roboam pendant son règne ?

Rép. — Il fit paraître beaucoup de piété pendant les premières années de son règne ; mais ayant ensuite imité l'idolâtrie de son père, il en fut puni par le pillage du Temple que fit Sezac, Roi d'Egypte. Abias, son fils, l'imita dans son impiété ; mais Aza, son petit-fils, rétablit le culte divin, et fit beaucoup d'actions de piété pendant sa vie. Il finit mal cependant ; et l'écriture sainte lui reproche d'avoir eu, dans une maladie, moins de confiance en Dieu qu'en l'art des médecins.

Dem. — Quelle est l'histoire de Josaphat, successeur d'Aza ?

Rép. — La voici en vers :

> On trouve peu de Rois égaux à Josaphat,
> S'il fut excellent Prince, il fut sévère Juge.
> Il fut des malheureux l'infaillible refuge,
> Avec un soin extrême il réforma l'Etat.

G. — Nor izan zuen Yosaphatec ondorio?

E. — Yoram, bere semea. Zortzi urthez izan cen erregue. Yaincoa utziric, abiatu cen manatcen, bere sei anaiac zatikaturic, Athalie bere emazteac burutarat emanic. Yaincoac caztigatu zuen, beraren lurrac hondaturic, eta Oinhace handien erdian hilic, eritasun lazgarri batean, Eliasec aintcinetic erran bezala. Ochosias, bere semea, izan zuen ondorio : bainan, Jehuc hil zuen hura eta Yoram, Israelgo erregue, haren laguna, Yaincoac manaturic suntsitceaz Achab galduaren casta gucia.

G. — Nor igan cen Yudaco tronurat, Ochosias hil ondoan?

E. — Athalie, haren ama. Bere burua tronuan finkatcea gatic, pusketan eman-araci cituen bere haurrac, eta erregueren familiaco printce guciac. Yoas thikia escapatu cen bakharric haren asperkundeari. Beiratua eta altchatua izan cen Yosabethez, bere izebaz, apez handiaren emazteaz.

G. — Non altchatua izan cen Yoas?

E. — Yoas altchatua izan cen temploan, apez handiaz, Yoyadaz. Goizdanic arguitu zuen legue dibinoaren eta yuduen ichtorioaren gainean : halaco guisan, non izan baitzuen zoriona, Yainco-leguearen ikhasteco, Yaincoaren beraren beguien aintcinean.

G. — Yoas etcen berriz igan tronurat?

E. — Athalic ikusiric, temploan, haur gazte hori Eliacimen icenaren azpian bakharric ezagutua, sentitu cituen erreberritcen aintcineco icialdurac, eta deliberatu zuen hilaraztia; Bainan,

Itsasoco tirainac dituenac baratcen,
Gaichtaguinen asmuen dakienac trabatcen,

yakin zuen haren chede gaichtoen guibelatcen. Yoyadac apez handiac, urrun libratcetic Athalie bihotz-gorraren eskuetarat Daviten etcheco azken ondorio baliosa, bildu zuen bera templorat, han gordia zagon ontasun handi baten bihurtceco aitzakian. Ontasun hura cen Yoas, erakhutsi ciona, Levita guciez erreguetzat ezagut-arazten hari cen demboran. Ikhustearekin, Athalic oihu

Dem. — Qui succéda à Josaphat ?
Rép. — Ce fut Joram son fils, qui régna huit ans. Il abandonna le Seigneur et commença son règne par le meurtre de ses six frères, à la sollicitation de sa femme Athalie. Dieu l'en punit par le ravage de ses terres, et par les tourments d'une maladie cruelle dont il mourut, suivant la prédiction d'Elie. Ochosias, son fils, lui succéda : mais il fut tué avec Joram, Roi d'Israël, son allié, par Jehu, à qui Dieu avait ordonné d'exterminer toute la race de l'impie Achab.

Dem. — Qui monta sur le Trône de Juda après la mort d'Ochosias ?
Rép. — Ce fut Athalie, sa mère, qui, pour s'affermir sur le Trône, fit massacrer tous ses enfants et tous les princes de la maison Royale. Il n'y eut que le petit Joas qui échappa à sa cruauté, et qui fut sauvé par Josabeth, sa tante, et femme du Grand-Prêtre, qui l'éleva.

Dem. — Où Joas fut-il élevé ?
Rép. — Joas fut élevé dans le Temple, par le Grand-Prêtre Joyada, qui l'instruisit de bonne heure dans la Loi divine et dans l'histoire des Juifs ; en sorte qu'il eut le bonheur d'apprendre la Loi de Dieu sous les yeux de Dieu même.

Dem. — Joas ne remonta-t-il point sur le Trône ?
Rép. — Athalie ayant vu dans le Temple ce jeune enfant, qu'on ne connaissait que sous le nom d'Eliacim, sentit renouveler ses anciennes alarmes, et résolut de le faire mourir ; mais

> Celui qui met un frein à la fureur des flots,
> Et qui sait des méchants arrêter les complots,

sut détourner ses cruels desseins. Le Grand-Prêtre Joyada, bien loin de livrer ce précieux reste de la maison de David entre les mains de la cruelle Athalie, l'attira dans le Temple sous prétexte de lui remettre un trésor qui y était caché. Ce trésor fut Joas, qu'il lui montra dans le temps qu'il le faisait reconnaître pour Roi par tous les Lévites. Athalie, en le voyant, s'écria :

eguin zuen : *Yuduen Yaincoa, nauzitcen hari haiz*, eta semea estali zuen madaracionez. Berehala hila izan cen bera, eta Yoas ezagutua populu guciaz.

G. — Nola ibili cen Yoas, tronuaren gainean yarri cenean ?

E. — Yoyada, apez handia, bici izan cen dembora gucian, etcen urrundu gaztetasuneco urthetan aguertu cituen sentimendu haltoetaric, berthutez ungui dohatuac. Bainan, bere ungui eguilea hil ondoan, hain urrun hedatu zuen esker-gabetasuna, non bere lausengarien boza entzunic, harricaraci baitzuen Zachariaz, Yoyadaren semea, temploaren athe aintcinean berean, errenkurac eguiten ciozkalacotz Yaincoa utziric, hain molde berechian beiratu zuen ondoan.

G. — Cen batetaraino hasarretu cen Yaincoa heriotce hortaz ?

E. — Hain bertcetaraino hasarretu cen erregue dohacabe horren bihotz-gortasunaz, eta ezagutza eskasiaz, non guelditu baitcen bere boza temploan adiaraztetic, eta utzi baitzuen zathicatcera, seguidaco aintcindariez berez, dembora lucean etxaien trufac yasanic.

G. — Nor izan cen Yoasen ondorio ?

E. — Amasias. Bentzutua izan cen Israelgo erreguez, eta trionfan eremana Yerusalemerat, bere hiri Nausirat, ceina izan baitcen arrobatua.

Osias, haren ondorioa, lepraz estalia izan cen, apezen eguinbidetan sarthuric.

Yoathan, bere semea, izan zuen ondorio, eta bere bici moduaz ardietsi zuen beguitarte ona Yaincoaren aintcinean.

Achasec, haren semeac, etzuen eguin harc bezala. Higuingarri bilhacatu cen Yaincoaren aintcinean bere itsuskeriez, eta Molochi eskaini cion sacrificioaz.

G. — Cer sacrificio itsusi eskaini zuen Achas errengueac ?

E. — Achasec suan frogatu zuen bere semea, Molochi Paganoen Yainco faltsoari contsecratceco. Guehiago, hetsi zuen temploa. Bere libertikerien caztiguz, Yaincoac libratu zuen Syrlaco eta Israelgo erregueen eskuetarat. Urrun ezagutcetic Yaincoaren eskua, gogorki zapatcen

Dieu des Juifs, tu l'emportes, et chargea ce fils de malédictions. Elle fut aussitôt mise à mort, et Joas fut reconnu de tout le peuple.

Dem. — Quelle fut la conduite de Joas sur le Trône ?

Rép. — Tant que le Grand-Prêtre Joyada vécut, il ne s'écarta point des sentiments qu'il avait fait paraître dans ses jeunes ans ; sentiments nobles et vertueux. Mais après la mort de son bienfaiteur, il poussa l'ingratitude si loin, que n'écoutant que la voix de ses flatteurs, il fit lapider Zacharie, fils de Joyada, dans le vestibule du Temple, parce qu'il lui reprochait d'avoir abandonné Dieu, qui l'avait conservé d'une manière si particulière.

Dem. — A quel point Dieu fut-il irrité de ce meurtre ?

Rép. — Dieu fut tellement irrité de la cruauté et de l'ingratitude de ce malheureux Roi, qu'il cessa de se communiquer dans le Temple, et permit qu'il fût massacré par ses propres officiers, après avoir longtemps servi de jouet à ses ennemis.

Dem. — Quel fut le successeur de Joas ?

Rép. — Amasias, qui fut vaincu par le Roi d'Israël, et mené en triomphe dans Jérusalem, sa ville capitale, qui fut pillée.

Ozias, son successeur, fut frappé de lèpre, pour avoir usurpé les fonctions sacerdotales.

Joatham, son fils, lui succéda, et par sa conduite se rendit agréable aux yeux du Seigneur.

Achas, son fils, ne l'imita pas ; il déplut à Dieu par ses impiétés et par le sacrifice qu'il offrit à Moloch.

Dem. — Quel sacrifice impie fit le Roi Achas ?

Rép. — Achas fit passer son fils par le feu pour le consacrer à Moloch, idole des Gentils. Bien plus, il fit fermer le Temple. Dieu, pour le punir de toutes ses impiétés, le livra entre les mains des Rois de Syrie et d'Israël. Bien loin de reconnaître la main de Dieu qui

zuen demboran, etcituen bihurtcen exaiec haren gainean ardiesten cituzten abantailac, hekien idolen bothereari baicic. Azkenean, Yaincoac trencatu cituen haren itsuskeriac, biciarekin batean, eta etzuen nahizan, ehortcia izan zadien, Yudaco erregueen hobietan.

G. — Nolacoa izan cen Ezechias erregueren hastapena?

E. — Ezechiasec tronurat igan cenean, hedatu zuen berthutea eta prestutasuna, erresuma gucian. Ideki zuen, Achasec haren aitac hetsi temploa; Levitac, ezarritu cituen, beren carguetan; porroscatu cituen idolac, eta berriz fincatu osoki eguiazco Yaincoaren adoracionea. Bethi estecatua izan cen haren legueari, eta escritura sainduac dio; ez aincinean, ez ondoan, etcela izan Yudan erregueric hura bezalacoric. Hala hala, Yaincoac benedicatu cituen erregue saindu horren chede guciac, eta saristatu prestutasuna bere harmen eta bertce obra gucien zorionaz.

G. — Yaincoac etzuen batere frogatu erregue sainduaren berthutea?

E. — Altcharaci zuen haren contra Sennacherib, Assyriaco erregue, noiz ere hasarreturic, Ezechiasec etziolacoan bihurtu nahi cergaric, athera baitcen Ninivatic, Yerusalemeren suntsitceco chedetan, bere erregue, eta bere yende guciekin. Denec amor eman zuten printce bitorioz horren harmen aintcinean. Yerusalemerat hurbiltcearekin, igorri zuen Rabsacez, Esechiasen ganat, manuarekin, erran cezon, bere burua libra cezan Assyriaco erregue handiaren eskuetarat. Aintcindari horrec complitu zuen mezua, Yudaco erregueren icena arbuiatuz, eta Yaincoarena laidoztatuz.

G. — Cer eguin zuen Esechiasec, hestura hortan?

E. — Ezechiasec, erregue zuhur bezala, hartu cituen behar ciren negurriac, hiriaren ezartceco gogorki ihardesteco guisan; bainan, erregue prestu bezala, etzuen igurikatu haren librantza Yaincoaren laguntzatic baicen. Rabsacen arneguac entsunic, urratu cituen bere arropac; eta sakhu batez estaliric, laster eguin zuen templorat, Yaunaren aintcinean bere burua ahuspez emaitera. Isaia profetac gaztigatu cion, etcezan izan batere

s'appesantissait sur lui, il n'attribuait les avantages que ses ennemis remportaient, qu'à la puissance de leurs idoles. Enfin, Dieu termina son impiété avec sa vie, et permit qu'il ne fût point enseveli dans le tombeau des Rois de Juda.

Dem. — Quels furent les commencements du règne d'Ezéchias ?

Rép. — Ezéchias étant monté sur le Trône, fit régner la piété et la vertu dans tout son Royaume. Il ouvrit le Temple qu'Achas son père avait fermé, remit les Lévites dans leurs fonctions, brisa les idoles, et rétablit entièrement le culte du vrai Dieu ; il fut toujours attaché à sa Loi, et l'Ecriture Sainte dit qu'il n'y eut avant ni après lui aucun Roi de Juda qui lui fût semblable. Aussi Dieu bénit tous les desseins de ce saint Roi, et récompensa sa piété par l'heureux succès de ses armes et de toutes ses entreprises.

Dem. — Dieu n'éprouva-t-il point la vertu du saint Roi Ezéchias ?

Rép. — Il suscita contre lui Sennacherib, Roi d'Assyrie, qui, irrité du refus qu'Ezéchias avait fait de lui payer tribut, partit de Ninive dans le dessein d'exterminer Jérusalem avec son Roi et ses habitants. Tout céda aux armes victorieuses de ce Prince. Etant près de Jérusalem, il envoya Rabsacés, avec ordre de sommer Ezéchias, de la part du grand Roi des Assyriens, de se rendre. Cet officier s'acquitta de sa commission avec des termes pleins de mépris pour le Roi de Juda, et d'insultes contre Dieu.

Dem. — Que fit Ezéchias dans cette conjoncture ?

Rép. — Ezéchias, en Roi prudent, prit toutes les mesures nécessaires pour mettre la ville en état de faire une vigoureuse défense ; mais en roi pieux, il n'attendit sa délivrance que du secours divin. Ayant appris les blasphèmes de Rabsacés, il déchira ses vêtements, et couvert d'un sac, courut dans le Temple se prosterner devant le Seigneur. Le prophète Isaïe lui fit dire de ne point craindre les menaces de Rabsacés, et que Dieu

beldurric Rabsacen mehatchuez; Yaincoa haren alde yartcen cela, eta Sennacherib, hirian sarthu gabe, itzulico cela guibelat, ahalkeria handian.

G. — Yuduec izan zuten fidantzia bera Yaincoaren baithan?

E. — Ez. Etzuten seguitu guizonen politikaren asmuric baicen, eta Yaincoaren hitzaren gainean fidatu gabe, erresakan harmac harturic, igorri zuten laguntza galdetcera Egyptoco eta Ethiopiaco erregueei; bainan, seguidac ikhusterat eman zuen, Esechiasec ala politicadunec arrozoinatcen zuten zucenkienic, ecen nihori eskuric ez emaitecotan Yerusalemeren libratceco ohorean, Yaincoac nahizan zuen, Sennacherib fundi cezan Ethiopiaco erregueren harmada, eta nausi zadien Egypto guciaz.

G. — Cer eguin zuen Sennacherib, Ethiopiaco erregueren contra altchatu baino lehen?

E. — Igorri cituen mandatariac Esechiasen ganat, carta batekin, Yaincoarentzat dena arneguz bethea. Bihotza ondoraino cilhatua, erregue hori guan cen kuchian templorat; eta Yaunaren aitcinean zabalduric iscribu tzar hori galdeguin cion, othoitz khartsu batez, mendecu atheratciaz mirakuilu batez, bere icen sainduaren ohoreaz: *Lurreco erresuma guciec yakin dezaten, zu zarela bakharric nausi eta eguiazco Yainco.*

G. — Cenbatetaraino hasarretu cen Yaincoa, Sennacheriben arneguez?

E. — Ikhus diteke Isaïa profetaren hitzetaric. *Nori uste duc Sennacherib,* erran cion Yaincoac, *nori eguin ducala escarnio? Nor uste duc estali ducala arneguz? Noren contra hanpatu boza eta altchatu hire begui atrebituac? Israel sainduaren contra! Hargatic, emanen darioat erreztun bat sudurrean, eta murlaza bat Ahoan; itzul-aracico haut hire herrirat, ethorri bideaz, eta han galarico ezpataz.*

G. — Nola Yaincoac mendecatu zuen bere icen saindua, Sennacheriben arneguetaric?

E. — Molde lazgarri batean. Erregue dohakhabe hori bere negurrien hartcen hari celaric, yoite yeneral baten emaiteco Yerusalemeco hiriari, Yaincoac igorri zuen

combattait pour lui ; que Sennacherib n'entrerait point dans la ville, et qu'il s'en retournerait honteusement.

Dem. — Les Juifs eurent-ils la même confiance en Dieu ?

Rép. — Non, ils ne suivirent que les règles de la politique humaine ; et ne comptant point sur les promesses de Dieu, ils coururent aux armes et envoyèrent demander du secours aux Rois d'Egypte et d'Ethiopie ; mais l'événement fit voir qui de ces politiques ou d'Ezéchias raisonnait le plus juste ; car Dieu ne voulant partager avec personne la gloire de la délivrance de Jérusalem, permit que Sennacherib taillât en pièces l'armée du Roi d'Ethiopie, et qu'il subjuguât entièrement l'Egypte.

Dem. — Que fit Sennacherib avant que de marcher contre le Roi d'Ethiopie ?

Rép. — Il envoya des ambassadeurs à Ezéchias, avec une lettre pleine de blasphèmes contre Dieu. Le saint Roi, pénétré de douleur, alla aussitôt au Temple ; et étendant devant le Seigneur cette lettre impie, il lui demanda, par une ardente prière, de venger la gloire de son saint nom par un miracle : *Afin*, dit-il, *que tous les Royaumes de la terre sachent que c'est vous seul qui êtes le Seigneur et le vrai Dieu.*

Dem. — A quel point Dieu fut-il indigné des blasphèmes de Sennacherib ?

Rép. — On le peut voir par les paroles du prophète Isaïe. *A qui*, dit Dieu, en s'adressant à Sennacherib : *à qui penses-tu avoir insulté ? Qui comptes-tu avoir blasphémé ? Contre qui as-tu haussé la voix et élevé tes yeux insolents ? C'est contre le Saint-Israël. Je te mettrai donc un anneau au nez, et un mors à la bouche ; je te ferai retourner dans ton pays par le même chemin que tu es venu, et je t'y ferai périr par l'épée.*

Dem. — Comment Dieu vengea-t-il son saint nom, blasphémé par Sennacherib ?

Rép. — D'une manière terrible : dans le temps que ce Roi impie se préparait à faire l'attaque générale de Jérusalem, le Seigneur envoya l'Ange exterminateur,

aingueru hondatzailea. ceinec gau batez, hil baitcituen ehun eta lauetan hogoi eta bortz mila Assyriano. Iratzarri cenean, icigarrikeria hori ikhusiric, Sennacherib itzuli cen kuchian Ninivarat; eta Yaincoac, caztiguz, haren contra altchatu celacotz, utzi zuen akhabatcera bere haurrez berez.

G. — Cer arguitasun athera diteke bi erregueen hain guti elkhar idurien ichtoriotic?

E. — Sennacheriben urguilaren caztiguac erakhusten du lurreco erregueei, gueroago eta guehiago apaldu behar dutela Yaincoaren aintcinean, cenbatenaz ere guehiago emendatcen baita hekien botherea. Ez dire handi guizonen aintcinean, thiki eguiten direnean baicen. Yaincoaren aintcinean. Haren contra altchatcen badire, hekien botherea flakezia bilhacatcen da, eta guelditcen dire ahalkeriaz edo narraioz estaliac. Hortan akhabatcen da hekien urguilua.

Ez diteke hori erran Esechiases, erregue sainduaz. Egundaino, etcen frogatu izan erregueric hain gogorki; bada, egundaino etcen izan erregueric, hain bertce fidatu cenic Yaincoaren hitzetan. Hala hala, Yaincoac saristatu zuen Yerusalemeren librantzaz, eta Assyrianoaren. Harmadaren sarraski osoaz. Hola izanen da bethi, Yaincoaren baithan fidatcen direnentzat, eta norc ere iguritkatcen baitu haren baithan, hura ez da behinere ahalkeriaz estalia izanen.

G. — Yaincoac etzuen eguin bertce mirakuiluric, Esechiasen fagoretan?

E. — Yaincoac nahiz frogatu, guisa guciz, erregue sainduaren berthutea, igorri cion heriotceco eritasuna. Esechiasec othoitzari hel eguin zuen bakharric, eta Yaincoa ukitua izan cen. Igorri cion Isaïa profeta erraitera, guibelatcen zuela haren contra ekharri zuen heriotceco manua, eta emaiten ciola oraino hamabortz urtheen bicia. Isaïec, erraiten zuen eguiaren fincatceco, guibel-araci zuen haren iguski oreneco itzala, hamar lerroz.

G. — Manassec, Esechiasen seme eta ondoriac seguitu zuen aitaren prestutasuna?

E. — Manassec, urrun seguitcetic aita bere prestu-

qui, dans une nuit, tua cent quatre-vingt-cinq mille Assyriens. Sennacherib à son réveil ayant vu cette désolation, s'en retourna aussitôt à Ninive, où Dieu, pour le punir de ce qu'il s'était révolté contre lui, permit qu'il fût tué par ses propres enfants.

DEM. — Quelle instruction peut-on tirer de l'histoire de ces deux Rois si différents?

RÉP. — La punition de l'orgueil de Sennacherib, apprend aux Rois de la terre à s'humilier de plus en plus devant Dieu, à mesure que leur puissance augmente. Ils ne sont grands devant les hommes qu'autant qu'ils veulent paraître petits devant Dieu. S'ils se révoltent contre lui, leur puissance se change en faiblesse, et ils sont couverts de honte ou d'infamie. Voilà où se termine leur orgueil.

Il n'en est pas ainsi du saint roi Ezéchias. Jamais Roi ne fut mis à une si rude épreuve; mais jamais Roi n'eut tant de confiance aux promesses du Seigneur. Aussi Dieu le récompensa-t-il par la délivrance de Jérusalem, et par la destruction entière de l'armée des Assyriens. Il en sera toujours ainsi pour ceux qui se confient en Dieu; et quiconque espérera en lui, ne sera jamais confondu.

DEM. — Dieu ne fit-il point d'autre miracle en faveur d'Ezéchias?

RÉP. — Dieu voulant éprouver de toutes manières la vertu de ce saint Roi, lui envoya une maladie mortelle. Ezéchias n'eut recours qu'aux prières, et Dieu en fut touché. Il lui envoya dire par le Prophète Isaïe, qu'il rétractait la sentence de mort qu'il avait prononcée contre lui, et qu'il lui accordait encore quinze ans de vie. Isaïe, pour marquer la vérité de ce qu'il lui disait, fit rétrograder l'ombre de son cadran de dix lignes.

DEM. — MANASSÉS, fils et successeur d'Ezéchias, imita-t-il la piété de son père?

RÉP. — Manassés bien loin d'imiter la piété de son

tasunean, etzuen bilhatu harc etchatu Yainco faltsoen berriz altchatcia baicic. Bere tzarkerien negurria bethe zuen, Isaïa profeta hilaraciz, hetaz errenkura eguiten ciolacotz. Yaincoac utzi zuen, caztiguz, burdinez cargaturic, preso eremaitera Babyloniarat. Cepoen solatic altchatu zuen boza, cerurat, eta eskatu gracia escarniatu zuenaren ganic. Haren urrikiaz eta dolhamenez ukituric, Yaincoac athera zuen cepoetaric, eta berriz ezarri Yerusalemeco tronuaren gainean.

G. — Cer guerthatu citzaioten Yuduei, Manasses guibelat ethorri cenean?

E. — Libertatea galcer zuten biciarekin batean. Holopherne, Assyrianoen yenerala, ethorri cen ehun mila guizonekin Bethuliaren setiatcera, haren harmen indarrei trabac emaiten cituelacotz. Denac su-odoletan ezartcia mehatchatcen zuen, eta hiria azkenecotan cen, noiz ere Yaincoac, hango Yenden othoitzez ukituric, libratu baitzuen mirakuiluzki Yuditen medioz.

G. — Erran diezaguzu Yudithen ichtoria?

E. — Yudith cen alhargun gazte bat bere edertasunaren distirantza emendatcen zuena prestutasun miragarri batez. Ikhustearekin bere sort herria azkeneco hesturan ezarria, hartu zuen haren libratceco chedea. Bere burua arropa ederrenez apainduric, guan cen Olophernen estaladietarat. Hain bertcetaraino choratu cen yeneral hori haren edertasunaz, non utzi baitzuen, bere erlijioneco eguin bide gucien betetcera; eta manatu baitzuen, uzteaz estaladietaric atheratcera, bere othoitcen eguitera guan nahizaten zuenean. Horditu cen ere, haren ohoretan, bere harmadaco aintcindari guziei eman zuen bazcari batean. Ikhustearekin Holopherne arnoan pulunpatua, Yudith baliatu cen harekin bakharric utzi zuten tarte batez, hari buruaren trencatceco. Bethuliarat ereman zuen, eta han cantatu cantica bat, eskerren bihurtceco. Betbetan, Yuduac, hiritic atheraturic, erori ciren Assyrianoen gainerat, eta hauc harrituac beren Yeneralaren heriotceaz, ihesi guan ciren, estaladietan utziric aberastasun handiac.

G. — Cer da bereciki yakiteco Amonen gainean?

père, ne chercha qu'à relever les idôles qu'il avait abattues. Il mit le comble à toutes ses impiétés, en faisant mourir le prophète Isaïe, qui les lui reprochait. Dieu, pour le punir, permit qu'il fût chargé de chaînes, et mené captif à Babylone. Du fond des cachots, il éleva sa voix vers le Ciel, et implora la miséricorde de celui qu'il avait outragé. Dieu, touché de son repentir et de sa pénitence, le tira de l'esclavage et le rétablit sur le trône de Jérusalem.

Dem. — Qu'arriva-t-il aux Juifs après le retour de Manassés ?

Rép. — Ils pensèrent perdre la liberté et la vie. Holopherne, général des Assyriens, vint avec cent mille hommes assiéger Bethulie, qui s'opposait au progrès de ses armes. Il menaçait de mettre tout à feu et à sang, et cette ville était réduite à la dernière extrémité, lorsque Dieu, touché par les prières de ses habitants, la délivra d'une manière miraculeuse par le moyen de Judith.

Dem. — Dites-nous l'histoire de Judith ?

Rép. — Judith était une jeune veuve qui relevait l'éclat de sa beauté par une piété admirable. Voyant sa patrie réduite à la dernière extrémité, elle forma la résolution de la délivrer. Après s'être parée de ses plus beaux habits, elle alla dans le camp d'Holopherne. Ce général fut si épris de sa beauté qu'il lui permit de faire tous les exercices de sa religion, et ordonnât qu'on la laissât sortir du camp lorsqu'elle voudrait aller faire ses prières. Il s'enivra même dans un festin qu'il donna en son honneur à tous les officiers de son armée. Judith, voyant Holopherne plongé dans le vin, profita du moment où on l'avait laissée seule avec lui, pour lui couper la tête. Elle l'emporta à Béthulie, où elle chanta un cantique d'actions de grâces. Les Juifs sortirent aussitôt de la ville, tombèrent sur les Assyriens, qui épouvantés par la mort du général, prirent la fuite et laissèrent dans leur camp de grandes richesses.

Dem. — Qu'y a-t-il de particulier à savoir sur Amon ?

E. — Amon cen Manassen seme eta ondorio : aita seguitu zuen itsuskerietan, seguitu gabe bere urrikian. Hala hala, galdu cen bere etchean, bere cerbitzarien eskutic.

G. — Nolacoa da Amonen seme Yosiasen ichtoria?

E. — Yosias igan cen tronurat zortzi urthetan. Ordutic eman cituen yaidura on baten eta prestutasun handi baten seinaleac, hetaric behinere urrundu gabe. Funditu cituen Baalem idolac, eta haren oheretan erabiltcen ciren gauza guciac. Garbitu zuen Yerusaleme eta Yudaco erresuma, bera tronurat igan aintcinean han eguin ciren itsuskeria gucietaric. Temploaren antolatcen hari celaric, atzeman zuten legueco liburua, Moysec iscribatua. Berac irakurri zuen dena populuaren aintcinean, gonbidatcen zuelaric seguitciaz, berac bezala, han causitcen ciren manamenduac; hain du indar handia erregue baten seinaleac, bere azpicoen izpirituaren gainean.

G. — Cein dire Yudaco, azken erregueac?

E. — Hec dire Yoachas, Yoachim, Yechonias eta Sedecias. Lau erregue horiec bici izan ciren lizunkeria handian; cer nahi itsuskeriez hobendun eguin ciren, entzun nahi gabe, Yaincoac egun guciez emaiten ciozkaten abisuac, Profeten ahoz; hargatic, hain bertcetaraino piztu cen Yaunaren hasarredura, non hartu baitzuen chedea, mendecu atheratceco urricalmenduric gabe.

G. — Nor hautatu zuen Yaincoac bere mendecuen bitartecotzat?

E. — Yaincoac hautatu zuen Nabuchodonosor Assyriaco erregue. Yudaco populua erremana izan cen, hiruetan, esclabo bezala, Babyloniarat: dembora hec deitcen dire hiru athera aldiac. Yoachin hila izan cen, eta ehortzi gabe guelditu cen. Sedeciasec, bere haurrac zatikatcen ikhusiric, lehertuac izan cituen beguiac. Yerusalemeco hiria arrobatua eta deseguina izan cen; temploa erria, eta untci sacratuac Babyloniarat garraiatuac. Zorigaitz horiec guciac ekharriac dire cheheki, molde bici eta unkigarri batean, Yeremien dolhamenetan.

G. — Cer guerthatu citzaioten seinala-garriric Yuduei Babylonian esclabo ciren demboran?

Rép. — Amon était fils et successeur de Manassés : il imita l'impiété de son père sans imiter sa pénitence ; aussi périt-il dans sa propre maison par la main de ses serviteurs.

Dem. — Quel est l'histoire de Josias, fils d'Amon ?

Rép. — Josias monta sur le trône à l'âge de huit ans. Il donna dès lors des marques d'un bon naturel et d'une grande piété, dont il ne se démentit jamais. Il détruisit les idoles de Baal, et tout ce qui servait à son culte. Il purifia Jérusalem et le royaume de Juda de toutes les abominations qu'on y avait commises avant son règne. Pendant qu'il faisait travailler à réparer le Temple, on trouva le Livre de la Loi que Moyse avait écrit. Il le lut lui-même tout entier au peuple qu'il engagea, par son exemple, à suivre les ordonnances qu'il contenait, tant l'exemple d'un Roi a de force sur l'esprit de ses sujets.

Dem. — Quels furent les derniers Rois de Juda ?

Rép. — Ce furent Joachas, Joachin, Jéchonias et Sédécias. Ces quatre Rois vécurent dans une grande licence, commirent toutes sortes d'abominations, sans vouloir écouter les avertissements que Dieu leur faisait donner tous les jours par les prophètes ; ce qui alluma tellement la colère du Seigneur qu'il résolut de s'en venger sans miséricorde.

Dem. — Qui est-ce que Dieu choisit pour être le ministre de ses vengeances ?

Rép. — Dieu choisit Nabuchodonosor, Roi d'Assyrie. Le peuple juif fut conduit captif à Babylone à trois différentes fois, qu'on appelle les trois transmigrations. Joachim fut mis à mort, et n'eut point de sépulture. Sédécias vit massacrer ses enfants et eut les yeux crevés. La ville de Jérusalem fut pillée et détruite, le Temple brûlé et les vases sacrés transportés à Babylone. Tous ces malheurs sont décrits de la manière la plus vive et la plus touchante dans les Lamentations de Jérémie.

Dem. — Qu'arriva-t-il de remarquable aux Juifs pendant la captivité de Babylone ?

E. — Guerthatu citzaioten asko gauza arguiteco eta ukitceco gai direnac. Halacoac dire, Susanna garbiaren ichtoria, Daniel gazteaz libratua : hiru Hebru gazteena, labe gorrirat etchatuac; Danielena, lehoinen cilhorat butatua; Estherren eta Tobiasen ichtorio miragarriac. Horietaz landa, Yuduac lekhuco izan ciren, cein icigarriki Yaincoac caztigatu cituen Nabuchodonosorren urguilua eta Balthazarren itsuskeriac.

G. — Conda diezaguzu Susannen ichtorioa?

E.— Susanna cen emakume Yudu bat, hainitz ederra, Yaincoaren beldurkundean eta berthutearen amodioan altchatua bere Burasoez. Bi guizon zahar ifame, Yuduen yuiyatcen hari cirenac, presundeguico demboran, Yoakinen etchean, Susannen senharraren baithan, hartuac izan ciren emaztearenzat yaidura lizun batez. Mehatchatu zuten, ez bazuen amor emaiten, denetan barraiatcia, senharraren alderat hutzian arrapatu zutela. Susanna etcen erori hekien mehatchuen azpian : nahiago izan zuen heriotcearen menean bere burua ezarri, ecen galdu garbitasuna : *Zori gaitzic baicic ez dut ikhusten alde gucietaric, erran cioten; eguiten badut zuec nahi duzuena, hila naiz; ez badut eguiten, ez naiz escapatuco zuen eskuetaric; bada nahiago dut hobendun izan gabe, erori zuen eskuetarat, ecen bekhatu eguin ichusten nauen Yaincoaren aintcinean.*

G. — Cer eguin zuten zaharrec, Susanna ezin irabazi zutenean ?

E. — Lekhuco bezala, aguertu ciren, hutzian arrapatu zutela, bere baratcean, senharraren alderat : eta hekien erranaren gainean, harricatua izaitera zohan, noiz ere Danielec, oraino hamabi urthetan, Yaincoaren izpirituaz suztatua, frogatu baitcioten bi Saharrei guezurrez eta faltsokeriaz mintzo cirela. Oren berean yasan zuten beren ifamekeriaren caztigua, eta Susannari eman nahi cioten herio colpea.

G. — Cergatic hiru hebru gazteac, Ananie, Azarie eta Mizael butatuac izan ciren labe gorrirat ?

E.— Etzutelacoan adoratu nahizan Nabuchodonosorren itchura. Beren animuaz saristatceco, Yaincoac igorri cioten aingueru bat, labe gorrirat, suko bortiztasunaren

Rép. — Il leur arriva plusieurs choses très-capables d'instruire et d'édifier. Telles sont les histoires de la chaste Suzanne, délivrée par le jeune Daniel; de trois jeunes Hébreux jetés dans la fournaise; de Daniel dans la fosse aux lions, et les histoires admirables d'Esther et de Tobie. Outre cela, les Juifs furent les témoins de la manière terrible dont Dieu punit l'orgueil de Nabuchodonosor et l'impiété de Balthazar.

Dem. — Racontez-nous l'histoire de Suzanne?

Rép. — Suzanne était une Juive d'une rare beauté, qui avait été élevée par ses parents dans la crainte de Dieu et dans l'amour de la vertu. Deux infâmes vieillards, qui, pendant la captivité, jugeaient les Juifs dans la maison de Joachin, mari de Suzanne, conçurent pour elle une passion criminelle. Ils la menacèrent de dire publiquement, si elle résistait, qu'ils l'avaient surprise en adultère. Suzanne ne se rendit point à leurs menaces; elle aima mieux s'exposer à la mort que de perdre son innocence. *Je ne vois que maux de toutes parts, leur dit-elle; si je fais ce que vous désirez, je suis morte: si je ne le fais point, je n'échapperai pas de vos mains; mais j'aime mieux tomber entre vos mains innocente, que de commettre un péché devant Dieu qui me voit.*

Dem. — Que firent les vieillards, n'ayant pu séduire Suzanne?

Rép. — Ils déposèrent qu'ils l'avaient surprise en adultère dans son jardin : et sur leur déposition, Suzanne allait être lapidée, lorsque Daniel, âgé seulement de douze ans, et animé de l'esprit de Dieu, convainquit les deux vieillards d'imposture et de calomnie; ils portèrent sur l'heure la peine de leur crime, et subirent la mort qu'ils destinaient à Suzanne.

Dem. — Pourquoi les trois jeunes Hébreux Ananie, Azarie et Mizael, furent-ils jetés dans la fournaise?

Rép. — Pour n'avoir pas voulu adorer la statue de Nabuchodonosor. Dieu, pour les récompenser de leur fermeté, envoya dans la fournaise un ange qui arrêta

yabaltcera; eta bakharric lokharriac izan cituzten suntsituac. Ihinz gozo bat atzeman zuten su-lamen erdian, eta eskerrac bihurtu Yaincoari, hain laguntza agueriaz, gonbidatuz creatura guciac haren benedicatcera hekiekin batean, cantica famatu huntaz : *Benedicite omnia opera Domini Domino.* Mirakuilu hortaz harrituric, erreguec athera-aci cituen labe gorritic, eta manatu zuen bere populu guciari, adora cezan guizon gazte hec adoratcen zuten Yaincoa.

G .— Cergatic Nabuchodonosor bestia bilhacatua izan cen?

E. — Bere dohatsutasunaz eta bere bitoriez hanpatua, hain urrun hedatu zuen urguilua, non Yaincoac, guehiago ezin yasanez, eguin nahizan baitzuen seinale bat, erakhusteco ez choilki printcei, bainan oraino guizon guciei, ez detzaten harekin beren buruac bardin ezar, eta orhoit ditezin guizon direla, cein nahi handi izanican ere. Egun batez, Babylonian eguin cituen obra miragarrien beguiztatcen hari celaric, erreguec sentitu zuen, bat batean, bere burua yoa Yaincoaren eskuaz, eta bestien horrunkan ezarria : haren ileac bilhacatu ciren, arrano lumen pare, eta behatzac haragui yale chorien aztapar bezala. Belharra murrizturic zazpi urthez, beguiac altchatu cituen Yaincoaren ganat. Berriz ezarri zuen guizon itchuran, eta bere erresuman. Yaincoac erakusterat eman zuen, molde hortan, cenbatetaraino arbuiatcen dituen urguilua eta urguilutsuac.

G.— Cer ikhusi zuen Balthasarrec bazcari batean?

E.— Ikhusi zuen esku bat iscribatcen paretaren gainean bere condenacionea, hiru hitz hautan : Mane, Thacel, Phares. Danielec eman cion chehetasuna, erraiten ciolaric, bere erresuma, bi sathi eguinic, erorico cela Persianoen eta Medoen eskuetarat. Erran bezala complitu cen ondoco ganan. Balthasar sakailatua izan cen bere azpico aintcindariez : Persianoac eta Medoac nausitu ciren erresuma guciaz. Hola caztigatu zuen Yaincoac printce libertin hori, temploco untciez eguin zuen lizunkeriaz, hetan edatera emanez bere emaztei eta erresumaco handiei.

G. — Cergatic Daniel etchatua izan cen lehoinen cilhorat?

la violence du feu, et qui ne consuma que leurs liens. Ils trouvèrent une douce rosée au milieu des flammes et rendirent grâces à Dieu d'une protection si visible, en invitant toutes les créatures de le bénir avec eux par le célèbre cantique *Benedicite omnia opera Domini Domino*. Le roi, surpris de ce miracle, les fit tirer de la fournaise, et commanda à tous ses peuples d'adorer le Dieu que ces jeunes gens adoraient.

Dem. — Pourquoi Nabuchodonosor fut-il changé en bête ?

Rép. — Nabuchodonosor, enflé de ses prospérités et de ses victoires, poussa si loin son orgueil, que Dieu ne pouvant plus le souffrir, voulut en faire un exemple, pour apprendre non-seulement aux princes, mais encore à tous les hommes, à ne pas s'égaler à lui, et à se souvenir qu'ils sont hommes, quelque grands qu'ils puissent être. Un jour que le roi admirait les merveilleux ouvrages qu'il avait fait faire à Babylone, il se sentit tout d'un coup frappé de la main de Dieu, et réduit à la condition des bêtes : ses cheveux devinrent comme les plumes d'un aigle, et ses ongles comme les griffes d'un oiseau de proie. Après avoir brouté l'herbe pendant sept ans, il éleva les yeux vers Dieu, qui le rétablit dans sa forme d'homme et dans son royaume. Dieu fit voir, par cet exemple, combien il abhorre l'orgueil et les orgueilleux.

Dem. — Quelle vision eut Balthasar dans un festin ?

Rép. — Il vit une main qui écrivait sur la muraille l'arrêt de sa condamnation, en ces trois mots : *Mane, Thacel, Phares*. Daniel les expliqua, en lui disant que son royaume serait divisé et transféré aux Perses et aux Mèdes. La prédiction s'accomplit la nuit suivante. Balthasar fut assassiné par ses officiers ; les Perses et les Mèdes s'emparèrent de son royaume. Dieu punit ainsi la profanation que ce prince impie avait faite des vases du Temple, dans lesquels il fit boire ses femmes et les grands de son royaume.

Dem. — Pourquoi Daniel fut-il jeté dans la fosse aux lions ?

E. — Ceren adoratu zuen, aguerian, eguiazco Yaincoa, printce horren debekua osticaturic. Yaincoac etzuen nahizan lehoinec eguin cezoten batere minic: beiratu zuen ere gosearen aldetic, yatecoa igorriric, Habacuc profetaren medioz, ceina izan baitcen airoski garraiatua aingueru batez. Bi mirakuilu horiez harritua, Darius erregueac etcharaci cituen lehoinen cilhora Danielen contra altchatu cirenac. Yaincoac ikhusterat eman zuen hortic, leial dela bere cerbitzarien alderat, eta atxeguin harfcen duela guezurraren eta faltsokeriaren hondatcen.

G. — Nola Danielec urrundu cituen Babylondorrac Belen Yainco faltsotic?

E. — Haren apezen amarruac aguerian emanez. Nola ez baitciren goizetan atzematen, temploan bezperan erarri bictimac, uste zuten Belec yaten cituela: eta hortaric yuyatcen zuten Yainco bici bat cela. Danielec hedaraci zuen hautsa temploan, Evilmeroden erregueareu aintcinean, eta asmu horren khariaz, aguertu ciren apezen oin arrastuac, gauaz sartcen cirelacotz, lurpez, cilho batzuetaric. Enganioaz oharturic, erreguec deseguin cituen Belen itchura eta temploa; hilaraci cituen ere hango apez guciac.

G. — Cer erraiten daroku Escritura sainduac Tobiasen gainean?

E. — Erakhusten daroku guizon prestu bat cela, gaztedanic osoki caritatezco obrei emana. Haren lan bakharra cen, Ninivarat esclabo ereman zutenean, bertce presunieren facegatcia, eta hilen ehorztea. Yakinic, Gabelus bere castaco guizon bat erromes bilhacatu cela, eman ciozkan ordainetan, hamar talentu, Salmanasarrec, Babyloniaco erreguec, berari eman diruetaric. Sennacherib, Salmanasarren ondorioac, etzuen hala lagundu; nahizan zuen hilaraci. Bainan, errechki escapatu cen Tobias harren errabiari, bere caritatez eta beguitartee onez eguin cituen adichkiden baitan gorderic.

G. — Yaincoac etzuen frogatu Tobiasen berthutea?

Rép. — Parce qu'il avait adoré publiquement le vrai Dieu, malgré la défense de ce prince. Dieu permit que les lions ne lui fissent aucun mal; il le garantit même de la faim, lui ayant fait apporter à manger par le prophète Habacuc, qu'un ange transporta en un instant. Le roi Darius, surpris de ce double miracle, fit jeter dans la fosse ceux qui avaient accusé Daniel. Dieu fit voir par là qu'il est fidèle à ceux qui le servent, et qu'il se plaît à confondre l'imposture et la calomnie.

Dem. — Comment Daniel désabusa-t-il les Babyloniens de l'idole de Bel?

Rép. — En leur découvrant la supercherie des prêtres de cet idole. Comme on ne retrouvait point le matin les victimes qu'on avait mises la veille dans le temple, on s'imaginait que Bel les avait mangées; et l'on en concluait que c'était un Dieu vivant. Daniel fit répandre de la cendre dans le temple en présence du roi Evilmerodac, et on découvrit par ce stratagême, les traces des prêtres qui entraient pendant la nuit par des passages souterrains. Le roi désabusé détruisit l'idole et le temple de Bel, et fit mettre à mort tous ses prêtres.

Dem. — Quelle idée l'Ecriture sainte nous donne-t-elle de Tobie?

Rép. — Elle nous le représente comme un homme sage dès sa jeunesse, et qui ne s'occupait qu'à des œuvres de charité. Son unique soin, lorsqu'il fut mené en captivité à Ninive, était de consoler les autres captifs, et d'enterrer les morts. Ayant appris que Gabelus, homme de sa tribu, était réduit à une extrême pauvreté, il lui prêta dix talents de l'argent que Salmanasar, roi de Babylone, lui avait donné. Sennacherib, successeur de Salmanasar, ne lui fut pas si favorable : il voulut le faire mourir; mais il ne fut pas difficile à Tobie d'éviter sa fureur en se cachant chez les amis qu'il s'était faits par ses charités et par ses manières obligeantes.

Dem. — Dieu ne mit-il pas la vertu de Tobie à l'épreuve?

E. — Nahizan zuen Ainhera batec bista galaraz cezon, beguien gainerat bere ongarria erortcerat utziric; eta haren ontasunac gogorki mendratuac izan citezin; bainan, deskantsu berarekin yasan cituen itsutasuna, erromestasuna, eta emaztearen burlac. Hala hala, Yaincoac sariztatu zuen ungui gozoki aita batentzat, berac mereci zuen bezalaco seme bat emanic, zahartasunean haren bozkari osoa eguin zuena.

G. — Tobiasec etzuen igorri Gabelusi ordainetan eman ciozkan hamar talentuen bilha?

E. — Igorri zuen bere semea, Raphael ainguerua lagun aguerturic guizon gazte baten itchuran, haren guidatceco piaia hortan. Itzuli cenean, bista bihurtu cion aitari, bera iretsi nahizan zuen arrain baten minarekin, hartaric aingueruac libratu ondoan. Aitari iduki ciozkan solasec seinalatcen dute haren sentimenduen haltotasuna, eta haren ezagutza bere guidariaren alderat: *Aita, erran cion, cer sari eman diozakegu gure gainerat ichuri dituen dohainetaric hurbil ditekenic? Ereman nau eta ekharri osasun ederrean, libratu nau iretsi nahi ninduen arrainetic; ceoniri bihurtu darotzu ceruco arguia: Othoizten zaitut, errekeri dezazun hartciaz ekharri ditugun ontasun gucien, erdia.*

G. — Cer ceinale causitcen da Tobias gaztearen eta haren guidariaren baithan?

E. — Gazteriaren alchatceaz cargatuac direnec, atzematen dute Raphael aingueruaren baithan seinale complia, beren azpico haurrei zor duten artharen gainean; ceinentzat izan behar baitire aingueru beguiraleac bezala. Tobias gaztearen sentimendu haltoec irakhasten dute aita-amei, cer ezagutza zor duten, eguinbide handi hortaz cargatcen dituztenei.

G. — Erran diezaguzu Amanen ichtorioa, Assuerus erregueac guehienic maite zuenarena?

E. — Assuerusec, Persiaco errreguec, altchatu zuen Aman, bere maitea, ohoreric handiene-taraino, manatu arthio bere azpico guciei, haren aintcinean belhauna khurtciaz, adoratcecotan. Bakharric, Babyloniarat ereman zuten Yuduetaric batec, Mardocheec, etcion nahi-

Rép. — Il permit qu'une hirondelle lui fît perdre la vue en laissant tomber de sa fiente dans ses yeux, et que ses biens fussent fort diminués ; mais il souffrit avec la même résignation son aveuglement, sa pauvreté, et les insultes de sa femme. Aussi Dieu le récompensa d'une manière bien flatteuse pour un père, en lui donnant un fils digne de lui, qui fit toute la joie de sa vieillesse.

Dem. — Tobie n'envoya-t-il pas retirer les dix talents qu'il avait prêtés à Gabelus ?

Rép. — Il envoya son fils avec l'ange Raphael, qui se présenta sous la figure d'un jeune homme pour le conduire dans ce voyage. A son retour, il rendit la vue à son père avec le fiel d'un poisson qui avait voulu le dévorer, et dont l'ange l'avait délivré. Le discours qu'il tint à son père marque la noblesse de ses sentiments et la reconnaissance pour son conducteur : *Mon père, lui dit-il, quelle récompense pouvons-nous lui donner qui ait quelque proportion avec les biens dont il nous a comblés ? Il m'a mené et ramené dans une parfaite santé ; il m'a délivré du poisson qui m'allait dévorer ; il vous a fait voir à vous-même la lumière du ciel : je vous prie de le supplier d'accepter la moitié de tous les biens que nous avons apportés.*

Dem. — Quels modèles trouve-t-on dans le jeune Tobie et dans son conducteur ?

Rép. — Les personnes qui sont chargées de l'éducation de la jeunesse, trouvent dans l'ange Raphaël un modèle parfait des soins qu'ils sont obligés d'avoir pour leurs élèves, dont ils doivent être les anges gardiens. Et les sentiments nobles du jeune Tobie apprennent aux pères et aux mères la reconnaissance qu'ils doivent à ceux à qui ils confient ce soin important.

Dem. — Dites-nous l'histoire d'Aman, favori du roi Assuérus.

Rép. — Assuérus, roi de Perse, avait élevé Aman, son favori, au plus haut comble de gloire, jusqu'à commander que tous ses sujets fléchissent le genou devant lui pour l'adorer. Le seul Mardochée, qui était Juif, l'un de ceux qui avaient été transportés à Baby-

zan bihurtu ohore hori, etzuelacoan zor Yaincoari baicen. Aman hasarretua hori ezin ardietsiz, athera zuen erregueren ganic manu bat, hilarazteco ez choilki Mardochee, bainan oraino Yudu guciac.

G. — Mardocheec etzuen aintcin aldea hartu, bera eta bere yende gucia mehatchatcen zuen lanyeraren gainean?

E. — Yakintsun eguina manu hortaz, ardietsi zuen bere iloba Estherren ganic, Yaincoac nahikunde berechi batez Persiaco tronurat alchatu zuenetic, aguer zadien Assuerusen ganat, hari erakhusteco manu hori zucen contra emana cela. Nahiz debecatua cen, heriotceco penaren azpian, aguertciaz erregueren aintcinean, deitua izan gabe, Estherrec hartu zuen chedea, bere buruaren sacrificatceco populuaren onetan, eta erregueren atzematera guatiaz: bainan, nausi hasarretu horren behatce icigarria ezin yasanez, flakecian erori cen.

G. — Cer eguin zuen Assuerusec Esther ikhustearekin planta hortan?

E. — Ethorri cen haren altchatcerat, eta erran cion, ardietsico cituela Galdeguinen cituen guciac, nahiz bere erresumaren erdia. Estherrec othoiztu zuen choilki, ethor zadien biharamunean, Amanekin, haren etchera, bazcaitarat. Erreguec hitz eman cion: bainan deboilatua, Estherri Guerthatu citzaionaz, eta haren hitzez, loric ezin eguin zuen gau hartan gucian.

G. — Cer eguin zuen erreguec, loric ezin eguinez?

E.— Irakur-arazi zuen bere erreguetasuneco urtheen ichtorioa, eta oharturic, Mardocheec etzuela izan saririć, erregueren bicia mehatchatcen zuen tranpia bat seinalaturic, hartu zuen haren sariztatceco chedea. Biharamunean, galdeguin cion Amani, goizdanic ethorria guelaco athe aintcinera, Mardocheen urkatceco laudamen galdetcera, cer sari eman citeken guizon bati, handizki ohoratu nahi cenean.

G. — Cer ihardetsi cion Amanec?

E. — Amanec, ustez ohore hori berari heldu citzaion, erran cion; guizon hura behar cela beztitu erregueren

lone, lui refusa un honneur qu'il ne croyait dû qu'à Dieu. Aman, irrité de ce refus, obtint du roi un édit qui condamnait à mort, non-seulement Mardochée, mais encore tous les Juifs

Dem. — Mardochée ne prévint-il pas le danger qui le menaçait lui et toute la nation ?

Rép. — Mardochée, instruit de cet édit cruel, persuada Esther sa nièce, que Dieu, par une providence particulière, avait élevée sur le trône de Perse, de se présenter devant Assuérus pour lui remontrer l'injustice de cette déclaration. Quoiqu'il fût défendu sous peine de mort de paraître devant le roi, sans y être appelé, Esther résolut de se sacrifier pour son peuple et d'aller trouver le roi ; mais ne pouvant soutenir les regards redoutables de ce monarque irrité, elle tomba en défaillance.

Dem. — Que fit Assuérus voyant Esther dans cet état ?

Dem. — Il vint la relever et lui dit qu'il lui accorderait tout ce qu'elle pourrait lui demander, quand même ce serait la moitié de son royaume. Esther le pria de venir dîner le lendemain chez elle avec Aman. Le roi le lui promit ; mais comme il avait été frappé de ce qui était arrivé à Esther et de ce qu'elle lui avait dit, il ne put dormir de toute la nuit.

Dem. — Que fit le roi ne pouvant dormir ?

Rép. — Il se fit lire les annales de son règne ; et comme il remarqua que Mardochée n'avait reçu aucune récompense pour avoir découvert une conspiration contre sa vie, il résolut de le récompenser. Dès le lendemain il demanda à Aman, qui était venu de grand matin dans son antichambre pour lui demander la permission de faire pendre Mardochée, quelle récompense on pouvait donner à un homme qu'on voulait beaucoup honorer.

Dem. — Que répondit Aman à Assuérus ?

Rép. — Aman, qui se flattait que cet honneur le regardait, dit qu'il fallait que cet homme fût revêtu de

edergailu guciekin, erresumaco handienac ibiltcecotan Suzaco hiri gucian, erregueren zaldiaren gainean, caprestuetaric idukiz, eta oihu eguiten zuelaric: hala izanen cela ohoratua, nor ere erreguec nahico baitzuen ohoratua izan zadien. Erreguec manatu cion guisa hortan ibiltciaz Mardochee. Beraz, Aman urguilutsua bera izan cen Mardochee apalaren trionfan garraiatzaile.

G. — Cer iragan cen Estherren bazcarian?

E. — Bazcariaren erditan, erreguec hertsitu zuen Esther, gualdeguiteaz cer nahizuen: bainan, bat batean, bozcariotic triztezian erori cen, eta erregueren oinetan bere burua etchaturic, erran cion:

> Erreguec deithuric berac mintzatcera,
> Atrebituco naiz orai galdetcera
> Bicia enetzat, eta herritarren,
> Hiltcera gaituzun condenatu arren.

Harritua solaz horietaz. Assuerusec galdeguin cion Estherri, nor izan cen aski atrebitu haren bicia lanyeretan ezartceco; cein populu condenatu zuen? Bortchatu zuen misterio horren chetasuna emaiteaz.

G. — Nola Estherrec ihardetsi zuen Assuerusen galdeari?

E. — Aithortuz Yudua, cela; Yuduen ichtoria eta berec adoratcen zuten Yaincoarena cheheki emanez.

Ahalcatua bere burua hola enganatua ikhusteaz, Assuerus sarthu cen aphur bat baratcean, asken chedearen hartcen.

G. — Cer eguin zuen Amanec dembora berean?

E. — Guan cen bere buruaren etchatcera Estherren oinetarat, othoizten zuelaric, ardiets cezon gracia erregueren ganic; aguindu cion ere cerbitzatuco zuela bere bothere guciaz.

Arthe hortan, sarthu cen erregue, eta ikhustearekin Aman makhurtua erreguinaren ohe gainerat, uste izan zuen bortchatu nahi zuela, bere bistan berean. Orduan, colera gorrian, manatu zuen urkha cezaten, Mardocheentzat altchatu zuen urkhabean berean, eta huni

tous les ornements royaux, et que le plus grand du royaume le conduisît dans toute la ville de Suze en tenant les rênes du cheval du roi, sur lequel il serait monté, et en criant *que c'était ainsi que serait honoré celui que le roi voudrait honorer*. Le roi lui ordonna de conduire de cette façon Mardochée. Ainsi le superbe Aman servit lui-même au triomphe de l'humble Mardochée.

Dem. — Que se passa-t-il au festin d'Esther ?

Rép. — Le roi, au milieu de festin, pressa Esther de lui demander ce qu'elle souhaitait, mais elle changea tout d'un coup sa joie en tristesse, et se jetant aux pieds du roi, elle lui dit :

> Puisque le roi lui-même à parler me convie,
> J'ose vous implorer, et pour ma propre vie,
> Et pour les tristes jours d'un peuple infortuné,
> Qu'à périr avec moi vous avez condamné.

Assuérus, surpris de ce discours, demanda à Esther qui était celui qui avait été assez hardi pour attenter à sa vie, quel peuple il avait condamné, et la pressa de lui développer tout ce mystère.

Dem. — Comment Esther satisfit-elle à la demande d'Assuérus ?

Rép. — En lui avouant qu'elle était Juive, et en lui expliquant l'histoire des Juifs et du Dieu qu'ils adoraient.

Assuérus, honteux de se voir ainsi trompé, entra un moment dans le jardin pour prendre sa dernière résolution.

Dem. — Que fit Aman pendant ce temps-là ?

Rép. — Il alla se jeter aux pieds d'Esther pour la prier d'obtenir sa grâce du roi, et lui promit de la servir de tout son crédit.

Le roi, étant entré dans ce moment, et voyant Aman penché sur le lit de la reine, s'imagina qu'il voulait lui faire violence, même en sa présence. Alors tout transporté de colère, il ordonna qu'on le pendît à la même potence qu'il avait fait dresser pour Mardochée, à qui

eman ciozkan haren ontasun eta cargu guciac. Hautsi zuen ere Yuduen contra ekharri manua.

G. — Cer arguitasun athera diteke Estherren ichtoriotic?

E. — Erakhusten daroku, Yaincoac frogatcen balinbaitu batzuetan zucenenac; atxeguin hartcen duela apaltasunaren sariztatcen eta hobendun ez denaren trionfan altchatcen: ikhusten dugu oraino, Amanen caztigutic, nola guezurra eta faltsokeria errortcen diren bethi asmatcen dituzten gainerat; eta Yaincoac uzten badu batzuetan gaichtaguina hainitz gora alchatcen, hura dela haren etchatceco goragotic.

Israelgo Erresuma.

G. — Erran dietzagutzu orai Israelgo erregueen icenac?

E. — Badire hemeretzi, huna non diren icenac:

Yeroboam.	Yehu.
Nadab.	Yoachas.
Basa.	Yoas.
Ela.	Yeroboam 2ª.
Zambri, zucencontracoa.	Zacharias.
	Sellum.
Amri.	Manaheim.
Achab.	Phaceias.
Ochosias.	Phagee.
Yoram.	Ozee.

G. — Nola hasi zuen Yeroboamec bere erreguetasuna?

E. — Bere burua ikhusi zuenean erresuma berriaren gozamen osoan, altchatu cituen bi chahal urrezco, Bethelen eta Danen ohoretan, bere populuac guibelatceco Yerusamelerat guatetic: bortchatu cituen hekien adoratcera, erraiten ciotelaric, Yainco hetaz berez atheratuac izan cirela Egyptotic. Idolatria hortaz nardatua, proleta batec arrail-araci zuen erregue gaichto horren aldarea, ceinetan eskaintcen baitcituen sacrificioac,

il donna tous ses biens et ses emplois, et révoqua l'édit qu'il avait donné contre les Juifs.

Dem. — Quelle instruction peut-on tirer de l'histoire d'Esther ?

Rép. — Elle nous apprend que si Dieu met quelquefois les justes à l'épreuve, il prend plaisir à récompenser leur humilité, et à faire triompher leur innocence : et nous voyons d'ailleurs, par la punition d'Aman, que la calomnie et l'imposture retombent toujours sur leurs auteurs ; et que si Dieu permet quelquefois que l'impie s'élève à une haute fortune, ce n'est que pour le faire tomber de plus haut.

Royaume d'Israel.

Dem. — Dites-nous maintenant les noms des rois d'Israël ?

Rép. — Il y en a dix-neuf, dont voici les noms :

Jéroboam.
Nadab.
Basa.
Ela.
Zambri, usurpateur.
Amri.
Achab.
Ochosias.
Joram.

Jehu.
Joachas.
Joas.
Jéroboam II.
Zacharias.
Sellum.
Manahem.
Phaceïas.
Phacée.
Ozée.

Dem. — Comment Jéroboam commença-t-il son règne ?

Rép. — Dès qu'il se vit paisible possesseur de son nouveau royaume, il fit élever deux veaux d'or à Bethel et à Dan, dans la vue de détourner ses peuples d'aller à Jérusalem, et les leur fit adorer, en leur disant que c'étaient là les Dieux qui les avaient tirés de l'Egypte. Un prophète, indigné de cette idolâtrie, fit fendre l'autel où ce roi impie offrait ses sacrifices. Jéroboam, ne pouvant souffrir la sainte liberté de ce pro-

Profeta horren ausartcia saindua ezin yasanez, Yeroboamec hedatu zuen eskua, haren hartceco manua emaitecotzat bere azpico aintcindarieï, bainan, bat batean eskua ihartu citzaion. Halere, profetac sendatu zuen, bainan ez conbertitu.

G. — Cer zorthe izan zuten Yeroboamen ondotic ethorri ciren erregueec?

E. — Nola denac ethorri baitciren, bat bertcearen ondotic, arduraz gaichtakeria seguituz, akhabatu ciren ere, casic denae, heriotce bortchatuz. Nadab erreguea, Yeroboamen semea, hila izan cen Bazaz, ceinec erreguetasunaz nausituric, ezpatan sararaci baitzuen Yeroboamen familia gucia. Ela, Bazaren semea, hila izan cen bazcari batean Zambriz, bere harmadetaco yeneral batez : eta Zambric, ikhustearekin bere burua sethiatua Thersan bere hiri nausian, Amriez, Basaren bertce yeneral batez, su eman-araci zuen gazteluan, eta han erre bere burua. Amrien ondotic, hunec erregueren alkia garraiatuz gueroztic, Thersatic Samariarat, heldu da Achab, haren semea. Ezcontzaz harturic Jesabel Sidongo erreguearen alaba, hobendun eguin cen itsuskeria handiez.

G. — Nolacoac izan ciren Achaberen itsuskeriac Israelgo erregue celaric?

E. — Hain handiac, non escrituraren arabera, haren aitcinecoenac baino gorago igan baitciren. Flakeciaz bere emaztearen alderat, altchatu zuen templo bat bere Yainco falso Baalen ohoretan, eta iraun zuen bere itsuskerian, nahiz Elias profetac eguin cituen mirakuiluac, bere adoracione faltsoaz seguratcecotan. Guehiago, hilaraci zuen Nabot, hobendun etcen demboran, Yesabelec lekhuco faltsoz cargaturic, haren mahastiaz yabetcea gatic.

G. — Yaincoac etcituen caztigatu Achaberen itsuskeriac?

E. — Caztigatu cituen hiru urthe iraun zuen idorte batez, Eliasec aintcinetic seinalaturic. Idorte horren ondotic ethorri cen agortasunean, Yaincoac hazi zuen profeta saindu hori mirakuiluzki. Belec ekhartcen cioten haraguia goiz-arrats. Guero, Yaincoac igorri zuen

phète, étendit la main pour donner ordre à ses officiers de le prendre, mais elle sécha aussitôt; le prophète le guérit néanmoins; mais il ne le convertit pas.

Dem. — Quel sort eurent les rois qui succédèrent à Jéroboam.
Rép. — Comme ils succédèrent tous par une suite presque continuelle d'impiétés, ils moururent aussi presque tous d'une mort violente. Le roi Nadab, fils de Jéroboam, fut tué par Basa, qui régna à sa place, et qui fit passer au fil de l'épée toute la famille de Jéroboam. Ela, fils de Basa, fut tué dans un festin par Zambri, général de ses armées; et Zambri se voyant assiégé dans Thersa, sa ville capitale, par Amri, autre général de Basa, fit mettre le feu à son palais et s'y brûla. Après Amri, qui transporta le siége royal de Thersa à Samarie, vient son fils Achab, qui épousa Jésabel, fille du roi de Sidon, et qui commit de grandes impiétés.

Dem. — Quelles furent les impiétés d'Achab, roi d'Israël?
Rép. — Elles furent si grandes, que, selon l'Ecriture, elles dépassèrent celles de tous ses prédécesseurs. Par complaisance pour sa femme, il bâtit un temple à son idole Baal, et persista dans son idolâtrie, malgré les miracles que fit le prophète Elie pour le convaincre de la fausseté de ce culte. Outre cela, il fit mourir l'innocent Nabot, que Jésabel avait fait accuser par de faux témoins pour s'emparer de sa vigne.

Dem. — Dieu ne punit-il pas les impiétés d'Achab?

Rép. — Il les punit par une sécheresse de trois ans, qu'il fit prédire par Elie. Pendant la stérilité que causa cette sécheresse, Dieu nourrit ce saint prophète d'une manière miraculeuse. Des corbeaux lui apportèrent soir et matin de la viande. Ensuite Dieu l'envoya à

Sareptarat; han leihorra eman cion alhargun erromes batec, ceinari ez baitcitzaion guehiago guelditcen olio chorta bat eta irin pichca bat baicic, olata baten eguiteco doia. Hain ungui onetsi zuen Yaincoac emakume saindu horren caritatea, non haren olioa eta irina ez baitciren gutitu, uria eguin arthio; eta Eliasec piztu baitzuen, hilen artetic, haren seme bakharra; guri erakhutsiz, bi mirakuilu horiez, cer beguitarte ona eguiten duen caritateari, eta nola ehunca bihurtcen duen, baso bat ur bakharric haren icenean emaiten dutenei.

G. — Maiz mintzatu zare profetez; erran diezaguzu cer guizon ciren?

E. — Profetac ciren guizon batzu, Yaincoaz arguituac, ethorkizuna eta ceruco nahiac seinalatcen cituztenac; halacoac ciren Moyse, Samuel, David, Salomon; bainan profetac deitcen ciren bereciki, bakhartasunean bici cielaric, Yainco leguearen pisatcen eta populuaren arguitcen hari cirenac : Nola Elias, Elisee, Isaïa, Yeremias. Guizon saindu horiec guehienac izan ciren gaizki bilhatuac printcez, ceren Yaincoaren manuz errenkurac eguiten cioskaten beren itsuskeriez.

G. — Erran dietzagutzu profeta famatuenen icenac?

E. — Badire lau, profeta handiac deitcen direnac. Hec dire :

Isaïa.	Esechiel.
Yeremia.	Daniel.

Badire bertce hamabi, deitcen direnac profeta chumeac; huna non diren icenac :

Osee.	Nahum.
Yoel.	Abacuc.
Amos.	Sophonias.
Abdias.	Agee.
Yonas.	Zacharias.
Michee	Malachias.

G. — Etcen ere profeta faltsoric?

Sarepta, où il fut reçu par une pauvre veuve, à qui il ne restait plus qu'un peu d'huile et de farine pour faire un gâteau. Dieu agréa si fort la charité de cette sainte femme, que son huile et sa farine ne diminuèrent point jusqu'au temps de pluie, et qu'Elie ressuscita son fils unique qui était mort, nous montrant par ce double miracle combien la charité lui est agréable, et qu'il sait rendre le centuple à ceux qui donnent seulement un verre d'eau en son nom.

Dem. — Vous avez souvent parlé des prophètes, dites-nous quels hommes c'étaient ?

Rép. — Les prophètes étaient des hommes inspirés de Dieu qui prédisaient l'avenir, et déclaraient les volontés du Ciel. Tels furent Moyse, Samuel, David, Salomon; mais on nommait plus particulièrement prophètes, ceux qui, adonnés à une vie retirée, s'occupaient à la méditation de la loi de Dieu et à l'instruction du peuple : comme Elie, Elisée, Isaïe, Jérémie. La plupart de ces saints hommes furent persécutés par les princes, à qui, par ordre de Dieu, ils reprochaient leurs crimes

Dem. — Dites-nous les noms des plus fameux prophètes.

Rép. — Il y en a quatre, qu'on appelle les grands prophètes. Ce sont :

Isaïe.   Ézéchiel.
Jérémie.   Daniel.

Il y en a douze autres qui sont appelés les petits prophètes, voici leurs noms :

Ozée.   Nahum.
Joel.   Abacuc.
Amos.   Sophonie.
Abdias.   Agée.
Jonas.   Zacharie.
Michée.   Malachie.

Dem. — N'y avait-il pas aussi de faux prophètes ?

E. — Bacen hainitz, beren buruac Yaincoaz arguitutzat faltsoki ekhartcen cituztenac; bada, urrun eguiazco profetec bezala, ausartcia saindu batekin, erregueei beren gaichtakeriez erasiac eguitetic, lausenguac emaiten ciozkaten, eta etcioten behinere eskaintcen atxeguinic baicen.

G. — Erranez bertzalde, cer eguin zuen oraino Eliasec seinala-garriric?

E. — Ahalkeriaz estali cituen Baalen apezac. Aintcinetic abisatu zuen Achab, cer zori gaitz etchatuco zuen Yaincoac haren gainerat, bere tsarkerien caztiguz. Erakhutsi zuen ere bere hasarredura Ochosiasi, Achab ifamearen semeari, noiz ere leiho batetic eroriric, igorri baitzuen bere burua sendatcecotan, mintzatcera Accarongo Yaincoa.

G. — Nola Eliasec ahalkeriaz estali cituen Baalen apezac?

E. — Yazarri cioten, sacrificio bat eskaintcia, berac adoratcen zuen Yaincoari, Baalen apezec bertce bat eskaintcen zutelaric berenari; eta galdeguin cion Achaberi, hura ezagutua izan zadien eguiazco Yaincotzat, ceinec erakhusterat emanen baitzuen, onesten zuela sacrificioa, ceruco sua haren gainerat yants-araciz. Alferretan Baalen Apezec deitu zuten beren Yaincoa; goizetic eguerdiraino : nihorc etcioten ihardetsi : hargatic Eliasec erran cioten, oihu eguizue gorago, behar bada lo dago zuen Yaincoa, edo mahainean da. Trufakeria hortaz minduac, Aphezec gorago eta guehiago eguin zuten oihu; sakhailatu cituzten ere beren gorputzac; Bainan hekien Yaincoac bethi gorraina eguin zuen. Bertce aldetic, Eliasec bere othoitza eguin becein laster, ceruco sua yautsi cen haren sacrificioaren gainerat, eta iretsi zuen. Gauza espantagarri hortaz harritua, Achabec hilaraci cituen berehala Baalen profeta faltsso guciac, Jesabelec laguntcen cituenac.

G. — Jesabel hasarretu cen bere profeta faltsoen hiltceaz?

E. — Hain bertcetaraino hassarretu cen, non gaztigatu baitzuen kuchian Eliasi, antolatuco zuela, eguna iragan baino lehen, berac Baalen apezac eguin cituen

Rép.—Il y en avait en grand nombre, qui se disaient faussement inspirés de Dieu ; mais bien loin d'imiter les vrais prophètes, qui reprochaient aux rois leurs crimes avec une sainte liberté, ils les flattaient et ne leur prédisaient jamais que des choses agréables.

Dem. — Outre ce que vous avez dit d'Elie, que fit-il encore de remarquable ?

Rép. — Il confondit les prêtres de Baal, prédit à Achab tous les malheurs que Dieu ferait tomber sur lui pour les punir de son impiété, et témoigna son indignation à Ochosias, fils de l'impie Achab, qui, étant tombé d'une fenêtre, envoya consulter sur sa guérison le Dieu d'Accaron.

Dem. — Comment Elie confondit-il les prêtres de Baal ?

Rép. — Il proposa d'offrir un sacrifice au Dieu qu'il adorait, pendant que les Prêtres de Baal en offriraient un à leur idole, et il demanda à Achab qu'on reconnût pour vrai Dieu celui qui témoignerait accepter le sacrifice, en y faisant descendre le feu du ciel. En vain les prêtres de Baal invoquèrent-ils leur Dieu, depuis le matin jusqu'à midi, personne ne leur répondit : ce qui donna occasion à Elie de leur dire : criez plus haut, peut-être que votre Dieu dort ou qu'il est à table. Ces prêtres, piqués de cette raillerie, redoublèrent leurs cris, et se firent des incisions par tout le corps, mais leur Dieu fut toujours sourd. Elie, au contraire, n'eut pas plutôt fait sa prière, que le feu du ciel descendit sur l'holocauste et le consuma. Achab, frappé de ce prodige, fit tuer à l'instant tous les faux prophètes de Baal que Jésabel protégeait.

Dem.— Jésabel fut-elle fâchée de la mort de ses faux prophètes ?

Rép. — Elle en fut si irritée, qu'elle envoya aussitôt dire à Elie qu'avant la fin du jour elle le traiterait comme il avait traité les prêtres de Baal. Ce saint homme

bezala. Guizon saindu hori, mehatchu hortaz icitua, ihesi guan cen deserturat, eta han lokhartu unhaduraz eta nekhez lehertua. Aingueru batec ekharri cion yatera. Guero, curritu zuen berrogoi egunez, batere yan gabe. Orebaco mendirat heldu cenean, Yaincoac erran cion, guan zadien Jehuen sacratcera, Israelgo erreguetzat, eta mana cezon Achab galduaren casta gucia suntsitcia.

G. — Nola hiltcen Achab?

E. — Hiltcen mirakuiluzki, Syriaco erregueren contra eguin zuen yoite batean. Lagundua cen Yosaphat erregue sainduaz, harekin bat eguinic. Adituric Syriaco erreguec manatu zuela hari yarrikitcia gucien gainetic, mudatu zuen bere burua. Bainan, nola Yaincoac baitaki gaichtaguinen arrapatcen, haren mendekuen eguna ethorria denean, hain ungui eguin zuen, non dardo batec, asmurat etchatuac, cilhatu baitzuen bere carrosaren gainean. Yoitearen aintcinean, Achabec mintsatu cituen profeta faltsoac; denec aguindu cioten garaitia, eta cepoetan ezarri zuen Michee propheta, guibelat ethortcen cenean, galarazteco, ceren eman cion berria, bera funditua izanen cela, eta hila.

G. — Yosaphat erregue sainduac etzuen bere burua Lanyeretan ezarri yoite hartan?

E. — Bicia galcer zuen; yoitearen indar gucia haren gainerat erori cen, bakharric aguerian celacoan erregue baten edergailuekin, Achabec bere burua mudatu ondoan. Ez da dudaric lehertua izanen cela multzu handiaren khariaz, ez balu bere burua ezagut-araci. Printcec eta bertce guizonec ikhas dezatela hortic, cein lanyeros den lagun gaichtoekin bat eguitea.

G. — Cer eguin zuen Eliasec, Ochosias erregueac, Achab galduaren semeac, leihotic erori ondoan, igorri zuenean mintzatzera bere burua sendatcecotan, Accarongo Yaincoa?

E. — Nardatua, Israelgo erregue batec fidantcia ezartciaz debruaren omenetan, Eliasec igorri zuen Ochosiasi galdeguitera, ia etcen Yaincoric Israelen? Eta gaztigatu cion, etcela altchatuco eritasun hartaric. erreguec igorri cituen yendeac Eliasen hartcera: bai-

effrayé de la menace, s'enfuit dans le désert où il s'endormit accablé d'ennui et de fatigue. Un ange lui apporta à manger; il marcha ensuite quarante jours sans prendre aucune nourriture Etant arrivé à la montagne d'Oreb, Dieu lui commanda d'aller sacrer Jéhu pour roi d'Israël, et de lui ordonner d'exterminer toute la race de l'impie Achab.

Dem. — Comment mourut Achab ?
Rép. — Il fut tué d'une manière miraculeuse dans un combat qu'il livra contre le roi de Syrie. Il était accompagné du saint roi Josaphat, avec qui il avait fait alliance; ayant appris que le roi de Syrie avait ordonné de ne s'attacher qu'à lui, il se déguisa; mais Dieu qui sait trouver les criminels, quand le jour de ses vengeances est venu, fit qu'une flèche tirée au hasard le perça sur son char. Achab, avant le combat, avait consulté ses faux prophètes; ils lui avaient tous promis la victoire, et il avait fait emprisonner le prophète Michée, pour le faire mourir à son retour parce qu'il lui avait annoncé sa défaite et sa mort.

Dem. — Le saint roi Josaphat ne courut-il aucun danger dans ce combat ?
Rép. — Il pensa y perdre la vie; tout le fort du combat tomba sur lui, parce qu'Achab s'étant déguisé, il paraissait seul avec l'équipage d'un roi; et il n'aurait pas manqué d'être accablé par le nombre, s'il ne se fût fait connaître. Que les princes et les autres hommes apprennent par là combien il est dangereux de faire société avec les méchants.

Dem. — Que fit Elie quand le roi Ochosias, fils de l'impie Acham, tombé d'une fenêtre, envoya consulter sur sa guérison le dieu d'Accaron ?

Rép. — Elie, indigné qu'un roi d'Israël eût recours aux oracles du démon, envoya demander à Ochosias s'il n'y avait point de Dieu dans Israël, et lui fit annoncer qu'il ne relèverait point de sa maladie. Le roi envoya des gens pour se saisir d'Elie; mais le prophète

nan, profetac eror-araci zuen, hiruetan, aire gaichtoa hekien gainerat; eta ikhustearekin mandatariac bentzutuac, ethorri cen animuekin, erregueri berria emaitera, hilen, cela. Hori izan cen Eliasen azken urratsa. Yaincoac, sariztatu nahiz Profeta saindu horren berthuteac, altchatu zuen cerurat, susco carrosa batean. Elisee bere dicipulua, izan zuen ondorio capaz, nola profezien eta mirakuiluen obratceco dohatsutasunaz. Eguin cituen ere gauza espantagarriac.

G. — Cer gauza espantagarri eguin zuen Eliseec, Eliasen dicipuluac?

E. — Bi zathi eguin cituen Yurdango urac, Eliasen caparekin. Khendu cion Jericko deitcen cen iturriari bere khirestasuna, gatzarekin; aintcinetic seinalatu zuen gosete bat, zazpi urtheen buruan aguertu cena. Itsutu cituen Syrianoac; sendatu zuen lepratic Naaman hekien yenerala; piztu zuen Sunamitaren semea, eta hartzez irets-araci berrogoi eta bi haur, burlaz, deitcen zutelacotz, casco pelatua. Garrastasunesco seinalea, haurrei erakhusten duena cenbate-taraino behar dituzten beren buruac beiratu trufakeriatic?

G. — Cergatic Eliseec itsutu cituen Syrianoac?

E. — Ceren Benadebec, hekien erregueac, igorri cituen yendeac haren hartcera, bere harmen zori gaichtoa haren gain ezartcen zuelacotz, Israelgo erregueri emaiten zuen guduan. Itsutu cituenean, profetac itchura eguin zuen hekien ezartcia beren bidean, eta ereman cituen Samariarat. Han bista bihurtu ciotenean, ikhusi cituzten beren buruac, exaien erdian. Bainan, Eliseec, largotasun miragarri batez, guibelat igorri cituen, batere minic eguin gabe.

G. — Syrianoac bici izan ciren bakean Yuduekin, dembora lucean, largotasun handi horren ondoan?

E. — Ez: handic bi urtheen buruan, ethorri ciren Samariaren setiatcera, eta halaco hesturan ezarri zuten, non emazteac bortchatua izan baitciren beren haurren yatera. Gosetea hain handia celaric, Eliseec aintcinatu zuen biharamunean yatecoa izanen cela casic ez deusetan. Aintcindari batec ihardetsi cion Eliseei; Yaincoac idekitcen bacituen ere ceruac, handic yatecoaren

fit tomber par trois fois la foudre sur eux; et voyant ces députés humiliés, il vint courageusement annoncer au roi qu'il mourrait. Ce fut la dernière action d'Élie. Dieu, voulant récompenser les vertus de ce saint prophète, l'enleva au ciel dans un char de feu. Élisée, son disciple, fut héritier de son manteau et du don de prophétie et des miracles, et il fit aussi de grands prodiges.

Dem. — Quels prodiges fit Élisée, disciple d'Élie?

Rép. — Il divisa les eaux du Jourdain avec le manteau d'Élie, ôta avec du sel l'amertume de la fontaine de Jéricho, et prédit une famine, qui arriva sept ans après. Il aveugla les Syriens et guérit de la lèpre Naaman, leur général; ressuscita le fils de la Sunamite, et fit dévorer par des ours quarante-deux enfants, qui, par raillerie, l'appelaient *tête chauve*. Exemple de sévérité qui apprend aux enfants combien ils doivent être en garde contre la raillerie.

Dem. — Pourquoi Élisée aveugla-t-il les Syriens?
Rép. — Parce que leur roi Benadab, qui lui attribuait le mauvais succès de ses armes contre le roi d'Israël, envoya des gens pour le prendre. Le prophète les ayant frappés d'aveuglement, feignit de vouloir les remettre dans leur chemin, et les conduisit dans Samarie, où, leur ayant rendu l'usage de la vue, ils se virent au milieu de leurs ennemis; mais Élisée, par un acte de générosité admirable, les renvoya sans leur faire aucun mal.

Dem. — Les Syriens furent-ils longtemps en paix avec les Juifs, après un procédé si généreux.
Rép. — Non : deux ans après, ils vinrent attaquer Samarie, et la réduisirent à une telle extrémité, que les femmes furent obligées de manger leurs enfants. Pendant que la famine était si grande, Élisée prédit que les vivres se donneraient le lendemain presque pour rien. Un officier dit à Élisée que, quand le Seigneur ouvrirait les cieux pour faire pleuvoir des

ichurtceco, harc erraiten zuena ezin guertha citekeiela. Eliseec seguratu zuen ikhusico zuela ibaurri hura, bainan etcela hartaz baliatuco.

G. — Eliseen errana complitu cen?

E. — Bai. Yaincoac adiaraci cioten Syrianoei harmada handi baten burrunba, hekien gainerat heldu balitz bezala. Hain bertcetaraino harritu ciren, non ihesi guan baitciren, estaladietan yatecoa ausarki utziric. Eliseen errana sinhetsi nahizan etzuen aintcindaria ezarria izan cen hirico athetan, builaren yabaltceco, populuaren artean, multzuan atheratcen celacotz, exaien estaladien arrobatcera. Bada, sorkha hain handia izan cen, non bera zangoen azpian lehertua, ez baitcen baliatu berdura hortaz, Yainco-guizon hitzaren arabera.

G. — Nola complitu cen Elias profetaren errana, Achab ifamearen ondocoen gainean?

E. — Jehuc hetaz eguin zuen sarraskiaz, Israelgo erregue sacratua izan cenean. Hil zuen ez choilki Joram, Israelgo erregue, Achaberen semea, haren aitac Nabot hilaraci zuen mahasti hartan berean, bainan hil zuen oraino Ochosias, Yudaco erregue, haren ilobaso. Etcharaci zuen Jesabel leiho batetaric, eta haren gorputza, zaldien zangoen azpian lehcrturic, iretsia izan cen chakurrez; halaco guisan, non ez baitcen guehiago atzeman buru caskoa baicic, esku-zango puntekin. Hola caztigatua izan cen erreguina urguilutsu hura, bere errabia hedatu zuena eguin ahal guciac eguin arthio, adoracione dibinoaren arrastoric batere etzadien gueldi. Aitcitic, haren gorputzetic etcen deusic guelditu, Yaincoaren mendekuen garratasunaren seinalatceco dina baicen.

G. — Erran diezaguzu Yonasen ichtorioa?

E. — Yonasec manua hartu zuenean Yaincoaren ganic, guan zadien Ninivitei predicatcera, hekien hiria suntsitua izanen cela berrogoi egunen buruan, urrun complitcetic bere mezua, barkhu batean sarthu cen, beldurrez, bertcetarat guatecotan. Bainan, Kalerna icigarri batec bortchaturic marinelac zorthe eguitera, yakitecotzat noren khariaz heldu cen caztigu hori, zorthea erori cen Yonasen gainerat. Butatu zuten itsasorat: Bale

vivres, ce qu'il disait était impossible. Elisée l'assura qu'il verrait cette abondance, mais qu'il n'en profiterait pas.

Dem. — La prédiction d'Elisée fut-elle accomplie?

Rép. — Oui. Dieu fit entendre aux Syriens le bruit d'une armée formidable qui venait les attaquer. Ils en furent si effrayés, qu'ils prirent la fuite, laissant dans leur camp des vivres en abondance. L'officier qui n'avait pas voulu croire la prédiction d'Elisée, fut placé à la porte pour empêcher le tumulte parmi le peuple qui sortait en foule pour aller piller le camp des ennemis; mais l'empressement fut si grand, qu'il fut foulé aux pieds et écrasé, et ne profita point de l'abondance, suivant la parole de l'homme de Dieu.

Dem. — Comment s'accomplit la prédiction du prophète Elie sur la postérité de l'impie Achab?

Rép. — Par le massacre qu'en fit Jéhu, qui avait été sacré roi d'Israël. Il tua non-seulement Joram, roi d'Israël, fils d'Achab, dans la vigne de ce même Nabot, que son père avait fait mourir, mais encore Ochosias, roi de Juda, son petit-fils. Il fit précipiter du haut d'une fenêtre Jézabel, dont le corps fut foulé aux pieds des chevaux, et dévoré par les chiens; de sorte qu'on n'en trouva que le crâne et les extrémités des mains et des pieds. Ainsi fut punie cette superbe reine, qui avait poussé l'emportement jusqu'à faire effort qu'il ne restât aucune trace du culte divin. Il ne resta de son corps, au contraire, qu'autant qu'il en fallait pour marquer la sévérité de la vengeance de Dieu.

Dem. — Dites-nous l'histoire de Jonas?

Rép. — Jonas, ayant reçu ordre de Dieu d'aller prêcher aux Ninivites, que dans quarante jours leur ville serait détruite, bien loin d'exécuter sa mission, s'embarqua par crainte pour aller ailleurs; mais une furieuse tempête ayant obligé les matelots de tirer au sort pour savoir qui était le coupable qui leur attirait ce châtiment, le sort tomba sur Jonas. On le jeta dans la mer; une baleine le reçut dans son ventre, et après

batec hartu zuen sabelean, eta hiru egun barnean idukiric, etchatu zuen leihorrerat. Yonas, Yaincoaren manuen complitcera hobekiago ekharria, guan cen Ninivarat. Hiri handi hartaco yendeac, haren predicuaz ukhituac urrikitan sartu ciren, beren erregue bezala, eta Yaincoac barkhatu cioten.

G. — Yonas etcen errenkuratu Yaincoari, haren erranac etcirelacoan complitcen?

E. — Yonasec, ikhustearekin, Ninivaren suntsitceco Yaincoac esleitu berrogoi egunac-iraganac, errenkuratu cen minki, beldurrez behatua izan zadien profeta falsotzat. Bainan, Yaincoac nahiago baitu bekhatorearen urrikia, ecen heriotcea, descantsuan ezarri zuen; eta adiaraci huntz hosto idortuaren medioz, cer amodio duen guizonentzat, eta cer nahi gabe yasaiten duen bortchatua denean hekien caztigatcera.

G. — Icenda dtetzadatzu Israelgo erresuman manatu zuten guciac, Jehuen ganic hasiric, akhabantzaraino?

E. — Huna non diren.

Jehu, hastetic eguiazco Yaincoaren adoracionean erakhutsi zuen kharrean iraun etzuena. Yoachas, bere semea izan zuen ondorio. Seguidan, Yoas; Yeroboam, Bigarrena, ceinen demboran izan baitcen asko profeta, eta hekien artean Yonas, ceinec aguindu baitcion Syrianoen gainean irabaci zuen bitorioa. Yerobamen ondotic, etcen izan erregueric hamabi urthez. Guero, Zacharias, Sellum, Manahem, Phaceïas, Ozec.

G. — Nola bici izan ciren azken erregue horiec?

E. — Etciren igan guehienac tronurat, heriotceac eguinic baicen. Handic laster, Israelgo erresuma bentzutua izan cen. Lehenic Phulec, Assyriaco erreguec, eman ciozkan cargac. Guero, Teglatphalasar, haren ondoria, nausitu cen Yurdango urez bertzaldeco Probintciez, eta ereman cituen hango yende guciac Mediarat eta Syriarat. Azkenean, Salmanasarrec hartu zuen Samaria, eta ereman Osée esclabo Ninivarat.

Orduan, Israeldarrac barraiatu ciren Asian, norteco aldean, eta ez dire egundaino handic itzuli. Hola akha-

l'avoir gardé trois jours, le rendit sur le rivage. Jonas, devenu plus soumis aux ordres de Dieu, alla à Ninive. Les habitants de cette grande ville, touchés de sa prédication, firent pénitence à l'exemple de leur roi, et Dieu leur pardonna.

Dem. — Jonas ne se plaignait-il point à Dieu de ce que sa prédiction ne s'accomplissait pas ?

Rép. — Jonas, voyant que les quarante jours que Dieu avait marqués pour la destruction de Ninive étaient passés, s'en plaignit amèrement à Dieu, dans la crainte de passer pour un faux prophète; mais Dieu, qui souhaite plutôt la pénitence que la mort du pécheur, le rassura et lui fit comprendre, par la comparaison du lierre desséché, combien il aime les hommes, et quelle peine il souffre lorsqu'il est obligé de les punir.

Dem. — Nommez-moi tous ceux qui gouvernèrent le royaume d'Israël depuis Jéhu jusqu'à sa destruction ?

Rép. — Les voici :
Jéhu, qui ne persévéra pas dans le zèle qu'il avait d'abord témoigné pour le culte du vrai Dieu : Joachas, son fils, lui succéda. Joas, Jéroboam II, sous qui furent plusieurs prophètes, entre autres Jonas, qui lui prédit la victoire qu'il remporta sur les Syriens. Après Jéroboam il y eut un interrègne de douze ans. Ensuite Zacharie, Sellum, Manahem, Phacéïas, Phacée, Ozée.

Dem. — Comment vécurent ces derniers rois ?

Rép. — Ils ne montèrent, pour la plupart, sur le trône, que par des meurtres. Bientôt le royaume d'Israël fut subjugué. D'abord Phul, roi d'Assyrie, en exigea des tributs. Ensuite Téglatphalasar, son successeur, conquit les provinces qui étaient au-delà du Jourdain, et en transporta tous les habitants dans la Médie et la Syrie. Enfin, Salmanasar prit Samarie, et emmena Ozée captif à Ninive.

Les Israélites se répandirent alors dans les parties septentrionales de l'Asie, et n'en sont jamais reve-

batu cen Israelgo erresuma; berrehun eta berrogoi eta hama bortz urthe iraun ondoan, Yudacoaren ganic berechiz gueroztic.

Israeldarren bici Modua.

G. — Nola beztituac ciren Yuduac?

E. — Arropa luciac ekhartcen cituzten, eta nola hekien tokiac hainitz beroac baitciren, casu guti eguiten zuten, zango-besoen estaltciaz; etzuten ere ekhartcen bertce oinetacoric, zolakiac baicen, asko guisetarat amarratuac. Hekien soinecoec etzuten casic batere molderic. Hec ciren oihal peza batzu, arroparen handitasunean eta itchuran, pikura guti zutenac, eta yostura gutiago. Bazakiten ere eguiten yosturaric batere gabe, nola baitcen Jesu-Christoren tunica edo yauntzia.

G. — Cer oihalekin beztitcen ciren Yuduac?

E. — Hekien oihalac ciren guehienac ilezcoac : cerbitzatcen ciren ere liho finez, cotoinez, bai eta ere bissez, ceina baitcen seda suerte bat, egungo egunean erabitcen denetic bertcelacoa; azkena ez delacotz hedatu Europan, Jesu-Christoren demboratic hainitz berant baicen. Arropen edertasun gucia causitcen cen oihalen fintasunean, edo colorean. Bilhatuenac ciren churia eta briolet-urdina. Haurrec bakharric ekhartcen cituzten arropac asko colore suertez marracatuac. Arropen edergailuac ciren franyac; bazterretan cerbeit gorri-ilhun edo broderiac; cenbeit kurtcheta ere, urrez edo harri baliosez. Manatua cen Israeldarrei, ekartciaz capeen muthurretan, punpuna brioletac, Yaincoaren leguea bethi gogoan erabiltcecotan.

G. — Nolacoac ciren emaztekien soinecoac?

E. — Israeldarren emazteac senharrac baino hobekiago apaintcen ciren : edergailu guehiago sartcen zuten arropetan. Etzuten ahanzten deusic beren edertasunaren emendatceco on cenic. Yuditen apainduraren che-

nus. Ainsi finit le royaume d'Israël, après avoir duré cent cinquante-cinq ans, depuis qu'il se fût séparé de celui de Juda.

Mœurs des Israélites.

Dem. — Comment est-ce que les Juifs étaient habillés ?

Rép. — Ils portaient des robes longues, et comme leur pays était fort chaud, il se mettaient peu en peine de se couvrir les bras et les jambes, ni de porter d'autres chaussures que des semelles diversement attachées. Leurs habits n'avaient presque point de façon. C'étaient des pièces d'étoffes de la grandeur et de la figure de l'habit, où il n'y avait guère à tailler et peu à coudre; ils avaient même l'art d'en faire sans couture, comme la tunique de Jésus-Christ.

Dem. — Quelles étaient les étoffes dont les Juifs s'habillaient ?

Rép. — Leurs étoffes étaient la plupart de laine : ils se servaient aussi de fin lin, de coton et de bisse, qui est une espèce de soie bien différente de celle dont on se sert aujourd'hui, dont l'usage n'est devenu commun en Europe que longtemps après Jésus-Christ. Toute la beauté des habits ne consistait que dans la finesse des étoffes, ou dans leurs couleurs. Les plus estimées étaient le blanc et la pourpre violette : il n'y avait que les enfants qui portassent des robes bigarrées de différentes couleurs. Les ornements des habits étaient des franges, des bordures de pourpre ou de broderie, et quelques agrafes d'or ou de pierreries. Il était ordonné aux Israélites de porter au coin de leurs manteaux des houppes violettes, pour les faire penser continuellement à la loi de Dieu.

Dem. — Quels étaient les habillements des femmes ?

Rép. — Les femmes des Israélites étaient plus curieuses dans leurs habits, et plus recherchées dans leurs parures que leurs maris; elles n'oubliaient rien de ce qui pouvait relever leur beauté; et on peut

hetasunetic, eta Isaïa profetac Siongo neskatchei eguiten diozkaten erasietaric, hekien mundutar-keriaren gainean, yuya diteke oraico emakumeen urguilua eta enochentkerien loria ez direla gorago altchatcen.

G. — Nolacoac ciren doluzco marcac Israeldarren artean?

E. — Israeldarren doluzco marcac ciren, arropen urratcia, berri gaichto cenbeit ikhasten zutenean, edo arnegu ceinbeit berec aditcen. Guehiago, bulharrac yotcen cituzten; hautsa buruan berduratcen, inguendu orde; bizarra eta ileac murrizten. Zakuz estaltcen ciren, edo arropa cikhinac eta cilhatuac garraiatcen. Etzuten batere yaten, edo choilki iguzkia sarthu ondoan. Ichil-ichila egoiten ciren, edo etciren mintzatcen errenkuratceco baicic. Halaco guisan, non hekien dolua ez baitcen, itchurasco sinfunia lagur bat, gure artean bezala; ceinetaz ere handiec baicen ez baitute arduraz casu eguiten. Bainan bai dolu bat, eguiazcoari darraizkon seinale guciac berekin garraiatcen cituena.

G. — Northaz bihurtua cen yusticia Juduen artean, eta cer tokitan?

E. — Yusticiaz cargatuac ciren bi aintcindari suerte. Sophetimac ciren yuiyeac, eta Sotermac yusticiaco ministroac, Moysec ezarriac hiri gucietan. Levitec bethetcen cituzten eguinbide horiec; hirico athetan idukitcen cituzten beren bilkhuiac, non ere maicenic causitcen baitciren Israeldarrac; bortchatuac cielacotz handic iragaitera goiz-arrats, campora guatean, nola guibelat ethortcean. Yuiye apalen horietaric deitceu cen Sanhedrinerat.

G. — Cer cen Sanhedrina?

E. — Hura cen bilkhuia nausia, hiruetan hogoi eta hamar zaharrez fincatua, apez handia Buruzagui. Bilkuia horrec manatcen zuen erreguerekin batean, Yuduen errepublican, eta yuiyatcen azkenecotan. Horrec hautatcen cituen erregueac, eta bere eskuetan idukitcen Yudaco erresumaren pordoina. Iraun zuen Herodes Ascalonita ethorri arthio. Hunec barraiatu zuen, halaco guisan, non ordutic seinalatcen baita Yudaco erresumaren akhabantza.

juger par la description de la toilette de Judith, par les reproches que le prophète Isaïe fait aux filles de Sion sur leur mondanité, que le luxe et la vanité des femmes d'aujourd'hui ne va pas plus loin.

Dem. — Quelles étaient les marques de deuil chez les Israélites ?

Rép. — Les marques de deuil chez les Israélites étaient de déchirer leurs habits aussitôt qu'on apprenait une mauvaise nouvelle ou qu'on était présent à quelque blasphème. De plus, il se battaient la poitrine, mettaient de la cendre sur leurs têtes au lieu de parfums, se rasaient la barbe et les cheveux, se revêtaient de sacs ou portaient des habits sales et déchirés. Ils ne mangeaient point du tout, ou seulement après le coucher du soleil, gardaient un profond silence, ou ne parlaient que pour se plaindre. En sorte que leur deuil n'était point, comme parmi nous, une simple cérémonie, dont il n'y a guère que les riches qui s'acquittent; mais il renfermait toutes les marques naturelles d'une douleur véritable.

Dem. — Par qui la justice était-elle administrée chez les Juifs et dans quel lieu ?

Rép. — La justice était administrée par deux sortes d'officiers. Les *Sophetim*, qui étaient les juges et les *Soterim*, les ministres de la justice, que Moyse avait établis en chaque ville. Ces charges étaient données à des lévites qui tenaient leurs audiences à la porte de la ville, parce que c'était le lieu où les Israélites se trouvaient le plus souvent, étant obligés d'y passer soir et matin pour aller à la campagne et pour en revenir. De ses juges subalternes on appelait au *Sanhedrin*.

Dem. — Qu'était-ce que le Sanhedrin ?

Rép. — C'était un conseil souverain, composé de soixante-dix anciens, dont le souverain pontife était le chef. Ce conseil gouvernait la république des Juifs, conjointement avec le Roi, et jugeait en dernier ressort. Il élisait les rois et était le dépositaire du sceptre de Juda. Il a subsisté jusqu'à Hérode l'ascalonite, qui l'abolit; en sorte que c'est à cette époque qu'on doit fixer la fin du sceptre de Juda.

SEIGARREN MENDEA

Seigarren mendea hasten da, Yuduac Babyloniaco cerbitzutic atheratcean, Cyrusec, Persiaco erreguec librantza emanic; eta akhabatcen Jesu-Christoren sortcean. Iraun zuen bortz ehun eta hogoita-hamabi urthe.

G. — Cenbat iraun zuen hekien esclabotasunac, Babylonian?

E. — Iraun zuen hiruetan hogoi eta hamar urthe. Horien buruan, Yaincoaren hasarredura facegatu cen. Cyrusec, Persiaco erreguec, Yaincoac aguindua Profetez, populuaren libratzaile bezala, nausituric iguzki atheratceco alde guciaz, utzi cituen Yuduac itzultcera beren tokietarat, eta temploaren berriz alchatcera. Guibelat ethorri ciren berrogoi eta bi mila, Zorobabel guidari. Samaritanoec yazarri cioten guezurrez eta faltsokeriaz; trabac eman ere, temploaren altchatcean. Etcen akhabatua izan, Darius Histapen erreguetasunean haicic, berrogoi eta bederatzi urtheen buruan. Handic laster, Artaxercec esku-luceac utzi zuen Esdras, guibelat eremaitera, Zorobabel seguitu etzuten Yudu guciac, eta eman cion Nehemiei Yerusalemeco harrasien eta dorren berriz altchatceco botherea.

G. — Norc manatu cituen Yuduac, guibelat itzuliz gueroztic?

E. — Bici izan ciren bethi, Persianoen manuaren azpian, Alexander handia, Asiaren konkest eguilea nausitu arthio Persias, Darius Condomanus celaric hango azken errregue. Bizkitartean, Yuduec bazuten cerbeit bothere, ecen populuac eguiten zuen errepublica bat bezala, apez handia, eta Sanhedrina buruzagui.

G. — Alexander handia etcen Yudearat guan, Persiaz nausitu baino lehen?

E. — Guan cen harat, Yadus apez handiaren caztigatcera, etcituelacoan onetsi nahi, Yuduec Persianoen alderat yasaiten cituzten carga berac. Bainan, apez handia ikhustearekin facegatu cen, eta ahuspez aintcinean emanic, adoratu zuen haren Beraren Yaincoa. Erran

SIXIÈME AGE

Le sixième âge a commencé à la fin de la captivité des Juifs à Babylone, et à la liberté que Cyrus, roi de Perse, leur accorda, et il a fini à la naissance de Jésus-Christ. Il comprend cinq cent trente-deux ans.

Dem. — Combien dura la captivité de Babylone.

Rép. — Elle dura soixante-dix ans. Après quoi, la colère de Dieu fut apaisée. Cyrus, roi de Perse, que le Seigneur avait annoncé par ses prophètes comme le libérateur de son peuple, ayant conquis tout l'Orient, permit aux Juifs de retourner en leur pays et d'y rétablir le Temple. Ils revinrent au nombre de quarante-deux mille, sous la conduite de Zorobabel. Les Samaritains intentèrent contre eux des accusations calomnieuses et les troublèrent dans la construction du Temple, qui ne fut fini que quarante-neuf ans après, sous le règne de Darius Histaspe. Quelque temps après, Artaxercès Longuemain permit à Esdras de ramener tous les Juifs qui n'avaient pas suivi Zorobabel, et donna pouvoir à Nehemie de rebâtir les murs et les tours de Jérusalem.

Dem. — Qui gouverna les Juifs après leur retour ?

Rép. — Ils vécurent toujours sous la domination des Perses, jusqu'à ce que Alexandre-le-Grand, vainqueur de l'Asie, conquit la Perse sous Darius Condomanus, son dernier roi. Les Juifs avaient cependant quelque souveraineté, et la nation composait une République, gouvernée par les Pontifes et par le Sanhedrin.

Dem. — Alexandre-le-Grand n'alla-t-il point en Judée avant la conquête de la Perse ?

Rép. — Il y alla pour punir le Grand-Prêtre Jaddus, de ce qu'il avait refusé de payer les subsides que les Juifs payaient aux Perses ; mais il s'apaisa à la vue de ce Grand-Prêtre ; et se prosternant devant lui, il adora le Dieu dont il était le Pontife. Il dit que ce Dieu lui

zuen, Yainco hura aguertu citzaiola, apez handiaren itchuran, guerlaren hastapenean, eta aguindu ciola iguzki atheratceco alde guciaren conkesta. Guero, temploan sarthuric, axeguinekin curritu cituen hango edertasunac, eta lorietan irakurri Danielen profeziac, haren konkestac seinalatcen cituztenac.

G. — Yuduec bihurtu zuten, dembora lucean, cergaric Alexandre handiari?

E. — Ez : ecen konkesta eguile hori hilic, hogoi eta hama hiru urthetan, haren azpico aintcindariec sathitu cituzten conkestac beren arthean. Hortic ethorri ciren Ptolomeeac, Egyptoco erregueeac, hiri nausia Alexandria, eta Seleucideac Syriaco erregueeac, Antiokian egoiten cirenac. Bada, Yudea causitcen celacotz bi erresuma horien artean, higual pairatu behar izan zuen, baten ganic, nola bertcearen ganic. Lehenic manatu zuten Ptolomeec, Egypto erregueec, eta Ptolomee Philadelphec itzul-araci zuen Bibla hebrutic grekorat.

G. — Nortaz baliatu cen Ptolomee Philadelphe biblaren itzultceco hebrutic grekorat?

E. — Baliatu cen hiruetan hogoi eta hamabi bitartekoez, Eleazarrec, apez handiac, yakinzunenac hautaturic, Yuduen artean, eta Alexendriarat igorriric. Itzultce famatu hori ezagutua da, Eliza gucian, hiruetan hogoi eta hamarren itzultcearen icenean. Ptolomeec ezar-araci zuen bere liburuteguian, bertce berrehun mila liburuen artean.

G. — Guero, Yuduac etciren erori Syriaco erregueen eskuetarat?

E. — Bai : Seleucus erregue cen denboran, bake oso batez gozatcen ciren, noiz ere Simunec, temploco aintcindariac nahasi baitzuen handizki Yerusaleme. Enganatzaile horrec apez handiaz, Oniasez, mendekatcea-gatic, gaizki ibiltcetic guibelatcen zuelacotz, aguindu zuen libratciaz temploco aberastasunac, han causitcen cirelacotz, apez handiaren zuhurtziari fidatuac ciren gordailu guziac. Seleucusec igorri zuen Heliodore, bere lehen ministroa, hekien altchatcera. Bainan temploan erabilia izan cen molde mirakuiluzcoac debecatu zuen nausiaren manua complitcetic.

ABRÉGÉ DE L'HISTOIRE SAINTE 137

avait apparu sous la figure du Grand-Prêtre, au commencement de la guerre, et qu'il lui avait promis de lui faire conquérir l'Orient. Étant ensuite entré dans le Temple, il en admira la magnificence, et lut avec beaucoup de plaisir les prophéties de Daniel, qui lui annonçaient ses conquêtes.

Dem. — La Judée fut-elle longtemps tributaire d'Alexandre-le-Grand ?

Rép. — Non. Car ce conquérant étant mort à l'âge de trente-trois ans, ses capitaines se partagèrent ses conquêtes. De là vinrent les Ptolomées, rois d'Egypte, dont la capitale était Alexandrie, et les Seleucides, rois de Syrie, qui résidaient à Antioche. Or, la Judée se trouvant au milieu de ces deux Etats, eut également à souffrir de l'un et de l'autre. Elle releva d'abord des Ptolomées, rois d'Egypte ; et Ptolomée Philadelphe fit traduire la Bible de l'hébreu en grec.

Dem. — De qui Ptolomée Philadelphe se servit-il pour faire traduire la Bible de l'hébreu en grec ?

Rép. — Il se servit de soixante-douze interprètes, que le Grand-Prêtre Eléasar choisit parmi les Juifs les plus savants, et qu'il envoya pour cet effet à Alexandrie. Cette traduction si célèbre est connue dans toute l'Eglise sous le nom de *Version des Septante*. Ptolomée la fit mettre dans sa bibliothèque, qui était composée de deux cent mille volumes.

Dem. — Les Juifs ne relevèrent-ils pas ensuite des rois de Syrie ?

Rép. — Oui ; et sous le règne de Séleucus, ils jouissaient d'une paix parfaite, lorsque Simon, capitaine du Temple, causa un grand trouble dans Jérusalem. Ce perfide, pour se venger du Grand-Prêtre Onias, qui s'opposait à ces injustes entreprises, offrit de livrer les trésors du Temple, où étaient tous les dépôts confiés à la probité du Grand-Prêtre. Séleucus envoya Héliodore, son premier ministre, pour les enlever ; mais la façon miraculeuse dont il fut traité dans le Temple, l'empêcha d'exécuter les ordres de son maître.

G. — Nola erabilia izan cen Heliodore, temploaren arrobatcera guan cenean, Seleucusen manuz.

E. — Yaincoac sentiaraci cion, cer erhokeria den haren bothereari aspertcea lekhu sainduetan beretan. Trabatua izan cen temploan, guizon icigarri batez. Zaldi baten gainean plantatua. Zaldiac zangoen azpian zapatcen zuelaric, bi Aingueruec azotatcen zuten cigorrekin; hilen zuten ere, baldin Apez handiac, Oniasec, beldurrez Seleucusec Yuduen gain eman cezan haren heriotcea, ez balu othoitz eguin gaichtaguin harentzat. Berriz igorri nahizan zuen Seleucusec; bainan Heliodorec etzuen onetzi, eta erran cion erregueri, balinbazuen exairic galdu nahi zukeienic, aski zuela, templorat igortcia; han egoitza eguiten zuen Yaincoaren bothereac, galduco cituela segurki, toki hura lohitu nahico zuten guciac.

G. — Cer guerthatu citzaioten Yuduei, Antiochus Epiphanen erreguetasunean?

E. — Printce horren demboran, abiatu ciren dirutan saltcen sacrificio handien cargua. Onias, apez handia, kasatua izan cen, eta Yasonec, haren anaiac, guizon bekhaizti eta ohore gose batec, ardietsi zuen sacrificio handien cargua, diru puska batean. Etcen dembora hainitzez gozatu bere ohore berriaz; Melenausec, bera baino gaichtoagoac, khendu cion laster, erregueri diru guehiago eskainiric. Hortaracotz, saldu cituen, temploan ebatsiric, cenbeit urrezco untci. Bere burua libratceco Oniasec hortaz eguiten ciozkan erasietaric, hilaraci zuen. Yaincoac etzuen luzatu mendeku atheratciaz apez handiaren heriotcceaz. Yerusalemez nausituric, Antiochusec funditu cituen gauzaric sacratuenac, eta hain urrun hedatu itsuskeria, non temploan berean ezarri baitzuen Yupiterren itchura.

G. — Hortan baratu cen Antiochusen gaichtakeria?

E. — Ez. Niholere idolen adoracionea ezarri nahiz, eguiazco Yaincoarena utciric, cer nahi asperkunde erakhutsi zuen, Yuduac bortchatcea gatic ukho eguin cezaten Yaincoaren legueari, eta haren ohore sainduei.

G. — Cein dire Antiochusen errabiac eguin cituen Martiric aipatuenac?

Dem. — Comment Héliodore fut-il traité lorsqu'il allait piller le Temple par ordre de Séleucus ?

Rép. — Dieu lui fit sentir combien il est extravagant d'aller braver sa puissance jusques dans les lieux saints. Il fut arrêté dans le Temple par un homme terrible, monté sur un cheval qui le foula aux pieds, pendant que deux anges le fouettaient avec des verges et l'eussent tué, si le Grand-Prêtre Onias, craignant que Séleucus n'attribuât sa mort aux Juifs, n'eût prié pour cet impie. Séleucus voulut l'y renvoyer, mais Héliodiore refusa d'obéir et dit au roi que s'il avait quelque ennemi dont il voulut se défaire, il n'avait qu'à l'envoyer dans le Temple, parce que la vertu du Dieu qui y habitait perdrait infailliblement tous ceux qui voudraient le profaner.

Dem. — Qu'arriva-t-il aux Juifs sous le règne d'Antiochus Epiphane ?

Rép. — Sous ce prince, la grande sacrificature commença d'être donnée à prix d'argent. Le saint Pontife Onias fut chassé, et Jason, son frère, homme jaloux et ambitieux, obtint la grande sacrificature pour une grosse somme. Il ne jouit pas longtemps de sa nouvelle dignité : Mélénaus, plus méchant que lui, la lui enleva bientôt, en offrant au roi une somme plus considérable. Il vendit pour cela plusieurs vases d'or qu'il avait volés dans le Temple. Pour se délivrer des reproches que lui en faisait Onias, il le fit assassiner. Dieu ne tarda pas à venger la mort de ce saint Pontife. Antiochus, s'étant rendu maître de Jérusalem, n'y épargna pas même ce qu'il y avait de plus saint ; et il poussa l'impiété si loin, qu'il plaça la statue de Jupiter dans le temple même.

Dem. — L'impiété d'Antiochus se borna-t-elle là ?

Rép. — Non. Voulant absolument substituer le culte des idoles à celui du vrai Dieu, il exerça des cruautés inouïes pour obliger les Juifs à renoncer à la Loi de Dieu et à ses saintes cérémonies.

Dem. — Quels sont les plus illustres Martyrs que fit la persécution d'Antiochus ?

E. — Elezazar, guizon saindua, eta zazpi anaia Macabeetarrac izan ciren Printce horren bihotz-gorthasunaren bictimaric famatuenac. Eleasarrec nahiago izan zuen hil, ecen aleguia eguin yatia cherrikitic, eta bertce haragui debecatuetaric, beldurrez seinale tzarra eman gazteriari, itchurapen hortaz. Machabeetarrec erakhutsi zuten iraupen handia, oinhace icigarrien erdian. Alferretan picatu ciozkaten mihiac eta esku-zango puntac; alferretan larrutu ciozkaten buruac, eta berac suan gorritu perze baten barnean; denac debalde izan ciren. Sustatuac ama berthutez bethe baten gomendioez, ceina izanen baita bethiere ama guiristinoen miraila, denec erakhutsi zuten indar bat adinez goragocoa; eta Yaincoaren eskua adoraturic bere cazliguetan, igan cien cerurat, beren nekheen sariaz gozatcera.

G. — Cergatic Yaincoac debecatu cioten Yuduei yatiaz cherrikitic, eta bertce cenbeit haraguietaric?

E. — Legue hori emana cen, hain bertce hekien izpiritu bortitzaren cebatceco, nola guibelatceco gauza caltecorretaric. Cherri odola, urina, haraguia, eta debecatu guciac ciren dorpeac sabelecotz, eta hargatic borratceco arras gaichtoac. Hori cen debeku horren arrozoina, bere izaitez. Bici moduaz dela, Elizaco aita batec (Tertulianoc) erraiten du, hori cela populuaren artean sobraniasco guticien yabaltceco chedetan, ceren aingueruen oguia yaten zuen demboran, Egyptoco haraguien eta tipuluen mina erakhusten zuen.

G. — Nor altchatu cen Antiochusen asperkundearen contra?

E. — Mathatias handia. Ikhustearekin, bihotz minekin, hain bertce yende zuzenen odola purrustan ichurtcen Yudea gucian, hil zuen ez choilki arnegatu bat, sacrificio eskaintzen hari celaric idolei, bainan oraino, hartarat bortchatcen zuen aintcindaria. Guero Yuduric atrebituenen artean Buruzagui yarriric, ardietsi zuen asko abantail Paganoen gainean; funditu cituen hekien aldareac, eta hiltcean utzi cituen bere haurrac, bereciki Yudas Machabee, bere kharraren eta animuaren ondórío.

Rép. — Le saint homme Eléazar et les 7 frères Machabées furent les plus illustres victimes de la barbarie de ce prince. Eléazar aima mieux mourir que de faire semblant de manger du cochon et des autres viandes défendues, dans la crainte de donner un mauvais exemple aux jeunes gens par cette feinte. Les Machabées firent paraître beaucoup de constance dans les tourments. En vain on leur coupa la langue et les extrémités des pieds et des mains; en vain on leur arracha la peau de la tête, et on les fit rôtir dans une chaudière, tout fut inutile. Animés par les exhortations de leur vertueuse mère, qui fera à jamais l'exemple des mères chrétiennes, ils firent paraître une fermeté au dessus de leur âge; et après avoir adoré la main de Dieu dans ses châtiments, ils allèrent recevoir dans le Ciel la récompense de leurs travaux.

Dem. — Pourquoi Dieu avait-il défendu aux Juifs de manger de la viande de cochon et de certaines autres?

Rép. — Cette Loi était autant pour dompter leur esprit indocile, que pour les détourner des choses nuisibles. Le sang, la graisse, la chair du porc, et les autres qui étaient prohibées, sont toutes viandes très-pesantes à l'estomac, et par conséquent très-difficiles à digérer. Voilà la raison naturelle de cette défense. Quant à la raison morale, un Père de l'Eglise (Tertullien), dit que c'était à dessein de réprimer la gourmandise de ce peuple, qui, pendant qu'il mangeait le pain des Anges, regrettait les viandes et les oignons d'Egypte.

Dem. — Qui s'opposa à la persécution d'Antiochus?

Rép. — Ce fut le grand Mathatias, qui, voyant avec douleur ruisseler le sang de tant de justes dans toute la Judée, non-seulement tua un apostat qui sacrifiait aux idoles, mais encore l'officier qui contraignait d'y sacrifier. Il se mit ensuite à la tête des Juifs les plus courageux, remporta sur les idolâtres plusieurs avantages, détruisit leurs autels, et laissa en mourant ses enfants, et surtout Judas Machabée, héritiers de son zèle et de sa valeur.

G. — Nolacoac dire Yudas Machabeen balentriac?

E. — Ihardetsi zuen osoki aita Mathatiasec haren ganic igurikatcen zuenari, hiltceracoan, icendatu zuenean Yuduen harmadaco aintcindari. Yoite hainitzetan, bentzutu cituen Apolinius eta Nicanor, Antiochusen yeneralac, nahiz etzuen, aldi batez, hiru mila guizon baicic, berrogoi milen contra. Hain bertce bitoriec sariztatu zuten bere fidantcian Yaincoaren baithan, eta bere prestutasunean, ceinac ekharri baitzuen temploaren antolatcera, eta Yaincoaren adoracioneco behar ciren gauza gucien erreberritcera.

G. — Nor izan cen Yuduen guidari, Yudas Machabeen ondotic?

E. — Yonathas, haren anaia. Bere baithan bildu cituen bothere guciac, izpiritualean, nola temporalean. Yonathasen ondotic, ethorri cen Simun. Bere aita-anaien ohoretan, amodioz altchatu zuen hobia bat miragarria. Simunec izan zuen ondorio, bere semea Yoanes, Hircanen icena merecitu zuena, hircanoen gainean bitoria handi bat irabaciric.

G. — Norc manatu cituen Yuduac, Yoanes hircan hilez gueroztic, Messias ethorri arthio?

E. — Aristobulec, Alexandre Janneec, eta hircan II^{ac}, Pompee handiac ezarriric; Antigonusec, Aristobule II^{ac}, eta Herodes Ascalonitac, Idumeacoac, ceinaren demboran sorthu baitcen munduaren salbatzailea.

G. — Erran diezaguzu Aristobulen ichtorioa?

E. — Aristobulec, Yoanes hircanen seme eta ondoriac, hartu zuen erregueren icena; urthe batez manatu zuen, eta dembora labur hortan, cer nahi itsuskeriez hobendun eguin cen. Bere ama eta bere anaietaric hiru cepoetan ezarri cituen. Izan zuen bihotz-gortasunic aski bere amaren hilarazteco gosetez, eta anaia Antigonusen zaticatceco, berari manamenduan parte eman ondoan. Hain bertce itsuskeriec deitu zuten haren gainerat ceruco mendekua, eta burrego dohacabe hori hilcen, bere odol gucia ahotic etchatuz.

G. — Nolacoa izan cen Antiochus ifamearen akhabantza?

E. — Arras dohakabea. Adituric yuduec funditu

Dem. — Quels sont les exploits de Judas Machabée ?

Rép. — Il répondit parfaitement à l'attente de son père Mathatias, qui, en mourant, l'avait déclaré général de l'armée des Juifs. Il vainquit en plusieurs combats Apolonius et Nicanor, généraux d'Antiochus, quoique dans une de ses rencontres il n'eût que trois mille hommes contre quarante mille. Tant de victoires furent la récompense de sa confiance au Seigneur et de sa piété, qui le porta à réparer le Temple, et à refaire tout ce qui servait au culte de Dieu.

Dem. — Qui succéda à Judas Machabée dans la conduite du peuple juif?

Rép. — Ce fut Jonathas, son frère, qui réunit en sa personne l'autorité temporelle à la puissance spirituelle. A Jonathas succéda Simon, qui fit élever par piété un tombeau magnifique à son père et à ses frères. Simon eut pour son successeur son fils Jean qui mérita le nom d'Hircan, par la fameuse victoire qu'il remporta sur les Hircaniens.

Dem. — Qui gouverna le peuple juif depuis la mort de Jean Hircan jusqu'à la venue du Messie ?

Rép. — Ce fut Aristobule, Alexandre Jannée, Hircan II, établi par le grand Pompée, Antigonus, Aristobule II, et Hérode l'Ascalonite, qui était Iduméen, sous qui naquit le Sauveur du monde.

Dem. — Dites-nous l'histoire d'Aristobule.

Rép. — Aristobule, fils et successeur de Jean Hircan, prit le titre de Roi; il ne régna qu'un an, et dans ce court espace de temps il exerça toutes sortes de cruautés. Il mit sa mère et trois de ses frères en prison, eut la barbarie de faire mourir de faim sa mère, et de faire massacrer son frère Antigone, qu'il avait associé au Gouvernement. Tant de cruautés attirèrent sur lui la vengeance du Ciel, et ce malheureux tyran périt en vomissant tout son sang.

Dem. — Quel fut la fin de l'impie Antiochus ?

Rép. — Elle fut très-malheureuse. Ayant appris que

ciozcatela yeneralac, noiz ere bortchatua baitcen, Persian, elimaico setioaren altchatcera, berac setiatcen zuen demboran, abiatu cen yudearat, denac suntsitceco chedetan. Bainan, guehiago ezin yasanez printce urguilutsu hori, itsasaco tirainei berei manatcia uste zuena, Yaincoac apaldu zuen bat batean, eta porroscatu lurraren contra, bere carrosaren gainetic eror-araciric Haren gorputza dena ustelkeria bilhacatu cen : harrez estali cen, eta etchatcen zuen usain bat, muthilec, harmadac, eta berac ezin yasana.

G. — Hestura icigarri hortan, Antiochusec ezagutu zuen Yaincoaren eskua ?

E. — Bai, eta bere oinhace handien erdian aithortu zuen, zucen cela guizonac bere burua apaltcia Yaincoaren aintcinean. *Æquum est mortalem subditum esse Deo.* Hitz eman zuen Yuduei itzultciaz hartu ciozkaten gauza guciac; bai eta ere besarcatcia hekien erlijionea; bainan urrikalmenduzco dembora iragana cen. Othoitz eguiten zuen Yaincoari, ceinaren ganic ez baitzuen igurikatceco barkhamenduric, dio Escriturac. Heriotce dohacabe hori da seinale lazgarri bat, guizon guciei erakusten duena, ez dela azkeneraino egon behar, Yaincoaren urrikalmenduaren eskatceco. Ikhusterat emaiten diote, arras gaitz dela ungui hiltcia, gaizki bici ondoan : arduraz, heriotce ona denaz gueroz bici onaren saria.

G. — Nor ethorri cen Antiochus Epiphanen ondotic ?

E. — Antiochus Eupator, haren semea; dembora berean, ondorio izan cen aitaren khoroaz, eta herraz Yuduen alderat, hekien contra altchaturic ehun mila guizonekin. Eleasar gasteac, Yudas Machabeen anaiac, ardietsi zuen guerla hortan, seculaco ohorea, balentria handi batez.

G. — Cer balentria eguin zuen Eleasarrec, Yudas Machabeen anaia gazteac?

E. — Ikustearekin Antiochus Eupator erreguearen harmadan, Elephant bat bertceac baino ederrago, eta hobekiago arrimatua, gogorat ethorri citzaion Eleasarri, erregue haren gainean izan citekela. Hori buruan, eguin

les Juifs avaient défait ses généraux, dans le temps qu'il avait été contraint de lever le siége d'Elimaïs en Perse, qu'il assiégeait lui-même, il marcha dans la Judée, dans la résolution de tout exterminer. Mais Dieu ne pouvant souffrir plus longtemps ce prince orgueilleux, qui croyait commander même aux flots de la mer, l'humilia tout d'un coup, et le brisa contre la terre, en le faisant tomber de son char. Tout son corps se changea en pourriture; il fourmillait de vers et exhalait une puanteur insupportable à tous ses domestiques, à toute son armée et à lui-même.

Dem. — Dans cette affreuse situation Antiochus reconnut-il la main de Dieu ?

Rép. — Oui, et dans l'excès de ses douleurs, il confessa qu'il était juste qu'un homme fût soumis à Dieu. *Æquum est mortalem subditum esse Deo.* Il promit de rendre aux Juifs tout ce qu'il avait pris, et d'embrasser même leur religion; mais le temps de miséricorde était passé. Il priait Dieu, de qui il ne devait recevoir aucun pardon, dit l'Ecriture. Sa mort funeste est un exemple terrible, qui apprend à tous les hommes à ne pas attendre à l'extrémité pour implorer la miséricorde de Dieu; et elle leur fait voir qu'il est très-difficile de bien mourir quand on a mal vécu, puisque la bonne mort est ordinairement la récompense de la bonne vie.

Dem. — Qui succéda à Antiochus Epiphane ?

Rép. — Ce fut Antiochus Eupator, son fils; il hérita en même temps de la couronne de son père et de sa haine contre les Juifs qu'il alla attaquer avec une armée de cent mille hommes. Le jeune Éléazar, frère de de Judas Machabée, s'acquit une gloire immortelle dans cette guerre, par l'action généreuse qu'il fit ?

Dem. — Quelle action généreuse fit Eléazar, jeune frère de Judas Machabée ?

Rép. — Eléazar ayant aperçu dans l'armée du Roi Antiochus Eupator, un éléphant plus beau et plus richement harnaché que les autres, s'imagina que le roi était dessus. Dans cette pensée, il se fait jour au travers

zuen bide exaien tartetic; lerratu cen animale haren sabel azpirat, eta cilhatu bere ezpataz. Guizon gazte atrebitu hori lehertua izan cen elephantaren carguaren azpian, eta ehortzia bere trionfan.

G. — Cer da yakiteco Alexandre Yanneen, Hircanen, Aristobulen eta Antigonusen gainean?

E.— Alexandre Yanneec gurutceficaraci cituen zortzi ehun Yudu, bere emakume tzarren libertitceco, begui colpe lazgarri horren medioz.

Hircan, Yanneen semea, tronutic khendua izan cen bere anaia Aristobulez : bainan, berriz ezarria Pompee handiaz, Yudea bortchatu zuenean erromanoei cerguen bihurtcia. Antigonusec, Aristobulen semeac, etchatu zuen Hircan tronutic, Pachorusec, Partheen erreguec, lagunduric. Bainan, bera ere izan cen casatua Herodes Ascalonitaz.

G. — Nolacoa da Herodes Ascalonitaren ichtorioa?

E. — Idumearra sortzez, Herodesec ardietsi zuen Erromanoen ganic Yudeaco erresuma, Marc-Antonioen eta Cesar-Augusten medioz. Bere yaidura tzarren eta odoltsuen kariaz sakhailarazten cituen adichkideric hoberenac, hekien gainean hartcen zuenean suspitcharic den chumeena. Hilaraci cituen Marianna, bere emaztea, eta bere bi semeac Alexandre eta Aristobule. Augustec erran zuen, orduan, hobe cela Herodesen cherri izaitia, ecen haren seme. Hori erregue cen demboran, sorthu cen Yesu-Christo : bainan urrun ezagutcetic Messias bezala, galaraci nahizan zuen hobendun etciren haurren sakhailan. Azkenean, printce bihotz gor horrec ikhustearekin eguin cituen gaizki gucien buruan, Yuduec etzutela nigarric eguinen haren heriotcean, manatu zuen handienei lepoa picatcia, berac azken hatsa butatcen zuen becein laster, familia bakhotchac izaitea gatic nigarren ichurtceco bidea. Manu gogor hori etcen complitua izan, eta Herodes hil cen oinaceric icigarrienen erdian.

Testament zaharreco Ichtoriaren akhabantza.

des ennemis, se glisse sous le ventre de cet animal et le lui perce avec son épée. Le jeune héros est accablé sous le poids de l'éléphant, et il est enseveli dans son triomphe.

Dem. — Qu'y a-t-il à savoir sur Alexandre Jannée, Hircan, Aristobule et Antigonus ?

Rép. — Alexandre Jannée fit crucifier huit cents Juifs pour divertir ses concubines par ce barbare spectacle.

Hircan, fils de Jannée, fut détrôné par son frère Aristobule; mais il fut ensuite rétabli par le grand Pompée, après qu'il eût rendu la Judée tributaire des Romains. Antigonus, fils d'Aristobule, avec le secours de Pachorus, roi des Parthes, détrôna Hircan; mais il fut lui-même chassé du trône par Hérode l'Ascalonite.

Dem. — Quelle est l'histoire d'Hérode l'Ascalonite ?

Rép. — Hérode, Iduméen de naissance, obtint des Romains le royaume de Judée, à la faveur de Marc-Antoine et de César-Auguste. Son naturel cruel et sanguinaire lui faisait sacrifier ses meilleurs amis dès qu'il avait contre eux le moindre soupçon. Il fit mourir sa femme Marianne et ses deux fils Alexandre et Aristobule. Auguste dit à cette occasion, qu'il valait mieux être le pourceau que le fils d'Hérode. Jésus-Christ naquit sous son règne; mais bien loin de le reconnaître pour le Messie, il voulut le faire périr dans le massacre des innocents. Enfin, ce prince cruel prévoyant qu'après tout le mal qu'il avait fait, les Juifs ne pleureraient point sa mort, ordonna d'égorger les plus considérables, aussitôt qu'il aurait rendu l'esprit, afin que chaque famille eût occasion de verser des larmes. Cet ordre cruel ne fut point exécuté, et Hérode mourut dans des douleurs effroyables.

Fin de l'Histoire de l'Ancien Testament.

TESTAMENT BERRICO
ICHTORIOA

GALDEA. — Cein dire Testament berrico ichtorioa ekhartcen duten liburuac?

ERREPUSTA. — Hec dire lau ebanyelioac, san Mathiurena, san Markena, san Lukena, eta Yondoni Yoanesena; Apostoluen obrac, Yondoni Pauloren epistolac, bertce asko Apostoluenac, eta Yondoni Yoanesen Apocalipsa. Ebanyelioec ekhartcen dituzte Yessu-Christoren bicia, haren doctrina, miracuiluac, heriotcea, piztea, eta cerurat igaitea. Apostoluen obrac dire ebanyelioco ichtoriaren, eta Elizaco cimenduen gainean seguida bat bezala; epistolec ekhartcen dituzte apostoluec lehenbicico seguidantei emaiten cituzten seinaleac eta arguiac; Apocalipsa cen arguitasun bat, Yondoni Yoanesi irakhatsia Rathmos deitcen cen irla batean.

G. — Cer planetan causitcen cen mundua Messias ethortcean?

E. — Idolatria nausitua cen bazter gucietan. Yuduec baicic etzuten adoratcen eguiazco Yaincoa; eta oraino barraiatuac ciren asko sinheste suerletan; nola Saduceenac, Pharisianoac, eta Herodianoac; halaco guisan, non Yesu-Christoc, ethortcean, causitu baitzuen Yuduen erlijionea arras mudatua: bainan, guizon gucientzat ichuri zuen odolac laster suntsitu cituen lurreco ilhumbeac.

G. — Cer gauza espantagarri aguertu cen Messias sort aintcinean?

E. — Gabriel ainguerua, bortz ehun urthe aintcinetic Danieli Messiasen ethortcia aipatu zuena, izan cen hautatua Yaincoaz, berriaren emaiteco, dembora ethorria cela. Erran cion Zachariari, bere emazteac Elisa-

HISTOIRE
DU NOUVEAU TESTAMENT

DEMANDE. — Quels sont les livres qui contiennent l'Histoire du Nouveau Testament?
RÉPONSE. — Ce sont les quatre Evangiles de saint Mathieu, de saint Marc, de saint Luc et de saint Jean; les Actes des Apôtres, les Epîtres de saint Paul, celles de plusieurs autres Apôtres, l'Apocalypse de saint Jean. Les Evangiles renferment la vie de JÉSUS-CHRIST, sa doctrine, ses miracles, sa mort, sa résurrection et son ascension. Les actes des Apôtres sont une continuation de l'histoire évangélique et de l'établissement de l'Eglise; les Epîtres contiennent des maximes et des instructions que les Apôtres donnaient aux premiers fidèles, et l'Apocalypse est une révélation faite à saint Jean dans l'île de Pathmos.

D. — En quel état était le monde à la venue du Messie?
R. — L'idolâtrie régnait dans tout l'univers, et le vrai Dieu n'était adoré que par les Juifs : encore étaient-ils divisés en plusieurs sectes, telles que les Saducéens, les Pharisiens et les Hérodiens, en sorte que Jésus-Christ, à son avénement, trouva la religion des Juifs entièrement défigurée; mais son sang, répandu pour tous les hommes, dissipa bientôt les ténèbres qui couvraient la face de la terre.

D. — Quels prodiges précédèrent la naissance du Messie?
R. — L'ange Gabriel, qui, cinq cents ans auparavant, avait prédit la venue du Messie à Daniel, fut choisi de Dieu pour aller annoncer que le temps en était arrivé. Il dit à Zacharie que sa femme Elisabeth, qui jus-

bethec, ordu arthio agorra izan cenac, ekharrico zuela bere erraietan seme bat, Yoanes deituco cena, eta hura izanen cela Messiasen aintcinecoa. Erran cion ere Mariari biryinitateaz botu eguin zuenari, nahiz Yosepheren espos cen, hura izanen cela Messiasen ama, bere biryinitatea galdu gabe. Zacharien eta Birjina sainduaren alderat mezua complitu zuen molde berechiac erakusten daroku, cer guicetan behar dugun ohoratu ama dibino hori.

G. — Cer mudantza causitcen da, Gabriel ainguerua Zachariari eta Birjina sainduari mintzo den moldean?

E. — Hain handia eta hain ungui seinalatua ebanyelioan, non iduri baitu ebanyelistac erakhutsi nahizan darokula Mariani Gabriel aingueruac bihurtcen diozkan ohoretaric, guc gueronec hari bihurtu behar diozcagunac. Ecen Ainguerua mintzo denean Zachariari, icitcen du aguertcen zaion aire lazgarrian; berri on bat emaiten badio, gabetcen du mintzatceco bothereaz. Bada, Mariari aguertcen denean, haren solasac agurrez eta yautsapenez betheac dire : *Agur*, erraiten dio, *graciaz bethea, Yauna da zurekin, benedicatua zare, emazte gucien artean.*

G. — Maria etcen asaldatu hitz horietan?

E. — Bai; bainan Aingueruac eman zuen laster deskantsuan, erraiten ciolaric; gracia ardietsi zuela Yaincoaren aintcinean; hura hautatu zuela munduco salbatzailearen amatzat. Beldurrez gal bere biryinitatea, Mariac galdeguin cion, nola hori eguin citeken, guizonic ezagutcen etzuenaz gueroz. Aingueruac erran cion, izpiritu saindua yautsico cela haren gainerat; gorenecoac estalico zuela bere itzalaz, haren errai garbietan moldatceco Yainco-Semearen gorputza; eta etcen urrundu, haren yautsapenaz seguratu cenean baicic, noiz ere ihardetsi baitcion : *Yaunaren cerbizaria naiz, eguin bedi nitaz, haren nahiaren arabera.*

G. — Ordu hartan, cer misterio obratu cen Mariaren sabelan?

E. — Ordu hartan, munducotz sekulan izan diteken dohatsuenean, obratu cen incarnacioneco misterioa

qu'alors avait été stérile, concevrait un fils qu'on appellerait Jean et qui serait le précurseur du Messie : et à Marie, qui, quoique épouse de Joseph, avait fait vœu de virginité, qu'elle serait la mère de ce Messie, sans cesser d'être vierge. La manière différente dont il remplit sa mission envers Zacharie et la Sainte Vierge nous enseigne le respect que nous devons avoir pour cette divine Mère.

D. — Quelle différence y a-t-il entre la manière dont l'ange Gabriel parla à Zacharie et à la Sainte Vierge ?

R. — La différence est si grande et si bien marquée dans l'Evangile, qu'il semble que l'Evangéliste ait voulu nous marquer par les respects que l'ange Gabriel rend à Marie, ceux que nous devons lui rendre. En effet, si l'ange parle à Zacharie, il l'intimide par l'appareil terrible avec lequel il se fait voir à lui ; s'il lui annonce une heureuse nouvelle, il le prive de l'usage de la parole. Au lieu que lorsqu'il apparaît à Marie, ses discours sont pleins de respect, et de soumission. *Je vous salue,* dit-il, *pleine de grâce : le Seigneur est avec vous, vous êtes bénie entre toutes les femmes.*

D. — Marie ne fut-elle point troublée par ce discours ?

R. — Oui ; mais l'Ange la rassura bientôt, en lui disant qu'elle avait trouvé grâce devant le Seigneur, qui l'avait choisie pour être la mère du Sauveur du monde. Marie, dans la crainte de perdre sa virginité, lui demanda comment cela pourrait se faire, puisqu'elle ne connaissait point d'homme. L'ange lui dit que le Saint-Esprit surviendrait en elle, et que le Très-Haut la couvrirait de son ombre pour former dans son chaste sein le corps du fils de Dieu, et ne la quitta qu'après qu'elle l'eût assurée de son obéissance, en lui disant : *Je suis la servante du Seigneur ; qu'il soit fait selon sa volonté.*

D. — Dans ce moment, quel mystère s'opéra dans le sein de Marie ?

R. — Dans ce moment, le plus heureux qui sera jamais pour tout le genre humain, s'opéra le mystère

Yainco-Semea ethorri cen guizon eguitera Birjina sainduaren errai sacratuetan. Contcebitu zuen ızpiritu sainduaren berthutez, ceinec haren gainerat yautsiric, sustatu baitzuen amodio dibinoaz, eta esperantcetan ezarri, Yainco-guizona haren baithan moldatuz. Bere yautsapenac merecitu cion ohore hori, eta hortaric yuya dezakegu, cein baliosa den berthute hori, Yaincoaren aintcinean.

G. — Cer eguin zuen Birjina sainduac, Messias onetsi zuenean?

E. — Apaldu zuen bere burua Yaincoaren aintcinean, eta eskerrac bihurtu hain gracia handiaz. Guero, guan cen Elisabethen ganat, hari bozcario emaitera, Yaincoac libratu zuelacoan lehen ahide hori agortazun luce baten ahalkeriatic. Orduan, Yondoni Baptista saltatu zen loriaz, eta saindutasunaz dohatua izan cen amaren erraietan, Mariac bere sabelean ekhartcen zuen Yainco-Semearen aintcinean. Elisabethec ezagutu cituenean, bere lehen ahaidearen fagoretan, Yaincoac obratu cituen gauza handiac, estali zuen laudorioz. Mariac, apaltasunean entzunic, ihardetsi zuen cantica famatu huntaz: *Magnificat anima mea Dominum;* ceina izanen baita seculacotz apalen loria eta urguilutsuen ahalkeria.

G. — Ohartu cenean Birjina saindua trabatua cela, Yosephec etzuen nahizan haren ganic urrundu?

E. — Bai; bainan chede hortan celaric, Yaunaren Aınguerua aguertu citzaion, lotan, eta erran cion: *Yoseph Daviten semea, ez beldur izan zurekin idukitciaz Maria, zure emaztea; ecen horren baithan obratua dena, izpiritu sainduaren ganic heldu da. Emanen du mundurat seme bat, Yesus deituco duzuena, bere populua libratuco duelacoan bekhatuetaric.* Yratzarri cenean. Yosephec eguin zuen Aingueruac manatu ciona eta seguitu Mariarekin aintcinat egoitia.

G. — Non eman zuen mundurat Birjina sainduac Yesu-Christo bere semea?

E. — Bethleemen, Yudaco populuaren hiri chume batean. Auguste imperadorea, bere erresuman, yende gucien condatcen hari cen demboraz, Yaincoa baliatu cen, Birjina saindua Nazarethetic atheraciric, guanaraz-

de l'Incarnation. Le Fils de Dieu vint se faire homme dans les flancs sacrés de la Sainte Vierge. Elle le conçut par l'opération du Saint-Esprit, qui, étant survenu en elle, l'embrasa de l'amour divin, et la rendit féconde en lui faisant concevoir un Dieu-Homme. Son obéissance lui mérita cet honneur; et nous pouvons juger par là de quel prix cette vertu est devant Dieu.

D. — Que fit la Sainte Vierge après avoir conçu le Messie?
R. — Elle s'humilia devant Dieu et le remercia de lui avoir fait une si grande grâce. Elle alla ensuite visiter sa cousine Elisabeth, pour la féliciter de ce que Dieu l'avait délivrée de l'opprobre d'une longue stérilité. Saint Jean-Baptiste tressaillit alors de joie, et fut sanctifié dans les flancs de sa mère à la présence du fils de Dieu que Marie portait dans son sein. Elisabeth connaissant les grandes choses que Dieu avait faites en faveur de sa cousine, la combla de louanges. Marie les reçut avec humilité, et prononça le célèbre cantique: *Magnificat anima mea Dominum*, qui sera à jamais la gloire des humbles et la confusion des superbes.

D. — Joseph, s'apercevant que la Sainte Vierge était grosse, ne voulut-il pas la quitter?
R. — Oui; mais lorsqu'il était dans cette pensée, l'ange du Seigneur lui apparut pendant le sommeil, et lui dit: *Joseph, fils de David, ne craignez point de retenir Marie, votre femme; car ce qui est formé en elle vient du Saint-Esprit. Elle mettra au monde un fils que vous appellerez Jésus, parce que ce sera lui qui sauvera son peuple de ses péchés.* Joseph s'étant éveillé fit ce que l'ange lui avait ordonné et continua de demeurer avec elle.

D. — Où la Sainte Vierge mit-elle au monde son fils Jésus-Christ?
R. — A Bethléem, petite ville de la tribu de Juda. Dieu se servit du dénombrement que l'empereur Auguste faisait faire de tout son Empire, pour faire sortir la Sainte Vierge de Nazareth, et la faire venir à Beth-

teco Bethleemerat, non ere sorthu behar baitzuen Messiasec, profetec aintcinatu zuten arabera. Hiri hartacoa celacotz, san Yosephe bortchatua izan cen harat ethortcera, Maria bere emaztearekin, icenen pausatcera liburu publicoetan. Han cielaric, Mariac eman zuen mundurat, munduaren erostailea, eta etzin zuen, manyatera batean, etzutelacotz hartu nahizan ostatuan. Hori cen hogoi eta hameca garren urthean, Auguste bakharric buruzagui yarri cenetic, Erroman; eta hogoi eta hama zazpi-garrenean, Herodesec manatcen zuenetic.

G. — Yaincoac etzuen ezagut-arazi bere semearen sortcea?

E. — Bai; Aingueru batec abisatu cituen artzain batzu, beren arthaldeen zain zaudenac. Inguratuac izan ciren argui dibino batez, eta aditu zuten izpiritu dohatsu multzu bat, Yaincoaren laudatcen, erraiten zutelaric: loria Yaincoari, ceruetan, gorenean, eta bakhea lurrean nahikunde onezco guizonei. Artzainac guan ciren kuchian Bethleemerat, eta atzeman zuten haurra trochez inguratua, manyatera batean etzina, idi baten eta asto baten artean, Aingueruac erran cioten bezala.

G. — Cergatic Yesu-Christo sorthu cen hain estatu apalean eta Erromesean?

E. — Yesu-Ckristoc hautatu zuen estatu apal eta Erromesac erakhusten daroku, nola behar ditugun maitatu Erromesac eta apaltasuna. Yesu-Christoc etzuen besarkatu hekien izantza, guri hetaz urricalmendu erakhusteco baicen; guri ikhusterat emaiteco, apaltasuna behar dela izan guiristino gucien berthutea, et aberastasunac, hetaz ez baliatcecotan unguiaren eguiteco, ez direla eguiazco dohainac, hetaz gozatcen denarentzat, baicic ere ikhatz gorriac buruaren gainera biltcen dituenac.

G. — Cer guerthatu citzaion Yesu-Christori Bethleemeco heian?

E. — Sorthu eta zortzi egunen buruan, yazan zuen Circoncisionea, eta deitua izan cen Yesus. Handic laster, Magoac abisatuac mirakuiluzco izar batez, ethorri ciren iguzki atheratceco aldetic Yerusalemerat, yakitera

léem, où les prophètes avaient prédit que le Messie devait naître : car saint Joseph, étant de cette ville, fut obligé d'y venir pour se faire inscrire sur les registres publics avec Marie, sa femme. Pendant qu'ils y étaient, Marie mit au monde celui qui devait en être le réparateur, et le coucha dans une crèche, parce qu'on ne voulut pas les recevoir dans l'hôtellerie, la trente-unième année depuis qu'Auguste était seul à la tête de l'empire romain, et la trente-septième du règne d'Hérode.

R. — Dieu ne fit-il point connaître la naissance de son fils ?

R. — Oui, un ange l'annonça à des pasteurs qui veillaient à la garde de leurs troupeaux. Ils furent environnés d'une lumière divine et entendirent une troupe d'esprits bienheureux qui louaient le Seigneur, en disant : *Gloire à Dieu au plus haut des Cieux et paix sur la terre aux hommes de bonne volonté.* Ces bergers allèrent aussitôt à Bethléem, et ils trouvèrent l'Enfant enveloppé de langes, et couché dans la crèche entre un bœuf et un âne, comme l'ange le leur avait dit.

D. — Pourquoi Jésus-Christ est-il né dans un état si vil et si pauvre ?

R. — Cet état d'abaissement et de pauvreté que Jésus-Christ a choisi, nous montre l'amour que nous devons avoir pour l'humilité et pour les pauvres. Jésus-Christ n'a embrassé leur état que pour nous inspirer de la compassion pour eux, nous faire voir que l'humilité doit être la vertu de tous les chrétiens, et que les richesses quand on ne s'en sert pas à faire du bien, ne sont pas de véritables trésors pour celui qui les possède, mais des charbons ardents qu'il amasse sur sa tête.

D. — Qu'arriva-t-il à Jésus-Christ dans l'étable de Bethléem ?

R. — Huit jours après sa naissance, il fut circoncis et appelé Jésus. Quelque temps après des Mages, avertis par une étoile extraordinaire, vinrent de l'Orient à Jérusalem, pour s'informer où était né le Roi des Juifs.

non sorthu cen Yuduen erregue. Herodes asaldatu cen berri hortan, eta ordutic bilhatcen cituelaric erregue berriaren galarazteco asmuac, hitz eman-araci cioten Magoei., Yerusalemen barna itsultciaz, atzematen zutenean, berac ere adoratcera guan nahi zuelaco aitzakian. Magoec adituric Bethleemen sorthu behar zuela, guan ciren atzematera, eta causituric adoratu zuten; urrezco, incensusco, eta mirrazco dohainez ezagutu zuten erreguetzat, Yaincotzat, eta dembora berean guizontzat.

G. — Magoac itzuli ciren Herodesen ganat?

E. — Ez; Yaincoac manaturic harat guehiago ez guatiaz, itzuli ciren beren tokietarat, bertce Bide batetic. Coleraz gainditua, Herodesec pusketan eman-araci cituen Bethleemeco eta inguruetaco haur chume guciac, bi urthe-tarainocoac, eta handic azpicoac, hutx ez eguitea gatic haren icialdurac eguiten cituena; Bainan, Yaincoac beiratu zuen bere semea sarraski hortaric, abisaturic Yoseph, ereman cezan Egyptorat. Han egon cen Herodes hit arthio. Yaincoac etzuen luzatu haren caztigatcia, hilaraciz oinaceric icigarrienen erdian.

G. — Non egon cen Yesu-Christo, Egyptotic itzuliz guerostic, eta nolaco berthuteac erakhutsi cituen bere haurtasunean?

E. — Nazarethen egon cen. Ebanyelioac dio: *Apal eta eme cela bere burasoen alderat, eta adinean aintcinatcen zuen bezanbat, irabazten zuela zuhurtcian eta gracian, Yaincoaren eta guizonen aintcinean.* Hamabi urthetan Yerusalemerat guanic, amac galdu zuen, eta etzuen atceman hiru egunen buruan baicic, temploan Dotoren enzuten eta arguitcen hari celaric. Gueroztic, hogoi eta hamar urthetaraino, noiz ere abiatu baitcen predicatcen, escriturac seinalatcen du choilki, bere burasoekin egon cela, zurguin seme bezala behatua, bere esku lanetic bici celaric, eztitasunezco eta apaltasunezco seinaleac bethi emanez.

G. — Cer eguin zuen Yesu-Christoc, predicatcen hasi baino lehen?

E. — Nahiz etzuen deus moldatcecoric, eta garbitasuna bera celacotz, etzuen premiaric garbitua izaiteco bathaioco urez, bizkitartean nahizan zuen bathaioa hartu

Hérode fut troublé à cette nouvelle, et cherchant, dès ce moment, le moyen de faire périr ce nouveau roi, il fit promettre aux Mages de repasser par Jérusalem quand ils l'auraient trouvé, sous prétexte qu'il voulait aller l'adorer lui-même. Les Mages ayant appris que c'était à Bethléem qu'il devait naître, allèrent l'y chercher; l'ayant trouvé, ils l'adorèrent, et par leurs présents d'or, d'encens et de myrrhe, ils le reconnurent pour Roi, Dieu et Homme tout ensemble.

D. — Les Mages retournèrent-ils vers Hérode?

R. — Non; ayant reçu ordre de Dieu de ne plus aller vers lui, ils retournèrent en leur pays par un autre chemin. Hérode, transporté de colère, fit massacrer tous les enfants de Bethléem et des environs, depuis l'âge de deux ans et au-dessous, pour ne pas manquer celui qui causait ses alarmes; mais Dieu préserva son fils de ce massacre, en avertissant Joseph de le porter en Egypte. Il y demeura jusqu'à la mort d'Hérode, que Dieu ne tarda pas de punir, en le faisant mourir dans des douleurs effroyables.

D. — Où demeura Jésus-Christ depuis son retour d'Egypte, et quelles vertus fit-il paraître dans son enfance?

R. — Il demeura à Nazareth. L'Evangile dit: *qu'il était docile et soumis à ses parents, et qu'à mesure qu'il croissait en âge, il croissait aussi en sagesse et en grâce devant Dieu et devant les hommes.* A l'âge de douze ans, étant allé à Jérusalem, sa mère le perdit, et ne le retrouva qu'au bout de trois jours dans le Temple, écoutant les Docteurs et les instruisant. Depuis ce temps jusqu'à l'âge de trente ans, qu'il commença sa prédication, l'Ecriture marque seulement qu'il demeura avec sa famille, passant pour le fils d'un charpentier, vivant du travail de ses mains, et donnant continuellement des exemples de douceur et d'humilité.

D. — Comment Jésus-Christ se prépara-t-il à sa prédication?

R. — Quoiqu'il n'eût pas besoin de préparation, et qu'étant la pureté même, il n'eût pas besoin d'être purifié par les eaux du Baptême, il voulut cependant le

Yondoni Baptistaren eskutic. Aintcin mandatari saindu horrec, Aingueru baten bicia desertuan eremanic, bekhatuen urrikia predicatcen zuen Yurdanco uren bazterrean, eta bathaiatcen haren ganat heldu ciren guciac. Yesu-Christo sarthu cen multzuaren artean, bathaiatu izaiteco; bainan apaltasunez gordetcen celaric, Yondoni Baptistac ezagutu zuen. Yaincoac ere hartu zuen artha seinalatceco, haren gainerat yauts-araciz Izpiritu Saindua, uso coloma baten itchuran, eta aditu cen cerutic boz bat erran zuena: *Hori da ene seme maitea, ceinetan ezarri baititut ene atxeguin guciac.* Bathaiotiç lekhora, Yesu-Christo guan cen deserturat, eta han barur eguin zuen berrogoi egunez.

G. — Cer guertatu citzaion Yesu-Christori desertuan?

E. — Bilhatua izan cen debruaz, bainan beiratu zuen bethi bere burua haren larderietaric, escrituratic eguin athera aldiez, guri erakhusteco, harc eskaintcen darozkigun harmekin behar dugula bereciki bentzutu izpiritu gaichtoaren indarra. Guero, hasi cen predicatcen, eta bildu zuen Dicipulu multzu handi bat, bere doctrinaren eguia fincatuz hainitz mirakuiluen medioz.

G. — Cein da Yesu-Christoren lehenbicico mirakuilua?

E. — Hura cen, uraren arno bilhacatcea, Canaango eztaietan. Birjina sainduac abisaturic arnoa escaz cela, berehala bethe-araci cituen sei untci handi urez, eta bihurtu ura arno gozo batetarat. Lehenbicico mirakuilu hori eguitean bere amaren othoitzean, Yesu-Christoc nahizan daroku erakhutsi hura izanen cela haren gracien arartecoa, eta hetaric ardiesteco bideric segurena cela, bitarteco puchant hari hel eguitea.

G. — Bere dicipuluen edo seguidanten multzu handiaren arthean, Yesu-Christoc etzituen hautatu cenbeit, bere buruari bereciki estekatceco?

E. — Bai; hautatu cituen hamabi; eman cioten Apostoluen icena, erran nahi baitu, igorriac; hil ondoan, igorri behar cituelacotz bere icenean, ebanyelioaren predicatcera mundu gucian. Berechkuntza horren ondoan, ereman cituen mendi baten gainerat, eta han

recevoir de saint Jean-Baptiste. Ce saint Précurseur, après avoir mené dans le désert la vie d'un ange, prêchait la pénitence sur les bords du Jourdain, et baptisait tous ceux qui venaient à lui. Jésus-Christ se présenta dans la foule pour être baptisé ; mais pendant qu'il se cachait par humilité, saint Jean-Baptiste le reconnut. Dieu même prit soin de le manifester ; car il fit descendre sur lui le Saint-Esprit sous la forme d'une colombe, et on entendit une voix du Ciel qui dit : *C'est là mon fils bien aimé, en qui j'ai mis tout mon plaisir.* Après que Jésus-Christ fût baptisé, il se retira dans le désert, où il jeûna quarante jours.

D. — Qu'arriva-t-il à Jésus-Christ dans le désert ?

R. — Il y fut tenté par le démon ; mais il se défendit toujours contre ses attaques par des passages de l'Ecriture, pour nous apprendre que c'est principalement avec les armes qu'elle nous prête, que nous devons combattre les efforts de l'esprit malin. Il commença ensuite à prêcher, et il se fit un grand nombre de disciples, en confirmant la vérité de sa doctrine par un nombre infini de miracles.

D. — Quel est le premier miracle de Jésus-Christ ?

R. — C'est le changement qu'il fit de l'eau en vin aux noces de Cana. La Sainte Vierge l'ayant averti que le vin manquait, il fit remplir aussitôt six grands vases d'eau, et la changea en un vin délicieux. Jésus-Christ, en faisant son premier miracle à la prière de sa Mère, a voulu nous faire voir qu'elle serait le canal de ses grâces, que le plus sûr moyen d'en obtenir de lui, était d'avoir recours à cette puissante Médiatrice.

D. — Parmi le grand nombre de ses Disciples, Jésus-Christ n'en choisit-il pas quelques-uns pour se les attacher plus particulièrement ?

R. — Oui ; il en choisit douze, à qui il donna le nom d'Apôtres, qui veut dire envoyés, parce qu'après sa mort il devait les envoyer prêcher son Nom et son Evangile dans tout l'univers. Après ce choix, il les mena sur une montagne, où il leur fit ce célèbre Ser-

eguin cioten predicu famatu hau, bere baithan ebanye-
lio gucia sartcen duena laburzki. Ez ditut ekharrico
zortzi dohatsutasunac baicen :

Dohatsu izpirituz erromesac, ceren hekiena den ceruco erre-
suma.
Dohatsu ezti direnac, ceren gozatuco diren Iurraz.
Dohatsu nigar eguten dutenac, ceren descantsu ardietsico duten.
Dohatsu yusticiaz gose eta egaıri direnac, ceren aseac izanen
diren.
Dohatsu urricalmenduz betheac, ceren ardietsico duten urrical-
mendu.
Dohatsu bihotcez garbiac, ceren ikhusico duten Yaincoa.
Dohatsu bakhetiarrac, ceren deituac izanen diren Yaincoaren
haurrac.
Dohatsu yusticiarentzat nahi gabeac yasaiten dituztenac, ceren
hekiena den ceruco erresuma.

G. — Non predicatcen zuen ebanyelioa Yesu-Christoc?
E. — Causitcen cen toki gucietan; hirietan, campoen,
temploan, eta Synagoguetan : denetan seinalatcen zuen
Messiasen ethortcia, hain bertcetaraino deitua Patriar-
kez, eta hain bertcetan aguindua Profetez : bazter gu-
cietan predicatcen zuen bekhatuen urrikia, nahi gabeen
barkhamendua, aberastasunen arbuioa, eta bacotchac
bere buruari ukho eguitea. Haren lau bakharra cen,
Yuduen arguitcea eta conbertitcea bere hiskuntcez, pa-
rabolez edo ichtorioez, ceinetan famatuenac baitire :
*Samaritanoarena, haur Prodigoarena, Lazaroena, eta
Aberats gaichtoarena.*

G. — Erran diezaguzu Samaritanoaren parabola, eta
cer casutan athera zuen Yesu-Christoc ?

E. — Guizon bat zoalaric, dio Yesu-Christoc, Yerusa-
lemetic Yerichorat, erori cen oihonen eskuetarat. De-
nez biluciric, estali zuten zauriez, eta utzi erdi hila.
Planta hortan zagolaric, suertatu cen bide bera seguit-
cen zuen Apez batec ikhustia, eta guan cen aintcinat,
lagundu gabe. Higual eguin zuen Levita batec. Bainan
Samaritano batec, urricalmenduz, ichuri cituen olioa
eta arnoa haren zaurien gainerat, eta lothu ciozkan.
Guero bere zaldiaren gainean ezariric, ereman zuen
ostatu batetarat ; gomendatu zuen ostalerari ; eta gua-
tian, eman cion dirua, guizon haren gastuetaco ; hitz

mon, qui contient en abrégé tout l'Evangile. Je n'en rapporterai que les huit béatitudes :

Heureux les pauvres d'esprit, parce que le Royaume des Cieux est à eux.
Heureux ceux qui sont doux, parce qu'ils posséderont la terre.
Heureux ceux qui pleurent, parce qu'ils seront consolés.
Heureux ceux qui ont faim et soif de la justice, parce qu'ils seront rassasiés.
Heureux ceux qui sont miséricordieux, parce qu'ils seront traités avec miséricorde.
Heureux ceux qui ont le cœur pur, parce qu'ils verront Dieu.
Heureux ceux qui seront pacifiques, parce qu'ils seront appelés enfants de Dieu.
Heureux ceux qui souffrent persécution pour la justice, parce que le Royaume des Cieux est à eux.

D. — Où Jésus-Christ prêchait-il son Evangile ?

R. — Dans tous les endroits où il se trouvait, dans les villes, dans les campagnes, dans le Temple, et dans les Synagogues : partout il annonçait la venue du Messie tant souhaité par les Patriarches, et tant annoncé par les Prophètes : partout il prêchait la pénitence, le pardon des injures, le mépris des richesses, le renoncement à soi-même; et son unique occupation était d'instruire et de convertir les Juifs par ses discours et par ses paraboles, dont les plus célèbres sont celles du *Samaritain*, de l'*Enfant prodigue*, de *Lazare* et du *Mauvais riche*.

D. — Dites-nous la parabole du Samaritain et à quelle occasion Jésus-Christ la fit ?

R. — Un homme, dit Jésus-Christ, allant de Jérusalem à Jéricho, tomba entre les mains des voleurs, qui l'ayant dépouillé, le couvrirent de plaies, et le laissèrent à demi-mort. Pendant qu'il était dans cet état, il arriva qu'un prêtre, qui allait par le même chemin, le vit et passa outre sans le soulager; un Lévite fit la même chose; mais un Samaritain touché de compassion, versa de l'huile et du vin dans ses plaies et les banda; il le mit ensuite sur son cheval, et le mena dans une hôtellerie, le recommanda à l'hôte, et en s'en allant lui donna l'argent pour la dépense de cet hom-

ematen ciolaric, guehiago gastatcen bazuen, bihurtuco ciola ordaina, itzultcean. Yesu-Christoc athera zuen parabola hori, caritate compliaren seinalea guri emaiteco Samaritano horren baithan; eguiazco lagunaren eguinbide guciac bethe cituelacotz. Etzaizco sobera hortacotz, bere arthac, nekheac, eta ontasunac: erakhusten du ere guiristinoei, cer eguin behar duten, norbeit lagun dezaketenic atzematen dutenean.

G. — Erran diezaguzu haur Prodigoaren parabola?

E. — Familiaco aita batec, dio Yesu-Christoc, bacituen bi haur. Gaztenac galdeguin cion ondoriotasunez heldu citzaiona: hori ardietsiric, guan cen urrun, bertce toki batetarat, eta han garbitu cituen bere ontasunac emazteki galduekin. Gosete handi bat altchaturic herri hetan, bortchatua izan cen cherri zain egoitera. Etzitzaion ere cilhegui, hekiei emaiten ciozkaten ezkurretaric asetcea. Hestura icigarri horrec sararaci zuen bere baithan, eta erran zuen: *Cenbat cerbitzari ene aitaren etchean ogui ausarki dutenac, ni hemen gosetez hiltcen hari naicen demboran.* Gogoeta horietan, itzuli cen Aitaren ganat, eta haren oinetan bere burua etchaturic, erran cion: *Aita bekhatu eguin dut ceruaren eta zure contra; ez dut guehiago mereci deithua izaitia zure seme.*

G — Cer eguin zuen haur Prodigoaren Aitac?

E. — Laster eguin zuen haren ganat; leporat saltaturic, besarcatu zuen, eta ahantziric aita caritatetsu batec bezala semearen errebelamenduac, eman-araci ciozkan lehengo arropac; hilaraci zuen chahal guicen bat, eta primuaren errenkuren yabaltcea-gatic, hasarretua ceren seme errebel batenzat aitac eguiten zuen, harentzat egundaino eguin zuen baino gastu guehiago, bethi apaltasunean egon cen demboran, erran cion: *Ene Semea bazcari bat eguin behartcen eta bozcariatu behar guinuen, zure anaia hila cen, eta piztu da; galdua cen, eta atcemana da.* Ceruco loriaren itchura miragarria, bekhatoros bat conbertitcen denean.

G. — Erran dietzagutzu aberats gaichtoaren eta Lazaroen parabolac?

E. — Bacen guizon aberats bat, dio Yesu-Christoc,

me, promettant que s'il en dépensait davantage, il le rendrait à son retour. Jésus-Christ fit cette parabole pour nous donner un exemple d'une charité parfaite dans la personne de ce Samaritain, qui remplit tous les devoirs du vrai prochain. Il n'épargne ni ses soins, ni ses peines, ni son bien, et enseigne par là aux Chrétiens ce qu'ils doivent faire, lorsqu'ils trouvent quelqu'un qu'ils peuvent assister.

D. — Dites-nous la parabole de l'Enfant prodigue ?

R. — Un père de famille, dit Jésus-Christ, ayant deux enfants, le plus jeune d'entre eux lui demanda la part qui pouvait lui revenir de son héritage; l'ayant obtenue, il s'en alla dans un pays éloigné, et consuma son bien avec des femmes débauchées. Une grande famine étant survenue dans ce pays, il fut réduit à garder des pourceaux, et il ne lui était pas même permis de se rassasier du gland qu'on leur donnait. Cette affreuse misère le fit rentrer en lui-même, et il dit : *Combien de serviteurs dans la maison de mon père ont du pain en abondance, tandis que je meurs ici de faim.* Dans cette pensée, il s'en retourna chez son père, et s'étant jeté à ses genoux : *Mon père,* lui dit-il, *j'ai péché contre le Ciel et contre vous; je ne suis plus digne d'être appelé votre fils.*

D. — Que fit le père de l'Enfant prodigue ?

R. — Il courut au-devant de lui, se jeta à son cou, le baisa, et, oubliant en père charitable les égarements de son fils, il lui fit donner ses premiers habits, fit tuer un veau gras, et pour apaiser les murmures de son fils aîné, qui était fâché de ce que son père faisait plus de dépense pour un fils rebelle, qu'il n'en avait jamais fait pour lui, qui avait toujours été soumis, il lui dit : *Mon fils, il fallait bien faire un festin et nous réjouir; parce que votre frère était mort et il est ressuscité; il était perdu et il est retrouvé.* Figure admirable de la joie du Ciel à la conversion d'un pécheur.

D. — Dites-nous la parabole du mauvais riche et de Lazare ?

R. — Il y avait, dit Jésus-Christ, un homme riche

lihoz eta gorri-urdinez beztitua, egun guciez oturantza ederrac eguiten cituena. Bacen ere eskale bat, Lazaro deitcen cena, haren athe aintcinean etzina, dena zauriz estalia ungui nahi zukeiena ase aberatsaren mahinetic erortcen ciren papurretaric: bainan nihorc etcion deusic emaiten, eta chakhurrac, nausia baino urrikariagoz ethortcen ciren haren zaurien milicatcera. Escalea hiltcen, eta eremana izan cen aingueruez Abrahamen galtzarrerat. Aberasa hiltcen ere, eta ehortcia izan cen ifernuan. Oinhace handietan zagolaric, altchatu cituen beguiac, eta ikhustearekin urrundic Abrahame, eta Lazaro haren galtzarrean, oihu eguin zuen: *Aita Abraham urrical zaite nitaz, eta igor azu Lazaro, erhi punta urean bustiric nere frescatcerat; ecen bortizki pairatcen dut su lama haukien erdian.* Abrahamec ihardetsi cion, orhoit zadiela nola gozatu cen ontasunez, bere bician, Lazaroc pairatcen zuen demboran; eta orai Lazaro bozcariotan zagola, hura oinhacen erdian causitcen celaric.

G. — Cer erakhusten daroku parabola horrec?

E. — Erakhusten du erromezei, bekhaizgoric ez izaitia aberatcez, eta descantsuan yasaitiaz beren erromestasuna, hori denaz gueroz molderic segurena ceruaren irabazteco; erakhasten du ere aberastsei, nola behar duten baliatu beren aberastasunez, baldin nahi badute aberats gaichtoaren zorthe lazgarriari ihes eguin, eta ardietzi Lazaroen urustasuna.

G. — Yesu-Christoc obratcen cituen, irakhasten cituenac?

E. — Bai; haren bicia berthute suerte gucien miraila da; ezti cen eta apal bihotcez. Ichilic yasaiten zuen bere erromestasuna, ceina baitcen hain handia, non ez baitzuen burua non pausa. Haren caritatea hedatcen cen mundu guciaren gainerat. *Zatozte nere ganat erraiten zuen, zuec guciac nekhatuac eta cargatuac zaretenac, nic arinduco zaitustet.* Nola haren berthuteen hedadurac ez baitu negurriric, aski da erratia, Yainco bere aitaren loria bilhatcen zuela, gucietan; eta erakhusteco haren icenean mintzo cela, eguiten zuen mirakuilu hainitz; sendatcen zuen ere eritasun suerte gucietaric.

qui était vêtu de pourpre et de lin, et qui faisait tous les jours de magnifiques repas. Il y avait aussi un pauvre, nommé Lazare, couché à sa porte, tout couvert d'ulcères, qui eût bien voulu se rassasier des miettes qui tombaient de la table du riche, mais personne ne lui en donnait ; et les chiens, plus humains que leur maître, venaient lécher ses ulcères. Le pauvre vint à mourir, et il fut porté par les anges dans le sein d'Abraham. Le riche mourut aussi, et il fut enseveli dans les enfers. Lorsqu'il était dans les tourments, il leva les yeux et voyant de loin Abraham, et Lazare dans son sein, il s'écria : *Père Abraham, ayez pitié de moi, et envoyez Lazare, afin qu'il trempe dans l'eau le bout du doigt pour me rafraîchir, car je souffre cruellement dans cette flamme.* Abraham lui répondit qu'il se souvînt qu'il avait joui des biens durant sa vie, pendant que Lazare souffrait, et que maintenant Lazare était dans la joie, pendant qu'il était dans les tourments.

D. — Que nous apprend cette parabole ?
R. — Elle apprend aux pauvres à ne point porter envie aux riches, et à supporter patiemment leur pauvreté, puisqu'elle est un sûr moyen de gagner le Ciel ; et elle enseigne aux riches l'usage qu'ils doivent faire de leurs richesses, s'ils veulent éviter le sort terrible du mauvais riche, et avoir part à la félicité de Lazare.

D. — Jésus-Christ pratiquait-il ce qu'il enseignait ?

R. — Oui ; sa vie est un exemple de toutes sortes de vertus ; il était doux et humble de cœur. Il souffrait patiemment la pauvreté, qui était si grande, qu'il n'avait pas où reposer sa tête. Sa charité s'étendait sur tout le monde *Venez à moi,* disait-il, *vous tous qui souffrez et qui êtes chargés, et je vous soulagerai.* Comme le nombre de ses vertus est infini, il suffit de dire qu'il cherchait en tout la gloire de Dieu son père ; et pour montrer qu'il parlait de sa part, il faisait une infinité de miracles et guérissait toutes sortes de maladies. Il rendait la parole aux muets, la vue aux aveu-

Mintzoa bihurtcen zuen mutuei, bista itsuei; adiarazten zuen gorrei, pizten cituen hilac, eta libratcen debruaz hartuac.

G. — Cein dire Yesu-Christoren mirakuiluric famatuenac?

E. — Hec dire aintcindari baten cerbitzariaren sendatcea; Synagoco printce baten alabaren eta Naïm alhargunaren semearen piztea; bortz oguien emendacionea, ceinekin hazi baitcituen bortz mila guizon: itsu sorthuaren sendatcea, nola Chananeengo neskatcharen, haren fede miragarria onetsiric; finean, Lazaroen piztea.

G. — Cer obratu zuten mirakuilu horiec?

E. — Haren fama barraiatu zuten Yudean eta inguru gucietan: bainan, bere ganat deitcen cituelaric denen beguiac eta bihotzac, legueco Dotorec, bekhaizturic, bilhatu cituzten haren galtceco parada guciac. Hainitz aldiz, sareac hedatu ciozkaten bere solasetan arrapatceco; bainan hec bazterrerat emanez, Yesu-Christoc yakin zuen oraino hekien arguitcen; nola notz ere batec galdeguin cionean, ia cilhegui cen Cesarri cergaric bihurtcia, ihardetsi baitcion: *Cesari behar cela bihurtu Cesarrena, eta Yaincoari Yaincoarena;* guri hola erakhutsiz, printcei zor dugun yautsapena, eta nola behar diozcategun bihurtu gure ganic galdeguiten dituzten cergac.

G. — Cer eguin zuen Yesu-Christoc, ikhustearekin Yuduen herra emendatcen?

E. — Athera cen aphurbat Yerusalemetic; bainan sentitzearekin heriotceco orena hurbiltcen, guibelat ethorri cen asto baten gainean. Itzultcearen burrunban, populu gucia athera citzaion biderat, eta haren aguertceaz bozcario erakhusteco, ekhartcen cituzten batzuec Palmier adarrac, bertce batzuec hedatcen cituzten beren arropac, curritu behar zuen bidean; denec oihu eguiten zutelaric: *Hosanna Filio David. Benedictus qui venit in nomine Domini. Biba Daviten semea. Benedicatua izan bedi, Yaunaren icenean heldu dena.*

Temploa atzemanic sal-erostailez bethea, kasatu cituen handic erraiten zuelaric. *Ene etchea othoitzezco*

gles, l'ouïe aux sourds, ressuscitait les morts, et délivrait les possédés du démon.

D. — Quels sont les plus fameux miracles de Jésus-Christ ?

R. — Ce sont la guérison du serviteur du Centenier, la résurrection de la fille d'un prince de la Synagogue, et celle du fils de la veuve de Naïm, la multiplication des cinq pains, avec lesquels il nourrit cinq mille hommes, la guérison de l'aveugle-né, de la fille de la Chananéenne, dont il admira la foi, et la résurrection de Lazare.

D. — Quel effet produisirent ces miracles ?

R. — Ils le rendirent célèbre dans toute la Judée et aux environs : mais pendant qu'il attirait tous les yeux et tous les cœurs, la jalousie que les Docteurs de la Loi en conçurent, leur fit chercher les occasions de le perdre. Plusieurs fois ils lui tendirent des piéges pour pouvoir le surprendre dans ses discours ; mais Jésus-Christ, en les évitant, sut encore les instruire : comme lorsqu'il dit à celui qui lui demandait, s'il était permis de payer le tribut à César : *Qu'il fallait rendre à César ce qui appartient à César, et à Dieu ce qui appartient à Dieu;* nous montrant par là l'obéissance que nous devons à nos princes, et l'obligation où nous sommes de leur payer les tributs qu'ils exigent de nous.

D. — Que fit Jésus-Christ voyant que la haine des Juifs augmentait contre lui ?

R. — Il sortit pour quelque temps de Jérusalem ; mais sentant que l'heure de sa mort approchait, il y revint monté sur une ânesse. Au bruit de son arrivée, tout le peuple sortit au-devant lui ; et pour témoigner la joie qu'il avait de sa venue, les uns portaient des branches de palmier, les autres étendaient leurs vêtements sur le chemin où il devait passer, et tous criaient : *Hosanna filio David. Benedictus qui venit in nomine Domini* « Vive le fils de David ! Béni soit celui qui « vient au nom du Seigneur. »

Ayant trouvé le Temple rempli de gens qui vendaient et qui achetaient, il les en chassa en disant : *Ma mai-*

etchea da, eta zuec eguiten duzue huntaz ohoin lece bat. Hortic yuya diteke nola behar ditugun ohoratu gure elizac.

G. — Yesu-Christoren exaiac etciren bekhaiztu haren sartciaz trionfan Yerusalemen?

E. — Hain bertcetaraino bekhaistu ciren, non hilarazteco chedea hartu baitzuten; bainan ez baitciren atrebitcen aguerian hartcera, beldurrez populua altcha zadien, asmu suerte guciac bilhatu cituzten, beren chedearen complitceco, gorderic. Yudasec hamabi Apostoluetaric batec eman cioten parada. Lukhurantza higuingarrri batez eremana, hitz eman cioten bere nausia libratzia, hogoi eta hamar corradutan; erran nahi baita, hamabi luiz gure monedan. Hautatu zuen dembora, noiz ere azken afaria eguinic bere dicipuluekin, Yesu-Christo sarthu baitcen olibetaco baratcean.

G. — Nola eguin zuen Yesu-Christoc azken afaria bere dicipuluekin?

E. — Hekiekin yanic bazco bildotza, legueac ekhartcen zuen arabera, garbitu ciozkaten zangoac, eta akhabatu apaltasunezco yautsapen hori, erraiten ciotelaric: *Seinale eman darotzuet, denec hori eguin dezazuen Batzuec bertcei, neronec eguin darotzuetan bezala.* Guero, mahainean berriz yarriric, hartu zuen oguia, benedicaturic, pusketan erarri zuen, eta Dicipuluei emaitearekin, erran cioten : hori ene gorphutza da. Yudas ere partalier izan cen fagore hortan; bada, nola dohacabe guisa hartu baitzuen, debrua sarthu cen haren gorputzean, eta dicipulu faltso hori athera cen berehala, bere nausia Yuduei libratcecotan.

G.—Cer eguin zuen, Yesu-Christoc, afariaren ondoan?

E. — Manatu zuen Apostoluei elkhar maitatcea, berac maitatu cituen bezala : guero, erran cioten haren orena ethorria cela; eman ciozkaten aintcinetic bere pasioneco chehetasun guciac; abisatu ere gau hura etcela iraganen, non etzuten denec uzten. Yondoni Petri yasarri cion etzuela seculan utzico; bainan Yesu-Christoc seguratu zuen, hiruetan ukhatuco zuela, oilarrac yo baino lehen. Asko eguia amulsu-garri erranic, sarthu cen olibetaco baratcean.

son est une maison de prières, et vous en faites une caverne de voleurs. Qu'on juge de là du respect que nous devons avoir pour nos Églises.

D. — Les ennemis de Jésus-Christ ne furent-ils pas jaloux de son entrée triomphante dans Jérusalem?

R. — Ils conçurent tant de jalousie qu'ils prirent la résolution de le faire mourir; mais comme ils n'osaient se saisir de sa personne en public, de crainte que le peuple ne se révoltât, ils cherchèrent les moyens d'exécuter leurs desseins en secret. Judas, un des douze Apôtres, le leur fournit. Poussé d'une avarice détestable, il promit de leur livrer son maître pour la somme de trente deniers, qui revient à douze écus de notre monnaie. Il prit le temps où Jésus-Christ, après avoir fait la Cène avec ses disciples, s'était retiré dans le jardin des Olives.

D. — Comment Jésus-Christ fit-il la Cène avec ses disciples?

R. — Après avoir mangé avec eux l'agneau pascal, suivant qu'il était porté par la Loi, il lava les pieds à ses disciples, et finit cette action d'humilité en leur disant: *Je vous ai donné l'exemple, afin que vous fassiez tous les uns aux autres ce que je vous ai fait moi-même.* S'étant ensuite remis à table, il prit du pain, le bénit et le rompit; et le donnant à ses disciples, il leur dit: *Ceci est mon corps.* Judas même eut part à cette grâce; mais comme il la reçut indignement, le démon entra dans son corps, et ce disciple perfide sortit aussitôt pour aller livrer son maître aux Juifs.

D. — Que fit Jésus-Christ après la Cène?

R. — Il commanda à ses apôtres de s'aimer les uns les autres, comme il les avait aimés lui-même; il leur dit ensuite que son heure était venue, leur prédit toutes les circonstances de la Passion, et que la nuit ne se passerait pas qu'ils ne l'eussent tous abandonné. Saint Pierre protesta qu'il ne l'abandonnerait jamais; mais Jésus-Christ l'assura qu'il l'aurait renoncé trois fois avant que le coq chantât. Après leur avoir dit plusieurs vérités consolantes, il s'en alla au Jardin des Olives.

G. — Cer guerthatu cen olibetaco baratcean?

E. — Yesu-Christo erori cen heriotzeco tristezian; eta sentitcearekin pasioneco orena hurbiltcen, othoiztu zuen hiruetan bere aita etzezon edanaraz calitz hura : *Bizkitartean, zure nahia eguin bedi, erran cion, eta ez nerea.* Hirugarren orenean hagonian sarthu cen : odolezco izerdi bat yautsi citzaion gorputz gucitic, eta dembora berean aguertu cen Aingueru bat haren hazcartceco. Flakezia hortaric arthera cenean, atzeman cituen dicipuluac lokhartuac. *Ezin egon zarete oren bat iratzarriac nerekin, erran cioten, erna zaitezte eta othoitz eguizue; ecen haraguia flacoago da izpiritua bortitz den baino. Ene orena ethorria da, errepicatu cioten; chutic zaitezte: ecen ni saldu behar nauena ez da gure ganic urrun.* Hitz horiec akhabatcean, Yudas aguertu cen guizon harmatu multzu batekin, eta Yesu-Christoren ganat hurbiltcen celaric, besarcatu zuen, Yuduei eman zuen seinalearen arabera.

G. — Cer erran cion Yesu-Christoc Yudasi, besarcatcean?

E. — *Adichkidea, erran cion Yesu-Christoc, certarat ethorri zare hunat? musu batez saltcen duzu guizonaren semea.* Eta dembora berean, aintcinaturic yende harmatuen ganat, galdeguin cioten, noren bilha zabiltzan. Ihardetsi cioten, *Yesus Nazarengoaren.* Bainan, erran zuen becein laster boza halto batekin, *ni naiz;* denac etchatuac, erori ciren lurrerat. Beren icialduratic atheratu cienean, Yesu-Christoc errepicatu cioten, hura cela hec bilhatcen zutena, eta hartu zuten. Yondoni Petric nahizan zuen beiratu, eta ezpata ukhaldi batez beharria picatu cion Malchusi, aphez hardiaren cerbitzariari; bainan Yesu-Christoc manatu cion ezpata sartciaz bere chiskuan eta beharria Malchusi bihurturic, utzi zuen bere burua estecatcera. Orduan, haren dicipuluac ihesi guan ciren, eta ereman zuten bera apez handiaren etcherat, Caiphen ganat.

G. — Ceren gainean, Caiphec eguin ciozkan galdeac Yesu-Christori?

E. — Bere dicipuluen eta bere doctrinaren gainean. Yesu-Christoc, ezagutuz apez handiaren botherea, ihar-

D. — Que se passa-t-il au Jardin des Olives ?

R. — Jésus-Christ s'y abandonna à une tristesse mortelle, et sentant que l'heure de sa Passion approchait, il pria trois fois son Père de ne point lui faire boire ce calice. *Que néanmoins votre volonté se fasse,* ajouta-t-il, *et non pas la mienne.* A la troisième heure, il fut réduit à l'agonie ; une sueur de sang coula de tout son corps, et un ange parut en même temps pour le fortifier. Revenu de cet affaiblissement, il trouva ses disciples endormis. *Vous n'avez pu veiller une heure avec moi,* leur dit-il, *veillez et priez, car la chair est plus faible que l'esprit n'est fort. Mon heure est venue,* ajouta-t-il, *levez-vous, car celui qui doit me trahir n'est pas loin de nous.* Comme il cessait de parler, Judas parut avec une troupe de gens armés, et s'approchant de Jésus-Christ, il le baisa, suivant le signal qu'il avait donné aux Juifs.

D. — Que dit Jésus-Christ à Judas qui l'embrassait ?

R. — *Mon ami,* lui dit Jésus-Christ, *qu'êtes-vous venu faire ? Vous trahissez le fils de l'homme par un baiser.* Et s'avançant en même temps vers ces gens armés, il leur demanda ce qu'ils cherchaient, ils lui répondirent : *Jésus de Nazareth ;* mais à peine leur eût-il dit d'une voix forte : *C'est moi,* qu'ils furent renversés et tombèrent tous par terre. Quand ils furent revenus de leur effroi, Jésus-Christ leur répliqua qu'il était celui qu'ils cherchaient, et ils se saisirent de lui ; saint Pierre voulut le défendre, et d'un coup d'épée coupa l'oreille à Malchus, serviteur du Pontife ; mais Jésus-Christ lui dit de remettre son épée dans son fourreau ; et après avoir remis l'oreille à Malchus, il se laissa lier. Ses disciples prirent alors la fuite, et on le conduisit chez le grand prêtre Caïphe.

D. — Sur quoi Caïphe interrogea-t-il Jésus-Christ ?

R. — Il l'interrogea sur ses disciples et sur sa doctrine. Jésus-Christ, reconnaissant le pouvoir du grand-

detsi cion, etzuela deus aipatu, gorderic, eta galdeguin cezakela hura entzun zutenei. Han cenetaric batec eman cion beharondoco bat, erraiten ciolaric : *Hola ihardesten duc apez handiari?* Yesu-Christoc yasan zuen laido hori, descantsu dibino batekin. Cer seinale guiristino bihotz-gorrentzat, nahigaberic den chumena yasan ez dezaketenean, beren eskuac busti gabe damu eguiten diotenen odolean, nahiz askotan eguiten dioten ere uste-gabean.

G. — Cer eguin zuen Caiphec, ikhustearekin, Yesu-Christoren gain emaiten cituzten cargac etcirela aski haren galarazteco?

E. — Galdeguin cion Yainco biciaren icenean, ia Christo cen? *hala diozu*, ihardetsi cion Jesusec. Hitz horietan, Caiphec, bere arropac urraturic, oihu eguin zuen, *arnegu eguin du : certaco behar dugu bertce lekhucoric? Cer iduritcen zaitzue?* Apez guciec ihardetsi zuten heriotcea mereci zuela. Berehala soldaduac hasi ciren haren burlatcen. Yotcen zutelaric eta thu eguiten gainerat, Yondoni Petric ukhatu zuen hiruetan; eta Yudas, bere nausiaren hiltzeco manua entzunic, guancen temploan etchatcera hartu dirua, eta eximenduz urkhatu zuen bere burua.

G. — Cer eguin zuten Yuduec Yesu-Christoz, hiltcera condenatu zutenan?

E. — Ereman zuten Pilatusen ganat, hiltceco manuaren fincatzera, etzutelacotz guehiago eskuric nihoren hilarazteco. Pilatusec, etzuelacoan atzematen Yesu-Christoren baithan deusic heriotcea mereci zuenic, nahizan zuen libratu : Bizkitartean, segur celaric etcela hobendun, azotaraci zuen, Yuduen ukitceco urricalmenduz, ondicozco planta hortan ikhustearekin. Horrec etzuen guehiago emendatu baicic hekien errabia : urrun entzutetic Pilatusec eguin eskhaintza, Yesu-Christoren libratziaz, bazco besten khariaz, ceinetan ohi baitcen presunier baten largatcia, Yuduec galdeguin zuten Barrabás, ohoin famatu bat, eta erran cioten Pilatusi, etcela Cesarren adichkide izanen, baldin libratcen bazuen Yesu-Christo, ceren bere burua erreguetzat ekhartcen zuen. Orduan Pilatusec, hobekiago seguituz bere

prêtre, répondit qu'il n'avait rien dit en secret et qu'il pouvait s'informer de ceux qui l'avaient entendu. Un des assistants lui donna un soufflet, en lui disant : *Est-ce ainsi que tu réponds au grand-prêtre ?* Jésus-Christ reçut cet outrage avec une patience divine. Quelle leçon pour ces chrétiens barbares qui ne sauraient supporter la moindre injure sans vouloir tremper leurs mains dans le sang de celui qui les a offensés, souvent même sans le vouloir !

D. — Que fit Caïphe, voyant que les accusations qu'on formait contre Jésus-Christ ne suffisaient pas pour le faire mourir ?

R. — Il lui demanda au nom du Dieu vivant s'il était le Christ. *Vous l'avez dit,* lui répondit Jésus. A ces mots, Caïphe déchirant ses vêtements : Il a blasphémé, s'écria-t-il ; quel besoin avons-nous d'autres témoins ? Que vous en semble ? Tous les pontifes répondirent qu'il méritait la mort. Aussitôt les soldats commencèrent à l'outrager. Pendant qu'ils le battaient et qu'ils crachaient sur lui, saint Pierre le renia trois fois, et Judas ayant appris l'arrêt de mort rendu contre son maître, alla jeter dans le Temple l'argent qu'il avait reçu et se pendit de désespoir.

D. — Que firent les Juifs de Jésus-Christ après l'avoir condamné à mort ?

R. — Ils le menèrent à Pilate pour lui faire confirmer leur sentence, parce qu'ils n'avaient plus le droit de faire mourir personne. Pilate ne trouvant en Jésus-Christ aucun crime qui méritât la mort, voulut le renvoyer absous ; mais quoique persuadé de son innocence, il le fit battre de verges, pour toucher les Juifs de compassion lorsqu'ils le verraient dans un état si pitoyable. Cette vue ne fit qu'augmenter leur rage : bien loin d'écouter la proposition que Pilate leur fit de délivrer Jésus-Christ à l'occasion de la fête de Pâques, où on avait coutume de mettre en liberté un prisonnier, ils demandèrent Barrabas, qui était un insigne voleur, et dirent à Pilate qu'il ne serait pas ami de César s'il délivrait Jésus-Christ, parce qu'il s'était dit Roi. Pilate alors consultant plus son ambition que sa conscience,

irritsa ecen barneco yaidura, libratu zuen Yesu-Christo Yuduen eskuetarat, gurutceficatceco; eta aski causitu zuen, eskuac chahuturic, erraitea, garbi izanen cela guizon zucen horren odoletic.

G. — Cer eguin zuten Yesu-Christoz, Pilatusec gurutceficatcera condenatu zuenean?

E. — Garrai-araci cioten gurutcea, ceinetan estecatua behar baitzuen izan: bainan, nola ez baitzaion guelditcen indarric casic batere, bortchatu zuten Simun Syreneacoa, laguntziaz eremaiten. Calberiorat heldu cenean, gurutceficatu zuten bi ohoinec erdian. Gurutcean estecatcen zutelaric, othoiztu zuen aita barkhatciaz burreguei, etzakitelacoan cer hari ciren. Guero, gomendatu zuen bere Ama Yondoni Baptistari, Dicipulu maiteari, eta profezia guciac complitu ondoan, oihu eguin zuen: *Aita, ene arima ezartcen dut zure eskuetan;* eta burua apaltcearekin, etchatu zuen azken hatsa.

G. — Cer pizatu behar da Yesu-Christoren pasionearen gainean?

E. — Seinalatu behar dire Yesu-Christoc bere pasionean aguertu cituen berthuteen artean, haren iraupena oinhacen erdian, solasic eta errenkuraric gabe; haren eztitasuna, bere burreguei barkhatcean. Hekien barcamenduaren ardiesteco aitari eguiten duen othoitzac, erakhusten du guiristino guciei, ez dutela mendecatu behar beren exaiez, ungui eguinez baicen. Bere oinhacetan aguertcen duen descantsu miragarriac erakhusten diote, nola behar dituzten yasan gurutceac eta nahi gabeac.

G. — Nolaco gauza espantagarriac aguertu ciren Yesu-Christoren heriotcean?

E. — Temploaren estalkia bi erdi eguin cen; lurra ikharatu cen, ilhumbez estalia izan cen hiru orenez; harriac eta arrocac arrailatu ciren; hobiac ideki ciren, eta asko saindu, hilac, piztu ciren. Gauza espantagarri horiec guciec bortchatu cituzten soldaduac aithortceaz, Yesu-Christo eguiazki Yaincoaren seme cela. Arimathiaco Yosephec haren gorputza ardietsiric, gantzutu zuen Nicomedec ekharri ciozkan inguenduekin, eta

livra Jésus-Christ aux Juifs pour le crucifier; et il se contenta, en se lavant les mains, de dire qu'il était innocent du sang de ce juste.

D. — Que fit-on de Jésus-Christ après que Pilate l'eût condamné à être crucifié ?
R. — On lui fit porter la croix où il devait être attaché; mais comme il ne lui restait presque plus de forces, on obligea Simon le Cyrénéen de l'aider à la porter. Quand il fut arrivé sur le Calvaire, il y fut crucifié entre deux voleurs. Comme on l'attachait en croix, il pria son père de pardonner à ses bourreaux, parce qu'ils ne savaient ce qu'ils faisaient. Il recommanda ensuite sa mère à saint Jean, son disciple bien aimé; et après avoir accompli toutes les prophéties, il s'écria : *Mon père, je remets mon âme entre vos mains;* et baissant la tête, il expira.

D. — Quelles considérations doit-on faire sur la Passion de Jésus-Christ?
R. — On doit remarquer, parmi les vertus que Jésus-Christ fait paraître pendant la Passion, la constance avec laquelle il souffre sans murmurer et sans se plaindre, et la bonté avec laquelle il pardonne à ses bourreaux. La prière qu'il adresse à son père pour obtenir leur pardon, apprend à tous les chrétiens qu'ils ne doivent se venger de leurs ennemis qu'en leur faisant du bien; et la patience admirable qu'il fait voir dans ses souffrances, leur enseigne de quelle manière ils doivent supporter leurs croix et leurs afflictions.

D. — Quels prodiges arrivèrent à la mort de Jésus-Christ?
R. — Le voile du Temple se déchira en deux : la terre trembla, elle fut couverte de ténèbres l'espace de trois heures; les pierres et les rochers se fendirent : les tombeaux s'ouvrirent, et plusieurs saints qui étaient morts ressuscitèrent. Tous ces prodiges obligèrent les soldats à confesser que Jésus-Christ était véritablement le fils de Dieu. Joseph d'Arimanthie ayant obtenu son corps, l'embauma avec les parfums que Nicodème lui

ezarri hobia berri baten barnean, ahoa tapaturic harri batekin. Yuduec, orhoituric Yesu-Christoc erran zuela, hainitz aldiz, piztuco cela, zainac ezarri cituzten, eta harria ciguilatu hirico ciguiluarekin.

G. — Cenbat egun egon cen Yesu-Christo hobiaren barnean?

E. — Hiru egun, ceinen buruan piztu baitcen bere botherez. Lurra dardaratu cen ordu berean, eta Yaunaren Aingueruac, cerutic yautsiric, apartatu zuen hobia tapatcen zuen harria, eta haren gainean yarri, arguia baino distirantago, chistmista baten pare. Zainac hain bertcetaraino harritu ciren non ihes eguin baitzuten beren guardia tokitic. Guan ciren apezei erraitera, cer guerthatu cen, eta hartu zuten hekien ganic diru pusca bat, erraitecotan berac lo zaudelaric, Dicipuluec ereman zutela Yesu-Christoren gorputza. San Agustinec dio Yuduac berac lo zaudela, planta gabeco asmu hori eguin zutenean: ecen zainac lo bazauden, etzezaketen itchus ia Yesu-Christoren dicipuluec ereman zuten haren gorputza.

G. — Asmu hortaz baliatu ciren?

E. — Ez. Debalde eguin zuten. Piztu ondoan, Yesu-Christoc erakhutsi zuen bere burua asko yende suertei. Aguertu cen Yondoni Petriri, santa Madalenari, Emmausen seguidantei, eta san Thomasi, ceinec haren pizteaz seguratcecotan, ezarri baitcituen bere erhiac Salbatzailearen zauri sacratuetan. Aguertu cen oraino Apostolu guciei, eta berogoi egunez hekiekin solastaturic, igan cen ceruetarat bortz ehun arimen baino guehiagoen aintcinean, eta igorri zuen Apostoluei, hitz eman arabera, izpiritu saindua, ceina yautsi baitcen hekien gainerat, hamar egunen buruan, suzco mihi batzuen itchuran, eta eman indarra ebanyelioaren predicatcera guateco, mundu gucian, oinhaceric icigarrienez casuric eguin gabe.

Testament berriaren Akhabantza.

apporta et le mit dans un sépulcre neuf, dont il ferma l'entrée avec une pierre. Les Juifs se ressouvenant que Jésus-Christ avait dit plusieurs fois qu'il ressusciterait, le firent garder et scellèrent la pierre avec le sceau de la ville.

D. — Combien de jours Jésus-Christ fut-il dans le tombeau ?

R. — Trois jours après, il ressuscita par sa propre puissance. La terre trembla dans ce moment, et l'ange du Seigneur descendit du Ciel, ôta la pierre qui fermait le tombeau, et s'assit dessus tout brillant de lumière, semblable à un éclair. Les gardes furent saisis d'une si grande frayeur, qu'ils quittèrent leur poste. Ils allèrent dire aux prêtres ce qui était arrivé, et reçurent d'eux une grosse somme d'argent, pour dire que pendant qu'ils dormaient, les disciples de Jésus-Christ avaient enlevé son corps. Saint Augustin dit que les Juifs dormaient eux-mêmes lorsqu'ils employèrent une ruse si mal imaginée, puisque si les gardes étaient endormis, ils n'avaient pas pu voir si c'étaient les disciples de Jésus-Christ qui avaient enlevé son corps.

D. — Cette ruse leur réussit-elle ?

R. — Elle leur fut inutile. Jésus-Christ se fit voir après sa résurrection à plusieurs personnes. Il apparut à saint Pierre, à sainte Magdelaine, aux disciples d'Emmaüs, à saint Thomas, qui, pour s'assurer de la vérité de sa résurrection, mit ses doigts dans les plaies sacrées du Sauveur. Il apparut encore à tous les apôtres, et après avoir conversé avec eux pendant quarante jours, il monta au Ciel en présence de plus de cinq cents personnes, et envoya, comme il avait promis à ses apôtres, son Saint-Esprit qui, dix jours après, descendit sur eux en forme de langues de feu, et leur donna la force d'aller prêcher l'Evangile dans tout l'univers, au mépris des plus cruels supplices.

Fin du Nouveau Testament.

ERLIJIONECO
FROGAC

Galdea. — Cer da Erlijionea?
Errepusta. — Erlijionea da Yainco guciz nausi baten izaitearen gainean den sinhestea, hari bihurtcecotan gure-ganic galdegiten (*) duen adoracionea.

G. — Bada erlijionaren beharric?

E. — Bai, eta arras premiazcoa da, ecen harc ezartcen du gure baithan Yaincoaren beldurkundea, gizonaren idukitceco bakharric gai dena, caztiguec eta ohorezco sentimenduec iduc ez dezakete nean, bere eginbidetan. Gehiago, harc emaiten du zucentasuna, eta egiazco descantsua, atsekaberic handienen erdian.

G. — Bada erlijione bat baino gehiago munduan?

E. — Bada hainitz. Lau bereciki; hec dire, Paganoen erlijionea, ceinetan egiazco Yaincoaren orde, adoratcen baitha iguzkia, ilhargia, edo cenbeit creatura; Mahometena, Mahomet profeta faltsoac fincatu zuena, ceinetan sinhesten baitha egiazki Yainco batean, bainan ez Trinitate sainduaren eta Yesu-Christoren baithan; ceinetan ere ez baitha idurikatcen haragisco parabisu bat baicic; yuduena, ceina baitcen egiazcoa, Yesu-Christo ethor aintcinean; giristinoena, ceinetan altchatu baitire, zori gaichtoan, asko moldetacoac. Erlijione catholicoa da bakharric egiazcoa, ceinetaz campo ez baitha salbamenduric.

G. — Certan bethi bat egin dute erlijione horiec?

E. — Yaincotasunaren sinhestean; bainan denec ez dute ekharri sinheste bera. Batzuec ezarri dute izarre-

(*) Giten eta gizon, guiten eta guizon orde.

PREUVES
DE LA RELIGION

1. DEMANDE. — Qu'est-ce que la Religion ?
RÉPONSE. — La Religion est la persuasion de l'existence d'un Dieu, souverain Être, et de l'obligation que nous avons de lui rendre le culte qu'il exige de nous.

D. — La religion est-elle nécessaire ?

R. — Oui, et d'une nécessité indispensable, parce qu'elle nous inspire la crainte d'une divinité, seule capable de contenir l'homme que les châtiments ni le point d'honneur ne pourraient pas retenir dans son devoir. De plus, elle donne de la probité, et console véritablement dans les plus grandes afflictions.

D. — Y a-t-il plusieurs Religions dans le monde ?

R. — Il y en a plusieurs. Les quatre principales sont : la Religion payenne, où, au lieu du vrai Dieu, on adore le Soleil, la Lune ou d'autres créatures ; la Mahométane que le faux prophète Mahomet a établie, où véritablement on croit à un Dieu, mais où on ne croit ni à la Sainte Trinité, ni à Jésus-Christ, et où on espère un paradis charnel ; la Juive, qui était la vraie avant Jésus-Christ ; et la Chrétienne, dans laquelle il s'est malheureusement élevé plusieurs sectes. La Religion catholique est la seule véritable, hors de laquelle il n'y a point de salut.

2. D. — En quoi ces Religions se sont-elles toujours accordées. ?

R. — A croire à la Divinité ; mais toutes n'en ont pas donné la même idée. Les unes l'ont placée parmi les astres, faisant adorer le Soleil ou la Lune ; les autres l'ont avilie jusqu'à la croire dans les hommes, et

tan, iguzkia edo ilhargia adoratuz : bertce batzuec apaldu dute sinhetsi arthio gizonetan, bai eta ere marmailoric higuingarrien gorputzean. Ez da erlijioneric, Yuduena eta giristinoena becein barna sarthu denic Yaincoaren ezagutzan, izaite bat osoki complia bezala behatcen dutelaric, mundua creatu duena bere bothereaz; manaïatcen bere zuhurtciaz, eta beiratcen bere nahiaz; sekulaco caztiguac esleitu dituena maitatcen ez dutenei, eta bethiereco zori ona, harentzat amodioa izaiten dutenei.

G. — Izan diteke dudaric Yainco baten izaitearen gainean?

E. — Ez. Non ez ditugun arras galdu adimendua eta gure baithaco sentimenduac; ecen frogac hain seguruc dire, non ez baititezke begiac hets argiari. Froga hec dire : 1^{ic} Yaincotasunaren sentimendua, gizon gucien baithan barraiatua; 2^{ic} Munduco ordena miragarria eta segidacoa, sei mila urthe huntan irauten duena; 3^{ic} Lehen izaite baten premia, guciz yakintsuna, eta gauza gucien gaiaren creatzailea; 4^{ic} Yainco ukhatzailen asmuetan causitcen diren duda-mudac.

G. — Cer ohore suerte Yaincoac galdegin zuen gizonetaric?

E. — Yaincoac etcioten eman legue naturala baicic, gizon gucien bihotzetan cigilatua, ceina baita Yaincoaren maitatcea, eta bertcei ez egitea, geoniri egitea nahi ginukeinic baicen; bainan Adamen bekhatuaren khariaz galduac, gizonac unhatu ciren laster hain uztarri gozoaz : utzi zuten guciz gorenecoaren adoracionea, creaturen Yaincoztatceco. Ikhustearekin mundu gucia hola libratcen idolatriari, Yaincoac hautatu zuen populu bat bere adoracionea seculan ez galtcecotan. Egyptoco cerbitzutic atheraturic gauza espantagarrien medioz, eman cion lege iscribatua, Yesu-Christo ethorri arthio iraun zuena : eta Yesu-Christoc fincatu du graciazco legea, munduaren akhabantz-araino iraunen duena.

G. — Non ikhusten da Yaincoac bere populuaren fagoretan obratu cituen gauza espantagarrien ichtorioa?

E. — Testament zaharreco liburuetan; iscribatuac izan direlacotz Yaincoac argitu gizonez, nola baitciren Moyse eta profetac : beraz, ez diteke izan dudaric hekien egiaren eta dibinitatearen gainean?

même dans le corps des plus vils insectes. Il n'y a que la Religion des Juifs et celle des Chrétiens qui aient eu une connaissance plus intime de Dieu, qu'elles regardent comme un Être infiniment parfait, qui a créé le monde par sa puissance, qui le gouverne par sa sagesse, et qui le conserve par sa bonté, qui a préparé une éternité de peines à ceux qui ne l'aimeront pas, et une félicité éternelle à ceux qui auront de l'amour pour lui.

D. — Peut-on douter de l'existence de Dieu ?

R. — Non, à moins qu'on n'ait perdu tout ce qui s'appelle raison et sens commun ; car les preuves qu'on en a sont si démonstratives qu'on ne saurait se refuser à leur évidence. Ces preuves sont : 1° Le sentiment d'une Divinité répandue dans tous les hommes. 2° L'ordre magnifique et constant du monde, qui dure depuis six mille ans. 3° La nécessité d'un premier Être intelligent et auteur de la matière. 4° Les difficultés qui se rencontrent dans le système des athées.

3. D. — Quel culte Dieu prescrivit-il aux hommes ?

R. — Dieu ne leur donna que la Loi naturelle qui est gravée dans le cœur de tous les hommes, et qui consiste à aimer Dieu, et à ne faire aux autres que ce que nous voudrions qui nous fût fait ; mais les hommes, corrompus par le péché d'Adam, se lassèrent bientôt d'un joug si doux : ils abandonnèrent l'adoration de l'Être-Suprême pour déifier des créatures. Dieu, voyant ainsi tout l'univers se livrer à l'idolâtrie, se choisit un peuple pour perpétuer son culte ; après l'avoir retiré de la servitude d'Égypte par des prodiges extraordinaires, il lui donna la Loi écrite, qui a subsisté jusqu'à la venue de Jésus-Christ, et Jésus-Christ a établi la loi de grâce, qui durera jusqu'à la fin du monde.

D. — Où voit-on l'histoire des prodiges que Dieu a opérés en faveur de son peuple ?

R. — Dans les livres de l'ancien Testament, qui ont été écrits par des auteurs inspirés de Dieu, tels que Moyse et les prophètes : ainsi on ne saurait douter de leur vérité ni de leur divinité.

G. — Nola froga diteke liburu sainduen iscribatzailec egia erran dutela, argitasun dibinoaren laguntzaz campo?

E. — Bereciki hiru arrozoinen gatic: 1^{ic} Beren demboran gerthatu gauzac aipatcen tuztelacotz (*), egiatzat ezaguturic; 2^{ic} Faltsoki mintzatu balire, gezurreztatuac izanen baitciren asko yendez, hec ekharri gauza berez ez balire lekhuco izan, eta hekien iscribuac ez baitciren ezagutuac izanen dibinoac bezala; 3^{ic} Sinhetsiac izaitea mereci zuten gizon batzu cielacotz, hekien gain deus gaichtoric eman etziteken demboran, eta etzelacoan hekien iscribuetan batere gezurraren itchurapenic; aitcitic, bazter gucietan agertcen delacotz fede ona eta prestutasuna.

G. — Ez da bertce frogaric escrituraco egiaren gainean?

E. — Froga diteke oraino harc ekhartcen tuen ichtorioez, eta han causitcen den doctrinaz. Han ekharriac diren ichtorioac aithortuac dire gehienac, Pagano iscribatzailez berez: nola uholde yeneralaren ichtorioa, Sodomen eta Gomorhen suntsitcea, itsaso gorriaren trebesia, eta bertce asko. Adimenduco argien araberacoa da han causitcen den doctrina: nola baita, sinhestea badela Yainco bat, gaichtaginac caztigaturic, onac sariztatuco tuena; zucentasuna eta berthutea behar direla segitu, eta gure lagunari egin geoniri egitea nahi ginukeiena.

G. — Bada frogaric escrituraco dibinitatearen gainean?

E. — Badire lau: 1^{ic} Profeten mirakuiluac; frogatcen dutelakotz Yaincoac igorri cituela; 2^{ic} Yesu-Christoren gainean egin profeziac, eta bertce asko seinale, bethi complitu direnac; 3^{ic} Escrituran causitcen den doctrinaren haltotasuna, ceina baita hain samdua eta complia, non ez baititeke izan Yainco bat baicic haren iturburua; 4^{ic} Irakurtzailen gainean hartcen duen bothere miragarria, ecen bihotzac saindutceco bidean emanez, bethetcen tu bozcarioz eta descantsuz.

(*) Tu eta tuzte, ditu eta dituzten orde.

D. — Comment prouve-t-on que les auteurs des Livres Saints ont dit vrai, indépendamment de l'inspiration divine ?

R. — Par trois raisons principales : 1° Parce qu'ils rapportent des choses arrivées de leur temps, et dont ils savaient la vérité ; 2° Parce que s'ils avaient dit faux, ils auraient pu être contredits par une infinité de personnes, qui avaient été les témoins des mêmes choses qu'ils rapportent, et que leurs écrits n'auraient pas été reçus comme divins ; 3° Parce que c'étaient des gens très-dignes de foi, à qui on ne saurait imputer aucun crime, et qu'il n'y a rien dans leurs écrits qui les fasse soupçonner de mensonge ; au contraire, on y voit régner partout la bonne foi et la piété.

4. D. — N'y a-t-il point d'autres preuves de la vérité de l'Ecriture ?

R. — On peut aussi la prouver par les histoires qu'elle renferme, et par la doctrine qu'elle contient. Les histoires qu'elle renferme sont la plupart attestées par les auteurs profanes : telles sont l'histoire du déluge, celle de la destruction de Sodôme et de Gomorrhe, le passage de la mer rouge et plusieurs autres. La doctrine qu'elle contient est très-conforme aux lumières de la raison. Telle est, par exemple, celle de croire qu'il y a un Dieu qui punira les méchants et récompensera les bons ; qu'il faut être équitable, vertueux et traiter son prochain comme on voudrait être traité soi-même.

5. D. — Quelles preuves a-t-on de la divinité de l'Ecriture ?

R. — On en a quatre : 1° Les miracles que les prophètes ont faits, qui prouvent que Dieu les avait envoyés ; 2° Les prophéties qui regardent Jésus-Christ, et les autres événements, lesquels ont été toujours accomplis ; 3° La sublimité de la doctrine de l'Ecriture, qui est si sainte et si parfaite qu'il n'y a que Dieu qui en puisse être l'auteur ; 4° Le pouvoir admirable qu'elle a sur ceux qui la lisent ; car en sanctifiant leur cœur, elle le remplit de joie et de consolation.

G. — Cer indar izan dezakete Testament zaharreco profesiec, erlijioneco egiaren gainean?

E. — Badute hainitz indar : norc ere pisatuco baititu artharekin, hura seguratuco da Yaincoaren ganic heldu direla. Nola gizonec seinala cezaketen aintcinetic, bortz ehun urtheen buruan ethorri behar cirenac? Bada Danielen profeziac, lau erresuma handien gainean, eta Yesu-Christoren ethorfcearen gainean eginac izan ciren bortz ehun urthe aintcinetic. Bizkitartean, ez balitz seguramenduric hekien zahartasunaren gainean, uste liteke ondotic eginac izan direla.

G. — Yuduec sinhesten cituzten profeziac, hec egin cituzten profetac bici ciren demboran?

E. — Bai. Eta nola etcezaketen sinhetz, beren begiez ikhustearekin gerthatcen, aintcinetic aipatuac? Ez baliote egin urruneco agintzaric baicen, eta complitcen berec ezin ikhuz zezaketenez bertceric, arrozoin izanen zuten dudatceco; bainan, nola ikhusten baitcituzten, egun guciez bethetcen hekien demboraco profetec, edo hekien aintcinecoec aginduac, lehenbicico profezien segurantzac emaiten cioten fidantcia ondocoetan. Ethorkizunean sinhesten zuten, orducoac ikhustearekin, eta seguratuac ciren profezia hec dibinoac cirela, faltaric etzutelacoan egiten.

G. — Froga diteke profezien medioz Messiasen ethortzea?

E. — Bai. Badire zucenki seinalatcen tuztenac, haren ethortceco dembora, sort-tokia, haren izaite moldea, mirakuiluac, pasionea, heriotce suertea, eta bertce azko gauza Yesu-Christori hain ungi doacinac, non ez baititezke bihur hari baicic.

G. — Cein dire profeziaric seinala-garrienac Messiasen gainean?

E. — Hec dire Yacoberena, Daniel profetarena, Isaiena, Ageena, Micheena, eta bertce hainitcenac.

D. — De quel poids peuvent être les prophéties de l'Ancien Testament, pour prouver la vérité de la Religion ?

R. — Elles sont d'un très-grand poids ; et quiconque les examinera avec attention, sera convaincu qu'elles ont été inspirées de Dieu, et que par conséquent, ce sont des preuves démonstratives de la vérité de la religion. Comment des hommes auraient-ils pu prédire des événements qui devaient arriver cinq cents après ? Or, les prophéties de Daniel, sur les quatre grandes monarchies et sur la venue de Jésus-Christ, ont été faits cinq cents ans avant leur accomplissement ; cependant elles sont si claires, que si l'on n'était sûr de leur ancienneté, on croirait qu'elles ont été faites après coup.

6. D. — Les Juifs ajoutaient-ils foi aux prophéties du vivant des prophètes qui les avaient faites ?

R. — Oui. Et comment ne l'auraient-ils pas fait, tandis qu'ils voyaient de leurs propres yeux l'accomplissement des choses qu'on leur prédisait ? Si on ne leur avait fait que des prédictions très-éloignées, et dont ils n'eussent pu voir l'accomplissement, ils auraient été en droit de les révoquer ed doute ; mais comme ils voyaient tous les jours l'événement de ce qui avait été prédit ou par les prophètes de leur temps ou par ceux qui les avaient précédés, l'accomplissement de ces premières prophéties leur faisait espérer celui des suivantes. Ils croyaient l'avenir, parce qu'ils voyaient le présent, et ils étaient persuadés que ces prophéties étaient divines, parce qu'elles étaient infaillibles.

7. D. — Peut-on prouver par les prophéties la venue du Messie ?

R. — Oui. Il y en a qui marquent précisément le temps de sa venue, le lieu de sa naissance, les qualités qu'il devait avoir, ses miracles, sa passion, le genre de sa mort, et des choses qui conviennent tellement à Jésus-Christ qu'elles ne sauraient convenir qu'à lui.

D. — Quelles sont les principales prophéties qui regardent le Messie ?

R. — Ce sont celles de Jacob, des prophètes Daniel, Isaïe, Aggée, Michée et plusieurs autres. Mais je ne

Bakharric, aipatuco ditut, Yacoberen profezia, eta Danielena hiruetan hogoi eta hamar astetacoa.

G. — Erran diezadazu Yacoberen profezia famatua?

E. — Huna non den. Bainan, yakin beharda lehenic nola egina izan cen. Heriotceco ohean celaric, Yacobec benedicatu cituen bere haur guciac, eta erran cioten aintcinetic, cer gerthatuco citzaioten. Yudaren ganat ethorri cenean, bertce anaiac baino gorago altchatu zuen, eta erran cion, haren castatic atheraco cela munduaren salbatzailea. Huna cer hizcuntzetan eman cion berria. *Erregetasuna ez da atheraco Yudaren ganic, ez eta ere manamendu haren ondoriotaric, igorri izan behar dena ethorri arthio, ceina izanen baita guciez igurikatua.*

G. — Nola complitu cen profezia hori?

E. — Complitu cen : 1ic Yesu-Christo ethorri cenean, manamendua etcelacoan Yuduen eskuetan ; ecen Herodes Ascalonita, Yudeaco erregue, Idumeearra cen. 2ic Dembora berean Yuduec galdu zutelacotz manatceco botherea, hiltceco eta biciaren emaiteco eskuarekin; aithortu zuten bezala Yesu-Christoren pasionean, noiz ere oihu egin baitzuten : « Etzaiku cilhegi nihoren « hilaraztea ». *Nobis non licet interficere quemquam.*

G. — Cein demboraz egina izan cen Danilen profezia?

E. — Yuduae Babylonian esclabo cielaric, noiz ere hekien atsekhabez deboilatua, Danielec othoiztu baitzuen Yaincoa kharsuki, urrical zadien bere populuaz, eta compli cetzan lehen aginduac. Bere cerbitzariaren othoitzaz ukitua, Yaincoac igorri cion Gabriel aingueruac deskantsu bihurtcera, eta ethorkizunaz yakintzun egitera : halaco gisan, non aingueruac Danieli iduki zuen hizcuntza deitua baitha, hiruetan hogoi eta hamar astetaco profezia.

G. — Erran diezaguzu profezia hori?

E. — « Ez da oraino iguricatceco hiruetan hogoi eta « hamar aste, erran zuen aigueruac Danieli, zure eta « zure populuaren botuen complitceco; ecen hiruetan

PREUVES DE LA RELIGION 187

rapporterai que la prophétie de Jacob et celle des soixante et dix semaines de Daniel.

8. D. — Dites-nous la fameuse prophétie de Jacob ?

R. — La voici; mais il est à propos de rapporter auparavant dans quelles circonstances elle a été faite. Jacob, étant au lit de la mort, donna sa bénédiction à tous ses enfants, et leur prédit ce qui leur devait arriver. Quand il vint à Juda, il l'éleva au-dessus de ses frères, et il lui dit que de sa race sortirait le Sauveur du monde. Voici en quels termes il l'annonce : *Le sceptre ne sortira point de Juda, et le Gouvernement ne sortira point de ses descendants, jusqu'à ce que vienne celui qui doit être envoyé, et il sera l'attente des Nations.*

D. — Comment cette prophétie a-t-elle été accomplie ?

R. — Elle a été accomplie : 1° En ce qu'au temps que Jésus-Christ est venu, le sceptre n'était pas entre les mains des Juifs, puisque Hérode l'Ascalonite, qui était roi de Judée, était Iduméen ; 2° En ce que dans le même temps les Juifs perdirent l'autorité de se gouverner par eux-mêmes, avec pouvoir de vie et de mort ; ils en firent un aveu public au temps de la passion de Jésus-Christ, lorsqu'ils s'écrièrent : « Nous n'avons pas « le pouvoir de faire mourir personne. » *Nobis non licet interficere quemquam.*

9. D. — Dans quel temps fut faite la prophétie de Daniel ?

R. — Pendant la captivité de Babylone, où Daniel, affligé de la souffrance des Juifs, fit à Dieu une ardente prière pour obtenir de lui ses miséricordes sur son peuple, et l'effet de ses anciennes promesses. Dieu, touché des prières de son serviteur, lui envoya l'ange Gabriel pour le consoler et lui apprendre l'avenir ; en sorte que le discours de l'ange à Daniel est ce qu'on appelle la prophétie des soixante-dix semaines.

D. — Dites-nous cette prophétie ?

R. — « Il n'y a pas encore à attendre soixante et dix « semaines, dit l'ange à Daniel, pour mettre le comble « à vos vœux et à ceux du peuple ; car avant la fin des

« hogoi eta hamar asteac iragan baino lehen, obratuco
« dire hitz emanac, eta suntsituco da gaichtakeria.
« Bethiereco yusticia agertuco da lurraren gainean,
« aintcinetic aginduen complitceco, noiz ere sainduen
« saindua consecratua izanen baitha. Entzun beraz
« ungi eta guardia eman. Yerusalemeco hiriaren berriz
« altchatceco manua emanez geroztic, etcheac eta har-
« rasiac erresakan moldaturic, manu hortaric, Yesu-
« Christo populuaren aintcindari, ethorri arthio, ez
« dire iraganen zazpi aste baicic, bertce hiruetan hogoi
« eta biekin, denetarat hiruetan hogoi eta bederatzi
« aste, edo 483 urthe. Christo hila izanen da, eta ha-
« ren populua, hura ukhaturic, ez da guehiago izanen
« haren populu. Bertce populu bat, bere Buruzaguia
« aintcinean, ethorrico da hiriaren eta aldarearen et-
« chatzera; arras fundituac izanen dire : eta gerla hor-
« ren ondotic, agertuco da aintcinetic aipatu atseka-
« bea, populu berac finkatzearekin batasuna bertce
« cenbeitekin. Astearen erditarat, osthia eta sacrificioac
« desterratuac izanen dire; nahasmendua eta itsuskeria
« nausituco dire temploan, eta dolamenec iraunen dute
« azkeneraino. »

G. — Cer da seinalatceco Danielen profeziaren gainean?

E. — Guardia eman behar da, hemen aipatcen diren asteac urthezco asteac direla, eta ez egunezcoac; aste bacotchac badituela zazpi urthe, eta denec batean egiten dutela, lau ehun eta lauetan hogoi eta hiru urthe. Mundu guciac aithortcen du egia hori : bizkitartean, frogaric eman behar balitz, aski liteke orhoitcea, profezian errana dela, temploa berriz alchatua izanen cela, zazpi asteen buruan; bada, segur da hori ezin izan citekela, asteac izan balire egunezcoac; gaineratecoan, yakina da, Samaritanoec trabac emanic, temploa etcela akhabatua izan berrogoi eta bederatzi urtheen buruan baicic; denec egiten dute zazpi aste urthezcoac.

G. — Complitu cen Danielen profezia?

E. — Bai, eta egia hortaz seguratceco, contu egin

« soixante et dix semaines viendra l'accomplissement « des promesses et la fin de l'iniquité. Une justice éter- « nelle paraîtra sur la terre pour accomplir cette révé- « lation, au temps que le Saint des Saints aura l'onc- « tion : comprenez-le donc, et faites-y attention. De- « puis l'ordre qui sera donné pour rebâtir de nouveau « la ville de Jérusalem, dont les maisons et les murs « auront été construits à la hâte, depuis cet ordre jus- « qu'au Christ, chef du peuple, il n'y aura d'intervalle « que sept semaines, avec soixante et deux, c'est en « tout soixante et neuf semaines ou 483 ans. Le Christ « sera mis à mort, et son peuple qui l'aura renoncé ne « sera plus son peuple. Un autre peuple, sous les ordres « de son chef, viendra renverser la ville et son sanc- « tuaire qui seront entièrement ruinés : et après la fin « de cette guerre viendra la désolation prédite : il con- « firmera son alliance avec plusieurs : vers le milieu « de la semaine l'Hostie et le sacrifice seront abolis, « l'abomination jointe à la désolation sera dans le Tem- « ple, et la désolation durera jusqu'à la fin. »

10. D. — Qu'y a-t-il à remarquer sur la prophétie de Daniel ?

R. — Il faut observer que les semaines dont il s'agit ici, sont des semaines d'années et non des jours ; que chaque semaine contient sept années, et toutes ensemble font l'espace de quatre cents quatre-vingt-trois ans. Tout le monde convient de cette vérité ; mais s'il en fallait donner une preuve, il suffirait de remarquer qu'il est dit dans la prophétie que le Temple serait rebâti au bout de sept semaines : or, il est évident que cela aurait été impossible, si c'était des semaines de jours ; d'ailleurs on sait qu'à cause des oppositions des Samaritains, le Temple ne fut fini qu'au bout de quarante-neuf ans, ce qui fait en tout les sept semaines d'années.

11. D. — La prophétie de Daniel a-t-elle été accomplie ?

R. — Oui ; et pour se convaincre de cette vérité, il faut

behar da hiru pontu haukiei : 1^{ic} Yezu-Christoc agertu behar zuela, profeziaz seinalatu demboran; 2^{ic} Bere leguea fincaturic, ukhatua eta hila behar cela izan Yuduez; 3^{ic} Yerusalemeco hiriaren eta temploaren suntsitzeac, sacrificioen desterruac, eta Yuduen barraiamenduac ethorri behar zutela heriotce horren ondotic. Bada, horiec guciac gerthatu dire; ecen profeziac seinalatu demboran, agertu cen gizon bat bertcez hainitz goragocoa, Messias deitcen cena, eta escriturac esleitcen ciozkan seinale guciac berekin garraiatcen cituena. Haren heriotcearen segidan, Titus imperadoreac suntsitu zuen Yerusaleme, buruilaren zortzian, Yesu-Christoren 70 garren urthean. Vespasien izan cen cargatua Neronez, yuduen bentzutceaz. Icendatu zuten imperadore, eta haren seme zaharrenac, Titusec, akhabatu zuen gerla, Yerusaleme sethiaturic. Sacrificioac desterratuac izan ciren, temploa azpicoz gora itzulia, eta Yuduac barraiatuac, itzultceco agintzaric gabe. Iduri ere du, nahikunde dibino berechi batez irauten dutela oraino, eta ez direla errebelatuac lurraren gainean, profezia horren egia eta beren condenacionea frogatcen tuzten seinalen garraiatzeco baicic, bazter gucietan.

G. — Cer duda altcha diteke Danielen profeziaren gainean ?

E. — Hura da, yakiteco noiz hasten den, edo akhabatcen. Batzuec abiatcen dire asteen condatcen, Cyrus Persiaco erregueren lehenbicico urthetic : bertce batzuec, Artaxerces escu-lucearen zazpi-garrenetic. Bada, non nahi ezar dadien urthezco aste horien hastapena, edo akhabantza, bethi causituco da profezia horren egia : ecen, Artaxercec manua emanez geroztic, bere erreguetasunaren hogoi-garren urthean, munduaren 3551^{an}, Yesu-Christo predicatcen abiatu artho, 4034^{an}, atzematen dire 483 urthe. Han aipatua da, Yesu-Christo hila izanen dela, Yerusalemeco hiria eta bigarren temploa funditu ac izan baino lehen. Beraz segur da profezia hori complitu dela, Yerusalemeco hiria eta temploa aspaldion suntsituac direnaz geroz.

faire attention à ces trois points : 1° Jésus-Christ devait paraître au bout du terme marqué par la prophétie ; 2° Il devait établir sa Loi, être rejeté par les Juifs, et mis à mort ; 3° La destruction de la ville et du temple de Jérusalem, l'abolition des sacrifices et la dispersion des Juifs devaient suivre cette mort. Or, tout cela est arrivé ; car au temps marqué par la prophétie, a paru un homme extraordinaire, qui s'est dit le Messie, qui avait tous les caractères marqués par les Ecritures. Après sa mort, Jérusalem a été détruite par l'empereur Tite, le huit septembre de l'an de Jésus-Christ, 70. Vespasien avait été chargé par Néron de dompter les Juifs. On le proclama empereur, et Titus, son fils aîné, termina la guerre par le siége de Jérusalem. Les sacrifices ont été abolis, le Temple ruiné de fond en comble, et les Juifs dispersés sans promesse de retour. Il semble même que c'est par une providence particulière, qu'ils subsistent encore, et qu'ils ne sont errants sur la terre que pour porter partout les oracles qui prouvent la vérité de cette prophétie, et celle de leur réprobation.

D. — Quelles difficultés fait-on sur la prophétie de Daniel ?

R. — Les difficultés qu'on fait sont sur le temps où il faut commencer ou finir cette prophétie. Les uns commencent à compter les semaines à la première année du règne de Cyrus, roi de Perse ; les autres à la vingtième ou à la septième de celui d'Artaxercès à la longue main : mais en quelque endroit qu'on place le commencement ou la fin de ces semaines d'années, on trouvera toujours la vérité de cette prophétie, puisque depuis l'ordre donné par Artaxercès, la vingtième année de son règne, l'an du monde 3551, jusqu'au temps où Jésus-Christ a commencé sa prédication en 4034, on trouve 483 ans. Il y est dit que le Christ doit être mis à mort avant la destruction du second Temple et la ruine de Jérusalem. Il est donc sûr que la prophétie a été accomplie, puisque le Temple et la ville de Jérusalem sont détruits depuis si longtemps.

G. — Bada bertce frogaric, Messiasen ethortcearen gainean?

E. — Frogatcen da oraino Messiasen ethortcea, testament berrico liburuez, Giristino iscribatzailen lekhucotasunaz, eta bertce ichtoriano paganoen medioz.

G. — Sinhetsi behar dire testament berrico liburuac?

E. — Bai. Bereciki, lau arrozoinen gatic, argitasun dibinoaz campo : 1^{ic} Ceren iscribatuac izan diren dembora bereco gizonez, enganatuac ezin izan citezkenez : berec ikhusiac, entzunac, eta ukhituac ekhartcen cituztelacotz; 2^{ic} Ceren iscribituac izan diren, bertcen enganatceco gai etciren ichtorianoez, arrantzari erromes batzuez, nahikundez eta mintzo ederrez gabetuac ; beren odolaz cigiluztatu ditustenac aintcinatu egiac; 3^{ic} Nahizan balute ere enganatu, ezin egin baitzezaketen : berec aipatcen cituzten mirakuiluez lekhuco izan ciren yenden aintcinean predicatcen zutelacotz, eta errechki gezurreztatuac izanen baitciren, horiec ez balire izan diren becein segurac; 4^{ic} Ebanyelioan ekharriac diren gaucetaric asko aitorthuac direlacotz iscribatzaile Paganoez berez. Azkenean, erran diteke fidantciareçin, ez dela munduan ichtorio seguroric, eta sinhetsia izaitea mereciago duenic.

G. — Cein dire Pagano ichtorianoac, Yesu-Christoz eta giristinoez mintzatu direnac?

E. — Hec dire haren demboran bici ciren guciac, edo handic laster segitu zuten mendetan. *Suétone, Corneille, Tacite* eta *Pline gastea,* ichtoriano Eromanoac, eta *Yosephe,* ichtoriano Yudua, denac Yesu-Christoz, mintzatu direnac, hura hil eta laster, iscribatcen zuten. *Phlégon, Lampridius, Calcidius, Ammie-Marcellin,* eta bertce asko, ondoco mendetan bici ciren.

G. — Cer erraiten dute Tacitec eta Pline gazteac Yesu-Christoz, eta giristinoez?

E. — Tacitec dio, Neron imperadoreac nahiz bere begien aintcinean itchurapen gisa ezarri, nola erre othe cen Troye deitcen cen hiria, su eman-araci zuela Er-

Preuves de la Religion

12. D. — Quelles autres preuves a-t-on de la venue du Messie ?

R. — On prouve encore la venue de Jésus-Christ par les livres du Nouveau Testament, par le témoignage des auteurs chrétiens, et par celui de plusieurs historiens profanes.

D. — Doit-on ajouter foi aux livres du nouveau Testament ?

R. — Oui, par quatre raisons principales, indépendamment de l'inspiration divine : 1° Parce qu'ils ont été écrits par des auteurs contemporains qui n'ont pu être trompés, ayant écrit ce qu'ils avaient vu, entendu et touché ; 2° Parce qu'ils ont été écrits par des auteurs incapables de tromper, puisque c'étaient de pauvres pêcheurs, sans éloquence et sans ambition, et qui ont scellé de leur propre sang les vérités qu'ils ont annoncées ; 3° Parce que, quand même ils auraient voulu tromper, ils ne l'auraient pas pu, eux qui prêchaient devant des gens qui avaient été les témoins de merveilles qu'ils annonçaient, et dont ils auraient aisément découvert l'imposture si elles n'avaient pas été aussi vraies qu'elles le sont ; 4° Parce que plusieurs faits rapportés dans l'Evangile sont attestés par les auteurs profanes. Enfin, on peut dire avec confiance qu'il n'y a point d'histoire dans le monde qui ait plus de certitude et qui mérite plus de croyance.

13. D. — Quels sont les auteurs profanes qui ont parlé de Jésus-Christ et des chrétiens ?

R. — Ce sont tous ceux qui ont vécu de son temps, ou dans les siècles qui l'ont suivi de près. *Suétone, Corneille, Tacite* et *Pline* le jeune, historiens romains, et *Josèphe*, historien juif, qui ont tous parlé de Jésus-Christ, écrivaient peu de temps après sa mort. *Phlégon, Lampridius, Calcidius, Ammien-Marcellin*, et plusieurs autres vivaient dans les siècles suivants.

D. — Que rapportent Tacite et Pline le jeune de Jésus-Christ et des chrétiens ?

R. — Tacite dit que l'empereur Néron, voulant se représenter l'embrasement de la ville de Troie, fit mettre le feu aux plus beaux quartiers de la ville de Rome ;

romaco carrikaric ederrenetan; eta ifamekeria horrec haren gainerat deitu behar zuen higuintzari escapatce-cotan, giristinoac deitcen cirenen gain eman zuela, eta condenatu cituela oinaceric icigarrienetarat.

 Pline gazteac, Bithiniaco aintcidariac, iscribatu zuen Trajani, haren manuz hil-araci zuela cenbeit giristino: bainan, etcituela deusez hobendun causitu: aitcitic, hitz emaiten zutela, cinez, gaizkiric ez egitea; eta hekien gain eman citekena, cela bakharric, cantiken cantatcia Christauen ohoretan. Lekhucotazun horiec biec frogatcen dute giristinoac aspaldicoac direla; hain segurac dire, non sinhetz-gortasun handienac berac ez baitezake izan dudaric.

 G. — Cer erraiten du Yesu-Christoz, Yosephe ichtorianoac?

 E. — Arras garbiki mintzo da hartaz, hemen ekhartcera noan hitzetaric ikhus diteken bezala:

 « Dembora hartan, dio Yosephec, agertu cen Yesus,
« gizon prestu bat, baldin ez bada deitu behar gizon
« baicen; ecen egiten cituen mirakuiluzco obrac, eta egia
« aditcea maite zutenen nausia cen. Segidante hainitz
« izan zuen, Yuduen eta Paganoen artean. Christo cen.
« Gure artheco printcec cargaturic, Pilatusec guretcefi-
« caraci zuen. Hari estecatuac cirenac, etciren gelditu
« hala izaitetic; ecen, hiru egunen buruan, agertu cen
« biciric, Yaincoaz arguitu profetec aintcinetic erran
« zuten arabera; eta egin cituen oraino mirakuiluac.
« Haren segidantec, giristinoac deituac bere icenetic,
« iraun dute geroztic, eta irauten dute oraino, egungo
« egunean. »

 G. — Ez diteke erran Yosepheren aipamen hori geroztic sarthua izan dela ichtorioan?

 E. — Obra berri batzuen Egilec nahizan dute thematu; bainan cimendu guti du hekien erranac, ecen hori bera causitcen da iskriburic segurenetan, bai eta ere libururic zaharrenetan. Gaineracoan, Yosephe mintzatu denean, mundu guciac aithortcen duen bezala, Yondoni Baptistaz, haren laudoriac eginez, eta Yondoni Yacoube apostoluaz, deitcen duelaric Yesu-Christoren

mais que pour éviter la haine que lui attirait une action si barbare, il en accusa ceux qu'on appelait chrétiens, et qu'il les condamna aux plus horribles supplices.

Pline le jeune, gouverneur de Bithynie, écrivit à Trajan, que, par son ordre, il avait fait mourir plusieurs chrétiens; qu'il ne les avait trouvés coupables d'aucun crime, mais qu'au contraire, ils s'engageaient par serment à n'en point commettre, et que tout ce qu'on pouvait leur reprocher, était de chanter des cantiques en l'honneur du Christ. Ces deux témoignages prouvent l'antiquité des chrétiens; ils sont si authentiques, que l'incrédulité la plus opiniâtre ne saurait les révoquer en doute.

14. — Qu'est-ce que l'historien Josèphe dit de Jésus-Christ?

R. — Il en parle en termes très-clairs, ainsi qu'on peut le voir dans le passage que je vais citer:

« En ce temps-là (dit Josèphe) parut Jésus, homme
« sage, si pourtant il ne faut l'appeler qu'un homme,
« car il faisait des choses miraculeuses, et était le maître
« de ceux qui aiment à recevoir la vérité. Il a eu beau-
« coup de sectateurs parmi les Juifs et parmi les Gen-
« tils. Il était le Christ. Etant accusé par les princes
« de notre nation, Pilate le fit crucifier. Ceux qui
« avaient été attachés à lui, ne cessèrent pas de
« l'être, car trois jours après, il apparut vivant, comme
« l'avaient prédit les prophètes inspirés de Dieu, et fit
« d'autres prodiges. Ses sectateurs, appelés chrétiens
« de son nom, ont subsisté depuis, et subsistent encore
« aujourd'hui. »

D. — Ne peut-on pas dire que ce passage de Josèphe a été ajouté à son histoire?

R. — Des auteurs modernes ont voulu le soutenir; mais il y a peu de fondement dans leur opinion, car on le trouve dans les manuscrits les plus authentiques et dans les livres les plus anciens. D'ailleurs, Josèphe ayant parlé, comme tout le monde en convient, de saint Jean-Baptiste, dont il fait l'éloge, et de l'apôtre saint Jacques, qu'il appelle le frère de Jésus-Christ, il n'est

anaia, behar zuen, nahi eta ez, cerbeit erran Yesu-Christoz, Yondoni Baptistac eta Yondoni Yacoubec baino harrabots gehiago egin zuen demboran.

G. — Cer seinalatcen dute Yesu-Christoren biciaren gainean, Calcidiusec eta Phlegonec, Pagano ichtorianoec?

E. — Calcidiusec, Platonen escolaco segidante batec, ekhartcen du Yesu-Christoren sortceari ihardesten duen urthean, agertu cela izar distirant bat, deus gaichtoric seinalatcen etzuena; bainan bai berria emaiten, Yainco baten ethortceaz, gizon gucien zori onetan. Gehiago, erraiten du, Chaldeaco gizon prestu batzu, izarra ikhusiric, guan cirela Yainco sorthu berriaren bilha, eta atzemanic, bihurtu ciozkatela beren botuac eta yautsapenac: hori aditu behar da garbiki, Magoac Bethleemerat segitu cituen izarraz. Phlegonec, Adrien imperadoreaz libratuac, ekhartcen du Yesu-Christoren hiltcean gerthatu cen iguzki estaltcea, ebanyelistec ekhartcen duten gisa berean, eta chehetasun bereekin.

G. — Ammien-Marcellinec, Pagano ichtorianoac, ez du deus erraiten, Yesu-Christoren ethortcea finka dezakenic?

E. — Ammien-Marcellinec ekhartcen du, Yulien arnegatuac, giristino icenaren exai errabiatuac, nahizan zuela berriz altchatu Yerusalemeco temploa, ezeztatceco, ahal bacen, Yesu-Christoc aintcinetic aipatuac, temploaren desterru yeneralaren eta sekulacoaren gainean; eta lanean berokienic hari ciren demboran, bat batean su-lama icigarri batzuec, cimenduetaric, atheraturic, iretsi cituztela langile gehienac, eta obra suntsitu. Azkenean, Tertuliannoc seguratcen du, Pilatusec igorri cituenan Erromarat, Yesu-Christoren heriotcearen eta mirakuilen gainean chehetasunac, Tiberec aipatu zuela Yaincoen herruncan ezartia. Froga horiec guciec, elkharren ganat bilduric, erakhusten dute, ecin dudatceco gisan, Yesu-Christoren ethortcea.

G. — Segur da Yesu-Christo Messias cela?

E. — Bai. Ecen bildu cituen bere baithan, profeziec ekhartcen cituzten seinale guciac, haren ezagutcceo·

pas naturel qu'il n'eût rien dit de Jésus-Christ, qui avait fait assurément plus de bruit que saint Jean-Baptiste et saint Jacques.

15. D. — Quels traits de la vie de Jésus-Christ sont rapportés par Calcidius et Phlégon, auteurs payens ?

R. — Calcidius, philosophe platonicien, rapporte que l'année qui répond à celle de la naissance de Jésus-Christ, il parut une étoile brillante, qui n'était point d'un mauvais présage, mais qui annonçait la la venue d'un Dieu pour le bonheur de tous les hommes. Il ajoute que de sages Chaldéens, l'ayant découverte, allèrent chercher ce Dieu nouvellement né, et que l'ayant trouvé, ils lui présentèrent leurs vœux et leurs hommages; ce qui doit visiblement s'entendre de l'étoile qui conduisit les mages à Bethléem. Phlégon, affranchi de l'empereur Adrien, décrit l'éclipse arrivée à la mort de Jésus-Christ, de la même façon et avec les mêmes circonstances qu'elle est rapportée par les évangélistes.

16. D. — Ammien-Marcellin, auteur payen, ne rapporte-t-il rien qui puisse confirmer la venue de Jésus-Christ ?

R. — Ammien-Marcellin rapporte que Julien l'apostat, ennemi juré du nom chrétien, voulut faire rebâtir le Temple de Jérusalem pour démentir, s'il était possible, la prédiction que Jésus-Christ avait faite sur la désolation générale et perpétuelle de ce Temple, et que pendant qu'on travaillait avec le plus d'ardeur à cet ouvrage, tout d'un coup d'horribles tourbillons de flammes sortirent des fondements, consumèrent la plupart des ouvriers, et rendirent l'entreprise inutile. Enfin, Tertullien assure que Pilate ayant envoyé à Rome les actes de la mort et des miracles de Jésus-Christ, Tibère proposa de le mettre au nombre des Dieux. Toutes ces preuves réunies ensemble, démontrent invinciblement la venue de Jésus-Christ.

D. — Est-il sûr que Jésus-Christ ait été le Messie ?

R. — Oui; parce qu'il a réuni en sa personne tous les caractères qui sont marqués dans les prophéties

Profezia horiec, ceinac batire hiruetan hogoi baino gehiago, frogatcen dute, ez choilki, Yesu-Christo Messias cela, bainan oraino Yainco cela. Gaineracoan, haren sortcean, bician, eta heriotcean agertu gauza espantagarriec frogatcen dute ecin ukhatceco gisan, haren Yaincotasuna, berac egin cituen mirakuiluec becein ungi: ceinetan handiena baitcen, bere buruaren piztea, bere botherez.

G. — Bada frogaric Yesu-Christoren piztearen gainean?

E. — Badire hiru: 1^{ic} Apostoluen lekhucotasuna, bere segidantena eta bortz ehun arimen baino guehiagoena, ikhusi eta ukitu zutelacotz, piztu andoan; 2^{ic} Apostoluec etzutelacoan Yesu-Christoren gorputzaren altchatceco ahalic, sinhesterat emaiteco piztu cela. Gaineracoan, behatcen zuten Yainco seme bezala, edo gezurtari bezala. Idukitcen bazuten Yainco semetzat, sinhesten zuten pitz citekela. Gezur erailetzat behatcen bazuten, certaco libratuco cituzten beren buruac heriotceric segurenari; 3^{ic} Ez balitz piztu, engana mundi izanen cen, eta Apostoluec etzuten eginen mirakuiluric haren icenean. Bada, segur da egin dituztela: beraz, segur da Yesu-Christo piztu dela.

G. — Yesu-Christo piztu bada, Messias eta Yainco bada, batean, cer heldu da hortic?

E. — Hortic heldu da, finkatcerat ethorri den erlijionea dibinoa dela, eta hargatic egiazcoa pontu gucietan: ecen egiazco erlijione batec ez dezake deusic erakhuts hala ez denic. Beraz egiazcoa balinbada, hortic heldu da, nahi eta ez, sinhetsi behar dela, obretan ezarri, eta salbamenduric ez dela, bertce bat segituz.

G. — Cergatic berekin garraiatcen cituelaric Messiasen seinale guciac, Yesu-Christo etcen ezagutua izan Yuduez?

E. — Asco arrozoin eman diteke; bereciki, nahasi dutelacotz haren bigarren ethortcea lehenarekin. Hunec behatcen zuen gizonen erospena, eta ekharria da salbatzailearen atsekhabeac eta oinhaceac seinalatcen

pour le faire reconnaître. Ces prophéties, qui sont au nombre de plus de soixante, prouvent non-seulement que Jésus-Christ est le Messie, mais même qu'il est Dieu. D'ailleurs, les prodiges qui ont paru à sa naissance, pendant sa vie et sa mort, sont des preuves incontestables de sa Divinité, aussi bien que les miracles qu'il a faits, dont le plus grand est celui d'être ressuscité par sa propre puissance.

17. D. — Quelles preuves a-t-on de la résurrection de Jésus-Christ ?

R. — On en a trois : 1° Le témoignage des apôtres, des disciples et de plus de cinq cents personnes qui l'ont vu et touché après sa résurrection ; 2° L'impossibilité où étaient les apôtres d'enlever le corps de Jésus-Christ pour faire croire qu'il était ressuscité. D'ailleurs, ou ils le regardaient comme le Fils de Dieu, ou comme un imposteur : s'ils le regardaient comme le Fils de Dieu, ils croyaient qu'il pouvait ressusciter : s'ils le regardaient comme un imposteur, pourquoi se seraient-ils livrés à une mort certaine ? 3° S'il ne fût point ressuscité, il aurait été un imposteur, et les apôtres n'auraient pas fait des miracles en son nom. Or, il est sûr qu'ils en ont fait : donc, il est sûr que Jésus-Christ est ressuscité.

D. — Si Jésus-Christ est ressuscité, et s'il est le Messie et Dieu en même temps, que s'ensuit-il de là ?

R. — Il s'ensuit que la Religion qu'il est venu établir est divine et par conséquent vraie dans tous ses points ; car une Religion véritable ne peut rien enseigner de faux. Or, si elle est vraie, il s'ensuit, par une conséquence nécessaire, qu'il faut la croire et la pratiquer, et qu'on ne saurait se sauver, si on en suit une autre.

18. D. — Pourquoi Jésus-Christ, ayant toutes les marques qui doivent faire connaître le Messie, n'a-t-il pas été reconnu par les Juifs ?

R. — On peut en donner plusieurs raisons ; la principale est qu'ils ont confondu son second avènement avec le premier. Celui-ci, qui regarde la rédemption des hommes est prédit en termes qui marquent les hu-

cituen hizkuntcetan. Bigarrena, azken yuyamendua behehatcen duena, ekharria da loriaz eta handitasunez bethea; halaco gisan, nọn Yuduec hartu baitute Yesu-Chrisʇoren botherea, iragancorra eta lurrecoa bezala, eta iduricatcen baitzuten Messias, conkest egile bezala, beren exaietaric libratuco cituena, eta ontasunez betheco, erresuma berri bat altchaturic. Bada, horiec guciac aditu behar ciren izpiritualki, ceruco ontasunez, Yesu-Chriztoc debruaren gainean irabaci behar cituen bitoriez, eta Elizaren finkatceaz.

G. — Certan dago giristinoen erlijionearen saindutasuna?

E. — Hura dago, Yaincoari adoracione compliaren bihurtcean, yaidura gaichtoen cebatcean, eta izpirituaren arabera gorputzaren plegatcean. Yesu-Christo ethor aintcinean, nihorc etzakien cer cen gurutcearen garraiatcea, exaien maitatcea, erromestasuna prezatcea, bihotzez ezti eta apal izaitea, gaizkiarentzat ungia bihurtcea; nahigabeen eta oinhacen erdian bozkariotcea. Giristinoen erlijioneac irakhasten ditu pontu horiec guciac, eta hargatic ikhusterat emaiten du Yaincoaren obra dela.

G. — Bertce erlijioneac ez dire giristinoen erlijionea becein sainduac?

E. — Ez bertcelacoac tuzte beren seinalea, eta hortaric erakhusterat emaiten dute, gizonen obrac direla: hala nola baita Paganoen erlijionea, dena lizunkeriez eta tzarkeriez bethea; gaizkiric handienac onesten dituelaric, Yainco faltsoen khariaz. Nola baita Mahometena, enonchetkeriez bethea; ecen norc sinhets dezake, egun batez ilhargia erori cela Mahometen sakelarat, berac condatcen duen bezala, eta ukhail colpe batez, berriz igorri zuela cerurat, haren argiaz mundua ez gabetcea gatic? Bertzalde, lausentgatcen tu gizonen yaidura gaichtoac, bere ganat hekien deitceco, eta cilhegi uzten du sentsuetaco atxeginen gozamena. Hitz batez, giristinoen erlijioneac desterratcen tu bicio guciac, eta saindutasun compliaren bidean ezartcen.

G. — Gizonen nahikundeac bentzutceco cituelaric,

miliations et les souffrances du Sauveur. Le second, qui regarde le Jugement dernier est représenté plein de gloire et de majesté, en sorte que les Juifs ont regardé le règne de Jésus-Christ comme un règne temporel et terrestre, et ils attendaient le Messie comme un conquérant qui devait les délivrer de leurs ennemis, les combler de biens et établir un nouveau royaume : au lieu que tout cela devait s'entendre spirituellement des biens célestes, des victoires que Jésus-Christ devait remporter sur le Démon, et de l'établissement de l'Eglise.

19. D. — En quoi consiste la sainteté de la Religion chrétienne ?

R. — Elle consiste à rendre à Dieu un culte très-parfait, à régler les passions et à soumettre le corps à l'esprit. Avant Jésus-Christ, on ne savait ce que c'était que porter sa croix, aimer ses ennemis, estimer la pauvreté, être doux et humble de cœur, rendre le bien pour le mal, se réjouir dans les persécutions et dans les souffrances. La Religion chrétienne a enseigné tous ces points, et a fait voir par là qu'elle est l'ouvrage d'un Dieu.

D. — Les autres Religions ne sont-elles pas aussi saintes que la Religion chrétienne ?

R. — Non : elles ont des caractères bien différents, et font voir par là qu'elles sont l'ouvrage des hommes. La religion des payens, par exemple, est pleine de corruption et d'impiété, et les plus grands crimes y sont autorisés par l'exemple des fausses divinités. Celle de Mahomet est pleine d'absurdités ; car qui peut croire que la Lune soit tombé un jour dans la poche de Mahomet, comme il le raconte lui-même, et que d'un coup de poing il l'ait renvoyé au ciel pour ne pas priver le monde de sa clarté. Outre cela, elle flatte les passions des hommes pour les attirer, et permet la jouissance des plaisirs sensuels. En un mot, la Religion chrétienne détruit tous les vices et tend à une parfaite sainteté.

20. D. — Comment la Religion chrétienne ayant à

yakinzunen escola, eta yaidura tzar guciac, nola giristinoen erlijionea finkatu ahal izan cen, hain laster?

E. — Hori da guciz espantagarri : ecen Apostoluec hil baino lehen, ikhusi zuten banatua eta onetsia casic mundu gucian. Izpiritu saindua hekien gainerat yautsi cen becein laster, Yondoni Petri lehenic gucien artean, aspertu cen Yuduei, Yesu-Christoren heriotzearen gainean ; zortzi mila conbertitcen dire haren lehenbicico bi predicuetan. Bertce Apostoluec ardiesten tuzte conkesta berac bazter gucietan. Naturalezac berac entzuten du kekien boza. Ez da ikhusten mirakuilua mirakuiluaren gainean baicic eta conbertsione espantagarriric baicen. Alferretan lurrac eta ifernuac bat egiten dute elkharrekin, debekatcecotan erlijione saindu hori finka dadien. Hekien indar guciec ez dute deus balio ; martiren odola purrustan ichuria, giristino berrien haci bilhacatcen da : *Sanguis martyrum, semen Christianorum*. Azkenean, ikhustearekin ezin deseguin citekela, Pagono imperadorec berec onetsi zuten, eta Yesu-Christoren gurutcearen oinetan pausatu beren pordoinac eta khoroac. Hemen ekhar diteke azken frogatzat, san Augustinen arrozoinamendua, ceinec erraiten baitu Yesu-Christoren eta Apostoluen mirakuiluen medioz, finkatu cela erlijionea, eta ez balitz hetaric batere izan, mirakuiluric gueietan handiena izanen cela, haren finkatcia.

G. — Nola giristinoen erlijionea beiratu da orai arthio bere garbitasunean?

E. — Yesu-Christoc berac ezarri tuen bitartekoen medioz. Horiec dire artsainac, aita saindua buruzagi ; denec batean egiten dute Eliza, gure fedearen zaina, eta sinhestearen gidaria. Pagano eta Elizaz campo bezala behar tugu behatu, haren boza entzun nahi ez dutenac ; eta Yesu-Christoc seguratcen gaitu, norc ere ez baitu izaiten Eliza amatzat, harc ez duela izanen Yaincoa aitatzat.

G. — Gure erlijioneac ez du ilhumberic?

E. — Bai. Yaincoac hala nahi du, gure fedearen frogatceco. Nahiz, sinhetsi behar diren pontu premiascoac, gure adimenduaz goragoac diren, ceina baita

combattre les inclinations des hommes, la doctrine des philosophes et toutes les passions, a-t-elle pu s'établir en si peu de temps ?

R. — C'est un prodige des plus surprenants, car les apôtres, avant leur mort, l'ont vue publiée et reçue presque par toute la terre. A peine eurent-ils reçu le Saint-Esprit, que saint Pierre, le premier d'entre eux, reproche aux Juifs la mort de Jésus-Christ : huit mille se convertissent à ses deux premières prédications ; les autres apôtres ont partout de pareils succès : la nature même obéit à leur voix. Ce ne sont que prodiges sur prodiges, que conversions éclatantes. En vain la terre et l'enfer se liguent ensemble pour empêcher l'établissement d'une Religion si sainte, tous leurs efforts sont inutiles ; le sang des martyrs qu'on répand avec tant de profusion, est une semence de nouveaux chrétiens : *sanguis Martyrum, semen Christianorum.* Enfin, les empereurs payens, voyant qu'ils ne pouvaient la détruire, en sont devenus les protecteurs, et ont déposé leur sceptre et leur couronne aux pieds de la croix de Jésus-Christ. On pourrait ajouter ici, pour dernière preuve, l'argument de saint Augustin, qui dit que la Religion s'est établie par les miracles de Jésus-Christ et des apôtres, et que s'il n'y en avait point eus, ce serait le plus grand de tous les miracles qu'elle fût établie.

21. — D. Comment la Religion chrétienne s'est-elle conservée dans sa pureté jusqu'à présent ?

R. — C'est par le ministère que Jésus-Christ même a établi. Ce ministère, qui est composé des pasteurs unis au Pape, leur chef, est l'Eglise ; c'est elle qui est la dépositaire de notre foi et la règle de notre croyance. Nous devons regarder comme payens et hérétiques ceux qui n'écoutent pas sa voix ; et Jésus-Christ nous assure que : qui n'aura pas l'Eglise pour mère, n'aura pas Dieu pour père.

D. — La Religion n'a-t-elle pas des obscurités ?

R. — Oui : Dieu le permet ainsi pour éprouver notre foi. Quoique les principaux points qu'elle propose à croire, soient au-dessus de la raison humaine, qui est

arras laburra, bizkitartean ez du deusic irakhasten, hura colpa dezakenic; ecen Yaincoac, haren creatzaileac, eta dembora berean ithurburuac, ez baitezake deusic irakats hartaz campo denic. Eta akhabatceco, erlijionaren gainean frogaric ederrenac bildu cituen gizon baten athera aldiaz, erran diteke, giristinoen erlijioneac ekhartcen duela berekin argiric aski, egiazki argituac izan nahi dutenen argitceco, nola ilhumberic aski, beren ixumenduan egoiteco laket dutenen itsutceco.

AKHABANTZA.

très-bornée, elle n'enseigne pourtant rien contre la raison, parce que Dieu, qui en est l'auteur, et qui est en même temps le principe de la raison, ne saurait rien enseigner que de raisonnable. Et pour finir par la pensée d'un homme qui avait recueilli d'excellentes preuves de la Religion, on peut dire que la Religion chrétienne renferme assez de lumières pour éclairer ceux qui désirent sincèrement d'être éclairés, et assez de ténèbres pour aveugler ceux qui se plaisent dans leur aveuglement.

FIN.

AURKHITEGUIA

A

Abel, Adamen bigarren semea. Garbitasunaren miraila.	4
Yaincoac onesten ditu haren sacrificioac. Hila da Cainez.	10
Abimelech, Gedeonen ondorio. Hilarazten ditu bere hiruetan hogoi eta hamar anaiac. Erretcen ditu Sichimitac. Bera lehertua da harri batez..................	62
Abraham. Cein urthez sorthu cen? Cein tokitan? Chanaango lurrerat heltcen da. Yaincoac eguiten dion aguintza. Libratcen du Loth. Benedicatua da Melchisedechez, 18. Casatcen ditu Agar eta Ismael, 20. Bere seme Isaaken sacrificatcera yarria dago. Apaltazun osoaren seinalea.	22
Abiron, lurraz iretsia........................	48
Abiud. Haren caztigua.	48
Absalon. Haren nahaskeriac. Haren caztigua. Haren heriotcearen chehetasunac..................	80
Achan harricatua. Lukhuranzaren caztigua.........	58
Achab. Haren itsuskeriac, 116. Haren caztigua......	116
Achasen sacrificioa, Molochen ohoretan...........	90
Adam. Haren creacionea, 8. Ezarria da lurreco parabisuan. Haren yautsapenaren eskhasia. Haren caztigua, Adamen hiru haurren icenac. Hekien ichtorioa.	10
Adonibesech funditua da. Haren caztigua..........	60
Ammien-Marcellin...........................	196
Amon. Haren itsuskeriac. Haren heriotcea.........	100
Aman. Haren urguilua, 108. Haren caztigua........	112
Amri, Achaberen aita........................	116
Alexandre handia badoa Yerusalemerat. Certarat?....	134
Antiochus Epiphane. Haren libertinkeriac. Haren asperkundea, 138. Haren heriotce dohakhabea........	142
Antiochus Eupator yasartcen da Yuduei, ehun milla guizonekin.......................................	144
Antigone...................................	146
Arca Noerena. Cenbat dembora eman zuen haren obratcen, 12. Hura cen elizaren itchura...............	14
Adiskidantzasco arca. Cer cen, 66. Philistindarrez hartua. Zori gaitzez estaltcen ditu. Guibelat igorria Yuduei.	66
Aristobule. Haren ichtorioa...................	146

TABLE DES MATIÈRES

A

Abel, second fils d'Adam, modèle d'innocence.	5
Dieu agrée ses sacrifices. Il est tué par Caïn.	11
Abimelech, successeur de Gédéon. Il fait mourir ses soixante-dix frères. Brûle les Sichimites. Est écrasé par une pierre.	63
Abraham. En quelle année il naquit. En quel pays. Il vient dans la terre de Chanaan. Promesse que Dieu lui fait. Il délivre Loth. Est béni par Melchisedech 19. Chasse Agar et Ismaël, 21. Est prêt de sacrifier son fils Isaac. Est un modèle d'une obéissance parfaite.	23
Abiron englouti par la terre.	49
Abiud. Sa punition.	49
Absalon. Sa révolte. Sa punition. Description de sa mort.	81
Achan est lapidé. Punition de l'avarice.	59
Achab. Ses impiétés, 117. Sa punition	117
Achas sacrifie à Moloch.	91
Adam. Sa création, 9. Est mis dans le Paradis terrestre. Sa désobéissance. Sa punition. Noms des trois enfants d'Adam. Leur histoire	11
Adonibésech est défait. Sa punition.	61
Ammien-Marcellin.	197
Amon. Son impiété. Sa mort.	101
Aman. Son orgueil, 109. Sa punition	113
Amri, père d'Achab.	117
Alexandre-le-Grand va à Jérusalem. Pourquoi?	135
Antiochus Epiphane. Son impiété. Ses persécutions, 139. Sa mort funeste.	143
Antiochus Eupator attaque les Juifs avec cent mille hommes.	145
Antigone.	147
Arche de Noé. Combien il fut de temps à la construire, 13. Elle était la figure de l'Eglise.	15
Arche d'Alliance. Ce que c'était, 49. Est prise par les Philistins, les accable de maux. Est renvoyée aux Juifs.	67
Aristobule. Son histoire.	147

AURKHITEGUIA.

Assuerus. Haren ichtorioa.................. 110
Athalic pusketan eman-arazten ditu bere haurrac. Hilaraci nahi du Joas, 88. Bera hila da........... 90
Yesu-Christoz eta Guiristinoez mintzatu diren iscribatzaile Paganoac...................... 192

B

Babelen dorrea, 14. Hura alchatua izan cen tokia. Hizkuntcen nahasmendua................... 16
Balakec, Moabiten erreguec, igortcen du Balaam Yaincoaren populuaren madaricatcera........... 50
Balaam, profeta faltsoa. Haren astoa mintzatcen da errenkuratceco....................... 52
Balthasar. Haren tzarkeriac. Cer ikhusi zuen. Haren heriotcea........................ 104
Basa. Israelgo erregue. Haren bihotzgortasuna...... 116
Betsabée, urien emaztea. Haren eroricoa......... 78
Bethulia libratua Judithez................. 98
Bethleem, Yesu-Christoren sor-tokia........... 152
Boos. Haren ichtorioa.................... 70

C

Caïnec, Adamen seme Zaharrenac, hiltcen du Abel, 10. Madaricatua da Yaincoaz. Alchatcen du lehenbicico hiria, mundan. Etsitcen du bere salbamenduaz. Hiltcen da bere bekhatuan 12
Cham. Noeren bigarren semea. Madaricatua da Yaincoaz. Africa erortcen zaio bere zathitzat........ 14
Calcidius. Cer ekhartcen duen?.............. 196
Corneille, Tacite...................... 192
Creacionea (munduaren). Nortaz, eta cenbat demboraz? 8
Chronologia. Haren gainean chehetasunac. Haren progotchua. Dembora seinalatuenac............. 6
Cyrusec libratcen ditu Yuduac Uzten ditn berriz temploaren alchatcera.................... 134

D

Dalilac picatcen diozca ileac Samsoni........... 64
Danielec libratcen du Suzanna, 102. Bera butatua da lehoinen cilhorat, eta beiratua mirakuiluzki, 104. Babylondarrac guibelatcen ditu Belen idoletic........ 106
Davitec hiltcen du Goliath, 72. Saülen asperkundea haren alderat. Daviten eztitasuna, 74. Haren itsuskeria, 78.

Assuérus. Son histoire. 111
Athalie fait massacrer ses enfants. Veut faire mourir Joas, 89. Est elle-même mise à mort. 91
Auteurs païens qui ont parlé de Jésus-Christ et des Chrétiens. 193

B

Babel (Tour de), 15. Lieu où elle fut construite. Confusion des langues. 17
Balac, roi des Moabites, envoie Balaam pour maudire le peuple de Dieu. 51
Balaam, faux prophète. Son ânesse parle pour se plaindre. 53

Balthasar. Son impiété. Sa vision. Sa mort. 105

Basa, roi d'Israël. Sa cruauté. 117
Betsabée, femme d'Urie. Son crime. 79
Béthulie délivrée par Judith. 99
Bethléem, lieu de la naissance de Jésus-Christ. 153
Boos. Son histoire. 71

C

Caïn, fils aîné d'Adam, tue Abel, 11. Est maudit de Dieu. Bâtit la première ville du monde. Désespère de son salut. Meurt dans son impénitence. 13

Cham, second fils de Noé, est maudit de Dieu. Il a l'Afrique en partage. 15
Calcidius. Ce qu'il rapporte. 197
Corneille, Tacite. 193
Création du monde. Par qui et en combien de temps. . 9
Chronologie. Sa définition. Son utilité. Les principales époques. 7
Cyrus donne la liberté aux Juifs. Leur permet de rebâtir le Temple. 135

D

Dalila coupe les cheveux à Samson. 65
Daniel délivre Susanne, 103. Est jeté dans la fosse aux lions et conservé par miracle, 105. Désabuse les Babyloniens de l'idole de Bel. 107
David tue Goliath, 73. Est persécuté par Saül. Sa modération, 75. Son crime, 79. Sa pénitence, 81. Révolte

AURKHITEGUIA.

Haren urrikia, 80. Absalonen nahaskeriac. Daviten urguiluaren caztigua, 80. Salomon hautatcen du ondoriotzat 82
Dathan lurraz iretsia 48
Debora, emakumea, yuye eta profeta. Haren ichtorioa.. 62
Uholdea. Cein urthez 12

E

Ela, Basaren semea, hila da bazcari batean 116
Elie (profeta). Harc eguiten dituen gauza espantagarriac, 120. Cerurat alchatua da suzco carrosa batean 124
Elisée (profeta). Haren mirakuiluac, 124. Sendatcen du Naaman. Irets-arazten ditu berrogoi eta bi haur 124
Escritura Saindua, 180. Haren eguiaren eta dibinitatearen frogac 182
Eglon, Moabiten erreguea 60
Eleazarrec ez du onesten yatia haragui debecatuetaric. Haren martirioa 140
Eleazar gaztea. Machabeetarren anaia. Haren balentria. 144

Yaincoaren haurrac eta guizonen haurrac. Cergatic hola icendatuac 12
Esther. Haren ichtorioa 110
Ezechias. Haren ichtorioa 94
Ispiunac, aguindu lurraren miratcen 50

G

Gabaonitac. Antolatcen dire abilki Israeldarrekin. Josue badoa laguntza emaitera. Funditcen ditu hekien exaiac. 58
Gédeon hautatua mirakuiluzki. Funditcen ditu Madianitac. 54

H

Heli, apez handia. Haren flakezia bere haurren alderat. Haren caztigua. Cer seinale aitentzat 66
Heliodore azotatua 138
Herodes Ascalonita. Haren ichtorioa 146
Henochia, lehenbicico hiria, munduan, Caïnez alchatua. 12
Holopherne Yuditez hila 98
Ichtorio Saindua. Cer den. Haren progotchua. Han causitcen diren seinaleric ederrenac, berthutearen gainean; 4. Ichtorio profanoaren gainean dituen abantailac 6

Table des Matières. 211

d'Absalon. Punition de l'orgueil de David, 81. Il
choisit Salomon pour lui succéder 83

Dathan englouti par la terre................. 49
Débora, juge et prophétesse. Son histoire......... 63
Déluge. En quelle année.................. 13

E

Ela, fils de Basa est tué dans un festin........... 117
Elie (le prophète). Les prodiges qu'il fait, 121. Est enlevé
dans un char de feu..................... 125
Elisée (le prophète). Les prodiges qu'il fait, 125. Guérit
Naaman. Fait dévorer quarante-deux enfants..... 125
Ecriture Sainte. 181. Preuves de sa vérité et de sa divinité............................... 183
Eglon, roi de Moab...................... 61
Eléazar refuse de manger des viandes prohibées. Son martyre............................ 141
Eléazar jeune, frère des Machabées. Son action généreuse............................ 145
Enfants de Dieu et enfants des hommes. Pourquoi ainsi nommés............................ 13
Esther. Son histoire...................... 111
Ezéchias. Son histoire.................... 95
Espions pour reconnaître la terre promise......... 51

G

Gabaonites. Font alliance par adresse avec les Israélites.
Josué va à leur secours. Défait les ennemis...... 59
Gédéon est choisi miraculeusement. Défait les Madianites. 55

H

Héli, Grand-Prêtre. Son indulgence pour ses enfants.
Sa punition. Leçon aux pères............... 67
Héliodore battu de verges.................. 139
Hérode l'Ascalonite. Son histoire............. 147
Hénochia, première ville du monde, bâtie par Caïn... 13
Holopherne tué par Judith.................. 99
Histoire Sainte. Ce que c'est, 3. Son utilité, 5. Les plus
parfaits modèles de vertu qu'elle contient. 5. Les
avantages qu'elle a sur l'histoire profane....... 7

J

Jacob yartcen da bere anaiaren tokian. Badoa Mesopota-
miarat, etc.................................... 22
Haren haurrac. Hekien icenac, 28. Erakusten diote
aintcinetic ethorkizuna........................ 38
Jabin, Chanaango erregue........................ 60
Jadus, apez handia.............................. 134
Jehuc, Israelgo erreguec, suntsitcen du, Yaincoaren ma-
nuz, Achab ifamearen casta gucia, 126. Ez du irauten
bere kharrean................................. 128
Japhet. Noeren hirugarren semea. Europa erortcen
zaio bere sathitzat........................... 14
Jesu-Christo. Hura aguintcen duten profeziac, 184. Haren
sor-aintcineco gauza espantagarriac, 148. Haren incar-
nacionea, 150. Haren sor-tokia, 152. Haren circoncisio-
nea, Adoratua da Magoez, 154. Badoa Egyptorat. Cer
erraiten duen ebanyelioac haren gaztetasunaz. Hamabi
urthetan arguitcen ditu dotorac. Haren bathaioa, 156.
Tentatua da desetuan. Haren lehenbicico mirakuilua.
Hautatcen ditu hamabi apostolu. Predicatcen du eban-
yelioa, 158. Haren mirakuilu famatuenac. Gaitcetsia
Yuduez. Haren sartcea trionfan Yerusalemen, 166. Az-
ken afaria eguiten du bere dicipuluekin. Finkatcen du
gorputz sainduaren ordena, 168. Haren othoitza Oli-
betaco baratcean. Saldua da Yudasez, 170. Beharondoco
bat hartcen du. Haren descantsua. Azotatua da. Ha-
ren condenacionea, 172. Haren heriotcea. Haren hilt-
cean guerthatu ciren mirakuiluac, 174. Haren piztea.
Harencerurat igaitea, 176. Segur da Messias cela 196.
Frogac haren pizttearen gainean................ 198
Joanes Hircan................................... 146
Jeroboam, Israelgo lehenbicico erregue. Haren idolatria. 114
Jesabelec gaizki bilhatcen du Nabot, 116. Hilaraci nahidu
Elias, 120, Bera etchatua da leiho batetaric. Haren gor-
putza yana chakurrez........................... 126
Jephte. Haren botua. Complitu cen.............. 64
Joas salbatua. Berriz igaiten da tronurat, 88. Haren es-
kergabetasuna. Haren heriotcea................ 90
Josias. Haren ichtorioa......................... 100
Joramec hilarazten ditu bere sei anaiac......... 88
Josaphat. Haren ichtorioa bertsutan............. 86
Joabec, Daviten yeneralac, hiltcen du Absalon... 80
Jonas (profeta). Haren ichtorioa................ 126

J

Jacob supplante son frère. Va en Mésopotamie, etc. ... 23

   Ses enfants. Leurs noms, 29. Leur annonce l'avenir.. 39

Jabin, roi de Chanaan.................. 61
Jadus, Grand-Prêtre................... 135
Jéhu, roi d'Israël, extermine par ordre de Dieu toute la race de l'impie Achab, 127. Ne persévère pas dans son zèle..................... 129
Japhet, troisième fils de Noé, a l'Europe en partage... 15

Jésus-Christ. Prophéties qui l'annoncent, 185. Prodiges qui précédèrent sa naissance, 149. Son incarnation, 151. Lieu de sa naissance, 153. Sa circoncision. Adoration des Mages, 155. Va en Egypte. Ce que l'Evangile dit de sa jeunesse. Instruit les docteurs à l'âge de douze ans. Son baptême, 157. Est tenté dans le désert. Son premier miracle. Choisit douze apôtres. Annonce l'Evangile, 159. Ses plus fameux miracles. Il est haï des Juifs. Son entrée triomphante dans Jérusalem, 167. Fait la Cène avec ses disciples. Institue l'Eucharistie, 169. Sa prière au jardin des Olives. Est trahi par Judas, 171. Reçoit un soufflet. Sa patience. Est battu de verges. Sa condamnation, 173. Sa mort. Prodiges arrivés à sa mort, 175. Sa résurrection. Son ascension, 177. Est-il sûr qu'il ait été le Messie, 197. Preuves de sa résurrection,........ 199

Jean Hircan.................... 147
Jéroboam, premier roi d'Israël. Son idolâtrie....... 115
Jézabel fait accuser Nabot, 117. Veut faire mourir Elie, 121. Est précipité du haut d'une fenêtre. Son corps mangé par des chiens................. 127
Jephté. Son vœu. Fut-il accompli?........... 65
Joas sauvé. Remonte sur le trône, 89. Son ingratitude. Sa mort................... 91
Josias. Son histoire................. 101
Joram fait tuer ses six frères............. 89
Josaphat. Son histoire en vers............. 87
Joab, général de David, tue Absalon........... 81
Jonas (le prophète). Son histoire............ 127

Joyadac, aphez handiac, alchatcen du Joas, Ezagut-
  arasten du erreguetzat. Hil-arazten du Athalie 88
Joseph. Haren ichtorioa. Han diren gogoeta bideac. . . 28
Josephe, ichtoriano Yudua. Haren solasac. Han causit-
  cen diren duda-mudac. 194
Josue Moysen ondorio, 56. Manatcen dio iguzkiari gueldi
  dadien. 58
Judithen istorioa. 98
Juyeac. Israelgo juyen icenac 60
Justicia. Nortaz bihurtua cen, eta cer tokitan. 132
Judaco erresuma. Judaco erregueen icenac. 86

I

Isaac, eztitasunaren miraila 22
Israelco erresuma. Israelgo erregueen icenac. 114
Israeldarrac. Hekien errencurac desertuan, 50. Hekien cas-
  tigu zuertuac, 50. Hekien lan bideac, 26. Hekien ar-
  ropac. Dolusco seinaleac. 132

L

Levi, Yacoberen semea. 38
  Cer eguin zuen Levita batec, Gabaango yendec idoiz-
    tatu zutenean haren emaztea. 68
  Testament zahareco liburuac. Hekien icenac. 54
  Testament berrico liburuac. Hekien icenac. 148
Loth. Haren ichtorioa. 18
Legue naturala, 180. Legue iscribatua. Graciazco leguea.
  Certan ez duten Biec bat eguiten. 46

M

Mardochée. Haren apaltasuna. Haren trionfa. 110
Manasses, esclabo egonic, berriz ezarria bere erresuman. 98
Mathusalem. Cenbat dembora bici izan cen. 16
Melchisedech. Yesu-Christoren itchura. Benedicatcen du
  Abraham 18
Messias. Ikhus Yesu-Christo 00
Moyse. Nola beiratua izan cen, 38. Egyptoan eguin cituen
  gauza espantagarriac, desertuan, 44. Haren heriotcea,
  52. Nola escribatu ahal izan duen Yaincoaren popu-
  luaren ichtorioa 54
Machabeetarrac (zazpi anaiac). Hekien martirioa. . . . 138
Machabee (Yudas). Haren balentriac. Haren prestutasu-
  na. Haren anaiac. 142

Joyada, Grand-Prêtre, élève Joas. Le fait reconnaître
  pour roi. Fait mettre à mort Athalie............ 89
Joseph. Son histoire, avec les réflexions qu'elle fournit. 29
Josèphe, historien juif. Son passage. Difficultés qu'on
  y fait.................................... 195
Josué succède à Moyse, 57. Il ordonne au Soleil de
  s'arrêter................................. 59
Judith. Son histoire............................ 99
Juges. Noms des juges d'Israël................... 61
Justice. Par qui administrée, et dans quel lieu...... 133
Juda (Royaume de). Noms des rois de Juda........ 87

I

Isaac, modèle de docilité........................ 23
Israël (Royaume d'). Noms des rois d'Israël....... 115
Israélites. Leurs murmures dans le désert, 51. Leurs dif-
  férentes punitions, 45. Leurs occupations, 27. Com-
  ment ils élevaient leurs enfants. Leurs habillements.
  Les marques de deuil....................... 133

L

Lévi, fils de Jacob............................. 39
Lévite (ce que fit un), dont les habitants de Gabas
  avaient deshonoré la femme.................. 69
Livres de l'Ancien Testament. Leurs noms......... 55
Livres du Nouveau Testament. Leurs noms........ 149
Loth. Son histoire............................. 19
Loi naturelle, 181. Loi écrite. Loi de grâce. Différence
  entre ces deux Lois......................... 47

M

Mardochée. Son humilité. Son triomphe........... 111
Manassés, captif rétabli dans son royaume......... 99
Mathusalem. Combien il a vécu.................. 17
Melchisedech. Figure de Jésus-Christ. Il bénit Abraham. 19

Messie. *Voyez* Jésus-Christ...................... 00
Moyse. Comment il fut sauvé, 39. Les prodiges qu'il fit
  en Egypte, dans le désert, 45. Sa mort, 53. Comment
  il a pu écrire l'Histoire du peuple de Dieu........ 55

Machabées (les sept frères). Leur martyre.......... 139
Machabée (Judas). Ses exploits. Sa piété. Ses frères.... 143

Mathatias. Antiochusen asperkundearen contra altchatcen da.................................. 140

N

Nabuchodonosor. Yuduac eremaiten ditù Babyloniarat, esclabo bezala........................... 100
   Haren urguilua. Bestia bilhacatua da......... 104
Nachor, Abrahamen anaia..................... 22
Nadab, Aaronen semea. Haren caztigua 48
Nadab, Yeroboamen semea.................... 116
Nathan (profeta). Aguertcen dio Daviti bere itsuskeria. 80
Noe. Haren ichtorioa........................ 12
Nembrod, lehenbicico konkest eguilea. Babylonian erregue.. 18

O

Onias, apez handia. Hila da. Nortaz?............ 138
Osee, preso eremana......................... 128
Othoniel................................... 60

P

Patriarkac. Hekien lan bideac. Nola altchatcen cituzten haurrac............................... 26
Poligamia. Cilhegui cen? Eta cergatic?.......... 26
   Samaritanoaren parabola, 160. Haur prodigoarena. Aberatx gaichtoarena, eta Lazaroena............ 162
Phaleg..................................... 16
Pharaon. Haren amexac...................... 32
Phinees. Haren balentria. Suntsitcen ditu Madianitac...................................... 52
Phul, Assyriaco erregue....................... 128
Profetac. Cer ciren. Famatuenen icenac......... 118
Profeziac. Sinhesten cituzten Yuduec, prophetac berac bici cielaric. Frogatcen dute Messiasen ethortcea, 184. Yacoberen profezia. Complitu cen, 186. Danielen profezia. Haren gainean eguin ditezken gogoetac. Complitu cen, 188. Duda-mudac profezia horren gainean..................................... 190
Pline gaztea. Cer erraiten duen guiristinoez...... 192
Phlegon. Haren ichtorioa..................... 151

TABLE DES MATIÈRES.

Matathias. S'oppose à la persécution d'Antiochus. . . . 141

N

Nabuchodonosor mène les Juifs captifs à Babylone. . . 101
   Son orgueil. Est changé en bête 105

Nachor, frère d'Abraham. 23
Nadab, fils d'Aaron. Sa punition 49
Nadab, fils de Jéroboam 117
Nathan (le prophète) remontre à David son crime. . . . 81
Noé. Son histoire. 13
Nembrod, le premier conquérant, règne à Babylone. . . 19

O

Onias, Grand-Prêtre. Mis à mort. Par qui 139
Osée, captif. 129
Othoniel. 61

P

Patriarches. Leurs occupations. Comment ils élevaient
   leurs enfants. 27
Polygamie. Etait-elle permise et pourquoi 27
Paraboles du Samaritain, 161. De l'Enfant prodigue.
   Du mauvais riche et de Lazare 163
Phaleg. 17
Pharaon. Ses songes. 33
Phinées. Action généreuse qu'il fait. Extermine les
   Madianites 53
Phul, roi d'Assyrie. 129
Prophètes. Ce que c'était. Les noms des plus fameux. 119
Prophéties. Si les Juifs y ajoutaient foi du vivant des pro-
   phètes. Prouvent-elles la venue du Messie, 185. Pro-
   phétie de Jacob. A-t-elle été accomplie, 187. Prophétie
   de Daniel. Remarques à y faire. A-t-elle été accom-
   plie, 189. Difficulté sur cette prophétie. 191

Pline le jeune. Ce qu'il dit des Chrétiens. 193
Phlégon. Son histoire. 152

Pompée (handia)........................ 146
Putiphar.............................. 30

R

Roboamec ez du onesten populuaren carguen arintcia.
Bere erresuma bi sathi eguina. 84
Erlijionea. Cer den. Haren premia. Baden ez bat
baino guehiago ? Certan denec bethi bat eguin duten,
178. Nola fincatu cen guiristinoen erlijionea, 200.
Nola beiratu den. Ez duen ez ilhumberic......... 202

Ruth. Haren ichtorioa................... 68

S

Salomonec galdeguiten du zuhurtcia. Alchatcen temploa.
Yuyamendu famatua. Bere zuhurtciac deitcen diozcan
ohoreac, 82. Salomonen ororicoa. Hortic athera dite-
ken arguitasuna...................... 84
Samuel. Haren haur dohacabeac............. 68
Salmanazar, Assyriaco erregue............. 128
Saül sacratua da erregue. Nortaz, 70. Yautsapenaren esca-
sia, 72. Haren asperkundea Daviten alderat, 74. Ha-
ren heriotcea....................... 76
Samaritanoac. Trabac emaiten dituzte temploaren al-
chatcean......................... 134
Samson. Haren ichtorioa................. 64
Sanhedrina. Cer cen. Noiz desterratua izan cen..... 132
Seleucusec igortcen du temploaren arrobatcera...... 136
Sem. Asia erortcen zaio partilau............ 14
Sethec, Adamen hirurgarren semeac, seguitcen ditu
Abelen berthuteac.................... 12
Cobrezco suguea, Yesu-Christo gurutceficatuaren it-
chura........................... 50
Sisara hila Jahelez.................... 62

T

Teglatphalasar, Assyriaco erregue............ 128
Tobias. Haren ichtorioa, 106. Cer etsemplu atzemaiten
den Tobias gaztearen eta haren guidariarean baithan. 108

Table des Matières.

Pompée (le grand)........................... 147
Putiphar.................................... 31

R

Roboam refuse de diminuer les impôts. Division de son
    royaume................................. 85
Religion. Ce que c'est. Sa nécessité. S'il y a plusieurs Religions. En quoi elles se sont toujours accordées, 179. Comment la Religion chrétienne s'établit, 201. Comment s'est-elle conservée. Si elle n'a point d'obscurités............................... 203
Ruth. Son histoire........................... 69

S

Salomon demande la Sagesse. Bâtit le Temple. Jugement célèbre. Honneurs que sa sagesse lui attire, 83. Chûte de Salomon. Instruction qu'on peut en tirer.. 85

Samuel. Ses malheureux enfants................ 69
Salmanasar, roi d'Assyrie..................... 129
Saül est sacré roi. Par qui, 71. Sa désobéissance, 73. Persécute David, 75. Sa mort..................... 77

Samaritains. S'opposent à la construction du Temple.. 135

Samson. Son histoire......................... 65
Sanhedrin. Ce que c'était. En quel temps il a été
    aboli................................... 133
Séleucus envoie piller le Temple................ 137
Sem. Il a l'Asie en partage.................... 15
Seth, troisième fils d'Adam, imite les vertus d'Abel... 13

Serpent d'airain, figure de Jésus-Christ crucifié...... 51

Sisara est tué par Jahel....................... 63

T

Teglatphalasar, roi d'Assyrie................... 129
Tobie. Son histoire, 107. Quels modèles on trouve dans
    le jeune Tobie et dans son conducteur.......... 109

V

Haragui debecatuac. Cergatic? 140

Z

Zambric su eman-arasten du Tersacω hirian, eta han er-
retcen bere burua 116
Zorobabelec guibelat eremaiten ditu Yuduac 134

AURKHITEGUIAREN AKHABANTZA

Baionan. - Lamaignère baitan Moldatua

V

Viandes prohibées. Pourquoi.................. 141

Z

Zambri fait mettre le feu à Tersa, et s'y brûle........ 117
Zorobabel ramène les Juifs 135

Fin de la Table des Matières.

Bayonne. — Imprimerie Lamaignère, rue Chégaray, 39.

ERRATA DANS LE TEXTE FRANÇAIS.

Page 3 ligne 10, supprimez les mots *aussi bon*.
— 39, — 20, s'éleva, *lisez* l'éleva.

HUTSAC ESKUARAN.

Plama	34ª	lerroa	6ª	Bihitegitan,	*iracur* Bihitegietan.
—	80	—	7	horri,	— hori.
—	84	—	14	Yaincoa,	— Yaincoac
—	84	—	14	hasarretua,	— hasarreturie.
—	94	—	33	darioat,	— daroiat.
—	94	—	35	galarico,	— galaracico.
—	96	—	22	Assyrianoaren,	— Assyrianoen.
—	112	—	20	chetasuna,	— chehetasuna.
=	130	—	19	erabiten,	— erabiltcen.
—	148	—	21	suerletan,	— suertetan.
—	150	—	14	Mariani,	— Mariari.
—	156	—	19	hit arthio,	— hil arthio.
—	160	—	6	eguten,	— egiten.
—	160	—	14	campoen,	— campoan.
—	164	—	1	othurantza,	— othuntza.
—	186	—	36	aigueruac,	— aingeruac.